大变局
移动赋能价值传播

杜飞进 等著

图书在版编目(CIP)数据

大变局:移动赋能价值传播/杜飞进等著.—北京:商务印书馆,2020(2023.7重印)
ISBN 978-7-100-18301-7

Ⅰ.①大… Ⅱ.①杜… Ⅲ.①互联网络—传播媒介—研究—中国　Ⅳ.①G219.2

中国版本图书馆 CIP 数据核字(2020)第 057964 号

权利保留,侵权必究。

大变局
——移动赋能价值传播
杜飞进　等著

商 务 印 书 馆 出 版
(北京王府井大街 36 号　邮政编码 100710)
商 务 印 书 馆 发 行
北京虎彩文化传播有限公司印刷
ISBN 978-7-100-18301-7

2020 年 7 月第 1 版　　　开本 880×1230　1/32
2023 年 7 月北京第 2 次印刷　印张 10 3/8
定价:82.00 元

序言

把握移动传播规律
壮大主流价值传播渠道

芳林新叶催陈叶,流水前波让后波。随着5G、大数据、云计算、物联网、人工智能等新技术的不断发展,移动传播进入了加速发展的新阶段。2019年1月25日,习近平总书记主持中央政治局第十二次集体学习时,强调"移动互联网已经成为信息传播主渠道",并对媒体如何坚持移动优先做出了科学分析,为媒体深度融合发展指明了前进方向。

移动优先是媒体深度融合发展适应技术变革、媒介变迁与受众需求变化的现实需要,是抢占移动互联网传播阵地的必然要求。主流媒体要想保持主流地位,必须全面落实习近平总书记关于移动优先的指示要求,适应全媒体不断发展的时代趋势,迎接舆论生态、媒体格局、传播方式深刻变化的挑战,以体制机制创新为动力,调结构、促打通、强管理、转机制、塑流程、优平台,在有"舆论广场"之称的移动端上取得战略主动,不断扩大主流价值的影响版图,让党的声音传得更开、传得更广、传得更深入。

1. 移动传播开启了一个全新的时代

人类传播活动的飞跃都是由新技术或新传播媒介产生而引发的。有学者认为,人类传播史经历了四次意义重大的传播革命。文字的发明、使用催生了第一次传播革命,使人类告别了口耳相传的原始传播阶段。印刷术催生了第二次传播革命,报纸、杂志、书籍等大众媒介开始走进寻常百姓家,推动了教育发展、文化普及、科学启蒙和社会进步。电报、广播、电视等电子传播媒介的相继出现催生了第三次传播革命,挣脱了印刷传播中必不可少的物质运输的束缚,既打破了时间的限制,又克服了空间的障碍。互联网技术催生了第四次传播革命,门户、搜索、电子商务、电子阅读、社交媒体、网络电视等传播渠道和形态不断涌现,新兴媒体快速发展,进而重构了全新的媒介环境、传播格局。

移动传播是基于互联网技术和移动终端技术而形成的一种信息传播方式。随着 5G、大数据、云计算、物联网、人工智能等新技术的不断发展,以智能手机为代表的移动终端设备成为人们接入互联网的主要通道,将人类带进一个新的传播时代。

(1)移动之下,发生了什么?

美国经济学家托马斯·弗里德曼写过一本书,书名叫《世界是平的》,他用"世界正被抹平"来形容科技进步带给社会的巨大改变。如今,随着移动媒体的高速发展,我们恐怕要用"世界正被移动"来形容"信息无处不在、无所不及、无人不用"的社会场景。

据统计,截至 2019 年 6 月,我国网民规模达 8.54 亿,其中手机网民规模达 8.47 亿,较 2018 年年底增长了 2984 万人,网民通过手机接入互联网的比例高达 99.1%。移动终端逐渐代替其他上网设备,成为人们接入互联网的主要通道。移动传播已经由前几年的蓝海变身为当下的红海。

所谓移动传播,主要是指通过依托移动互联网的手机、平板电脑、阅读器等终端设备而实现的信息实时共享及交换的传播行为与过程,核心是传播主体和传播过程的可移动性。移动、即时、精准、场景构成其四大基本特点。

一是移动成为新状态。信息是移动的、传者是移动的、用户是移动的、设备是移动的,传播在移动中进行。移动传播打破了时间与空间的界限和分隔。虽然传统意义的传播也可以发生在不同地方,但远不如今天移动媒体带来的"人机合体",能真正做到随时随地实现信息的交流和互动。

二是即时成为新生态。即时性作为移动传播的另一重要特征,带来的是"永久的联系"和"永远的在场感"。移动传播中的即时性不仅是接收信息和生产信息的即时,也是查询获取信息的即时,实现了任意时间点上人与信息的追踪绑定。即时性体现在传播过程的所有环节,即时生产、即时上传、即时传播、即时接收、即时反馈、即时下载、即时搜索形成了一种即时性传播生态。

三是精准成为新常态。传播都需要物质的媒介,移动传播使得终端个人化,带来信息数据的个性化,人工智能、算法推荐、大数据等技术的应用,产生了面向个人的精准信息服务,精准传播成为移动传播时代的显著特征。移动传播时代的用户画像从千人一面转变为千人千面。"只推荐用户喜欢的内容"的今日头条,正是利用后台机器记录用户行为,将资讯与用户做适当的匹配,进而实现精准传播的。这是从传统 PC 互联网时代到移动传播时代的重大蝶变。

四是场景成为新业态。有学者认为,移动传播的本质是基于场景的服务,场景成为继内容、形式、社交之后媒体的另一核心要素,其本身也可能成为移动媒体的新入口。可以说,移动传播将信息渠道和社会情景进行了排列组合,它不光是促进了信息传递贯穿传播的整个流程,更是全面激发了车联网、智能穿戴、远程医疗等物联网的快速发展,被认为是"移动互联网时代的核心应用"。

(2)移动之下,创造了什么?

一个时代有一个时代的标志与烙印。移动传播正在开启一个全新的时代。没有哪个时代,人与移动设备联系得如此紧密;没有哪个时代,人的个性化可以得到如此程度的实现。"移动赋权"的概念就此产生。美国皮尤研究中心的报告提出过这样一个问题,即是什么决定了人们在数字平台上的使用行为,是设备本身还是使用者根深蒂固的习惯?科学技术的发展特别是信息技术的进步,构造了"终端随人走,信息围人转"的传播样态,改变了人与媒体之间的关系,赋予个人、媒体和公众以新的权利和角色,使信息选择权、媒体内涵、公众社会表达都发生了巨大变化。在这种"移动赋权"的背后,移动支付、大数据等交易方式、生产要素的出现,极大地释放了生产力,还给人们的生产生活带来了深远的影响。就传播领域而言,移动传播的积极影响主要有以下三个方面。

一是移动赋权将信息选择权交给用户。传统媒介只能通过传者到受者这种单向线性的模式传播信息,而且传播内容不可更改。而移动互联网信息高速流动,超越了时间与空间的限制,被动接收信息的模式被打破,赋予人们更大的选择自由和权利,私人定制成为可能,信息个性化、差异化需求得到前所未有的供给。用户可以通过搜索引擎、客户端、公众号等方式主动获取自己感兴趣的信息,信息传播从"你说我听"变为"我听我做主",从"你写我看"变为"我看我定制"。

二是移动赋权重新定义媒体内涵。移动互联网的普及运用,尤其是移动技术的快速发展,打通了数据、资源壁垒,赋予媒体与多元产业跨界连接的能力,不仅极大地丰富了媒体的功能定位,而且重新定义了移动传播时代的媒体内涵。媒体不再是单纯的新闻内容制作和分发平台,而是不断向信息汇集、游戏娱乐、公共服务、货币支付等场景化领域拓展,形成了以用户为中心,跨媒体、电商、文娱的泛内容生态平台。比如,一些地方主流媒体客户端强化"新闻+政务+服务+互动"的功能,在突出首发原创新闻、聚合媒体信息的基础上,打造全效媒体,满足网民多样化需求,提供政府信息等政务服务,增加养老金查询、不动产查询、学历验证、预约挂号、违章缴费等便民功能。移动传播催生了全效媒体,实现了多应用聚合,取得了全方位效果。

三是移动赋权使社会表达形式更加丰富、渠道更加畅通。移动互联网为所有人提供了一个传递声音和观点、吸引其他人目光的舞台。随着移动端成为信息传播的主渠道,人们通过移动互联网表达观点、感受、个性和情绪,向政府部门提出问题和建议,参与社会表达、参与公共事务的形式更加丰富,在质和量上都深刻地改变了社会意见的表达。很多年轻人通过抖音、"快手"等短视频平台,可以随时记录、随时发布、随时浏览,生动地感受生活、表达意见,这种动态社交语言提供了更新的表达方式,公众参与社会信息互动的能力得到大大增强。

(3) 移动之下,隐忧何在?

当我们在享受移动传播的便捷时,一个相伴而生的问题就是个人的自由时间被挤占,但人们往往不自知或者不认为有危害。据统计,中国移动网民平均每天花 4.2 个小时使用手机 APP。中南大学的一份调查显示,82％的大学生认为自己存在"手机依赖",大学生日均使用手机累计时长为 5.2 个小时,13％的学生日均使用手机为 9 个小时以上,14％的学生日均使用手机在 7 至 9 个小时。长时间使用手机,对个人时间的合理分配和充分利用当然是不利的。这已成为越来越多人的共识。更需要关注的是从更深的层次看,移动传播的普及对个人和社会还带来了不容忽视的消极影响。

一是算法推荐强化了信息窄化和"信息茧房"效应。人们对信息选择性接触的思维习惯,天然地会造成信息窄化的现象。在移动传播环境下,算法推荐技术在个性化、精准化上为用户提供了很好的信息体验,但却进一步强化了信息窄化和"信息茧房"的效应。比如今日头条的信息分发机制,让受众接收信息的权利转移给了算法。一个良好的社会信息生态系统,需要人们多方面了解信息,这样才能使个人得到全方位的拓展。信息窄化和"信息茧房"容易造成个体"信息短板"问题,影响用户价值判断,加速网络群体极化,导致社会凝聚力下降。

二是专业编辑缺位导致信息失真和"泛娱乐化"。在人人都是麦克风的话语体系下,没有专业编辑的加工和把关,信息真伪难辨成为社会问题。路透新闻研究院调查显示,2016年美国大选期间Facebook上与选举有关的虚假新闻数量与日俱增,其中传播量最大的20条假新闻影响力甚至超过了主流媒体的新闻。与此同时,算法推荐的运用,使得信息更加注重迎合受众的需求,人性偏好娱乐化的本性得到极大释放,信息传播泛娱乐化倾向更加明显。在自媒体的众声喧哗中,庄重的可以被搞笑,高尚的可以被消解,深刻的可以被戏谑。人们所接收的信息,决定了人们的思维方式,也决定了人们对社会的认知与判断。久而久之,一个缺乏价值引领的传播生态,必将导致个体及整个社会逐步丧失理性思维和深度思考的能力。

三是移动社交使社会公众心理"失衡"。移动社交占据了人们大量的时间和精力,进一步消融了现实世界与虚拟世界的边界,减少了在现实生活中与亲人、朋友的互动,反而让人们的社会孤立感更加明显。在微博、知乎、豆瓣等去中心化的"开放性广场"中,由于人们互相不认识,发表的言论对现实生活和人际关系产生的影响较小,因而人们更愿意展示其真实甚至是夸张的、宣泄的情感,在与明星、网红的比较中,羡慕和嫉妒的情感往往被强化和扭曲。而一些自媒体为博得社会关注,也以贩卖焦虑、激化社会矛盾为卖点,影响社会公众的心理。前不久,公众号"咪蒙"发布了文章《寒门状元之死》,刻意渲染社会不公,营造焦虑气氛,在朋友圈广泛转发,瞬间成为关注焦点。可以说,这正是"无节操刷流量,稀释社会信心"的典型。社会公众的安全感、公平感一定程度上就是被这类信息所消解的。

2. 在移动传播时代更需主流媒体占据主渠道,彰显主流价值

在传统媒体时代,主流媒体一直主导着信息话语权,推动了社会舆论的形成和主流价值的传播。移动传播时代的到来,使舆论主体日益广泛,传统的传受边界被打破,主流媒体的舆论引导地位受到严重挑战,多元价值观、多元表达影响了主流价值的有效传播。一份调查显示,对于"当今中国主流价值的感召力"的评价,20.3%的人认为"很强",46.5%的人认为一般,还有高达17.8%和15.2%的人认为"很差"和"说不清"。由此可见,在移动传播时代,主流媒体舆论引导能力的下降,社会多元思潮和价值观念的汇聚爆发,影响了主流价值的传播和主流意识形态对社会的主导作用。

(1)主流媒体面临"二八逆转"的时代难题

在移动时代,很多人特别是年轻人基本不看传统主流媒体,大部分信息都从网上获取。传统主流媒体昔日的话语权威也正在不断被解构。法国哲学家雅克·德里达曾经用解构主义来形容人们打破现有秩序,对约定俗成、既有逻辑、旧有习惯进行破解,之后再确立新秩序的现象。移动时代舆论生态的秩序和传统媒体时代相比,具有明显的重构特征,是一次舆论构成、话语关系的大换血。

不久前,中国人民大学发布的《5G时代中国网民新闻阅读习惯的量化研究》报告显示,每天有20.03%的人登录微博,75.25%

的人使用微信群,26.61%的人浏览今日头条,0.68%的人阅读纸媒,6.56%的人观看电视,39.02%的人刷抖音,4.24%的人使用其他。纸媒和电视等传统媒体的用户不到10%。从这些数据可以看出,作为主流价值的重要传播者,主流媒体在移动传播时代面临的挑战是严峻的。

一是参与主体多元化,主流媒体内容空间受到挑战。据统计,移动网络中主流媒体的原创内容只占到全部信息的14%左右,其他则都由自媒体创作或平台转载。随着移动技术的不断变革,UGC、MGC等创新内容生产方式迅速发展。其中,UGC在信息聚合、内容生产等方面发挥了巨大优势。社交媒体的热搜功能更是开启了"UGC变身新闻"的时代。用户在移动互联网上生产内容的能力越来越强,甚至成为主流媒体的重要新闻素材和消息来源,出现"非主流"生产者引导主流媒体的态势。与此同时,MGC人工智能写作技术崭露头角,AI写稿、AI主播成为网络当红"新秀"。主流媒体内容创作空间逐渐缩减,生产力、传播力、影响力受到削弱。

二是网络表达轻松化,主流媒体语言风格受到挑战。移动传播碎片化、多元化,人们更加愿意接受短平快的信息内容和观点表达。"刚刚体""震惊体"正在重新定义网络空间的话语逻辑;886、酱紫、期待ing、蜜兔等由数字、字母、音译组成的网络语言成为新的话语时尚。网络空间的话语表达风格更加简洁、轻松、幽默。相比之下,传统主流媒体刻板、严谨、庄重的话语逻辑,规矩、严肃、晦涩的文字风格,在网络中越来越缺乏吸引力,甚至成为边缘语言。同时,由于相对严格的把关程序和功能定位要求,传统主流媒体必须遵守严谨的叙事逻辑和真实完整的信息表达,这也加大了其内容轻松化的难度。

三是信息内容视频化,主流媒体产品形式受到挑战。近来,抖音、"快手"、火山小视频等短视频 APP 迅速走红,网红直播、带货主播风靡移动网络。一项 2019 年网络媒体调查显示,67％的年轻人每天都会观看在线视频,72％的年轻人每周至少一次在智能手机上观看视频。直观有趣、交互性强、沉浸体验好的视频内容以及每个用户都可以成为视频主角,都非常适合年轻人的媒体使用习惯。虽然有少数主流媒体(如人民日报、新华社、中央广播电视总台等)已在媒体深度融合方面取得了显著成效,但在视频化方面传统主流媒体总体上还处在起步阶段,爆款产品、现象级产品还不多,视频生产能力、技术支撑水平也相对滞后。尤其是以思想性见长的传统纸媒更受其扰,从创意策划到拍摄制作,再到运营推广,都缺少专业团队和相应的技术力量。

四是信息传播分散化,主流媒体话语权受到挑战。移动网络结构的扁平化和信息传播的分散化影响了网络社会的权力结构和话语体系,拥有大量粉丝的网络大 V、各种商业平台大肆争夺热点话题、舆论风口。根据统计,移动互联网上的热门话题,只有 40％左右来自主流媒体。代表不同利益、不同逻辑的言论、思想、价值观并存于网络之中,带来了舆论话语权的分化,形成了新兴媒体与传统媒体、市场化媒体与主流媒体之间并行、碰撞甚至排斥的话语格局,主流媒体的议程设置能力明显下降,原有的话语权受到严重冲击。

(2) 主流价值受到"主客易位"的洪流冲击

移动互联网之争,一方面是入口之争,另一方面是议题之争。习近平总书记指出,全媒体不断发展,出现了全程媒体、全息媒体、全员媒体、全效媒体,信息无处不在、无所不及、无人不用,导致舆论生态、媒体格局、传播方式发生了深刻变化,新闻舆论工作面临新的挑战。移动传播改变了舆论环境,改变了舆论中人和人、人与内容、人与载体之间的关系,网民的注意力日益分散,热点话题层出不穷,多元思想交锋碰撞,主流媒体抢占舆论高地的难度加大,主流价值引领社会思潮的能力受到挑战,意识形态安全受到威胁。

一是媒体格局剧变,舆情演变分化复杂。当下,使用一台智能手机,就可以进行公共传播,使普通人也拥有了向社会传输观点的可能。人人皆为媒的时代,形成了一个以移动传播为主,传统媒体与新兴媒体、主流媒体与商业平台、媒体机构与个人自媒体共存的媒体新格局,多方较量,竞争激烈,媒体格局发生了深刻变化。主流媒体在商业媒体、自媒体"二八逆转"的冲击之下,议题设置能力被削弱。而商业传播平台奉行经济价值优先的原则,算法推荐缺乏价值观判断,商业传播平台和自媒体日益成为舆论的"发源地"和"发酵池"。再加上移动传播的即时性、便捷性、互动性,导致舆情燃点低、触点低,同时热度高、裂变快,舆情热点极速生成、相互叠加,舆论引导难度不断加大。

二是舆论生态重塑,舆论广场喧嚣浮躁。在移动传播时代,舆论热点满天飞,各种声音甚嚣尘上,"舆论场"变成了"舆论广场"。一些大V通过关注炒作热点事件,在打造自身影响力的同时,也推动舆情态势的发展。比如,营造对特殊群体的仇恨心态,让"官员永远在贪污,城管永远在打人,'官二代'永远嚣张跋扈,医生永远无视患者病痛"的舆论广为传播。一些驻扎在移动传播平台的自媒体账号为追求流量、吸引眼球,往往通过制作耸人听闻或者媚俗、低俗、庸俗的标题来吸引网民注意,采用"亦真亦假"的写作手法吸引大众关注,有的不顾起码的是非曲直,以骂主流为乐、反主流成瘾,推动非主流价值观在网络"畅销"。在重大案件的处置过程中,网络舆论审判经常自觉不自觉地代表不同的利益群体,试图对司法判决造成影响。舆论场的喧嚣,影响着人们的价值判断,让社会心态趋于焦虑、紧张,主流价值受到不同价值取向的"夹击"。

三是错误思潮涌动,移动互联网成为舆论斗争的主战场。近年来,民粹主义思潮借助移动互联网在西方国家广泛传播,影响了一些国家的社会稳定。在国内,倒灌的民粹主义因其迎合社会公众的民生诉求和高福利倾向而具有吸睛效应,只要与民生利益和社会治理有关,有人就会往上引,蓄意炒作,使我们失去道义的制高点,影响了我们一些重大政策的出台或重大项目的落地。还有一些自媒体、大V宣扬西方"宪政民主""普世价值"、新自由主义、历史虚无主义,质疑我国"一国两制"、民主制度、经济制度、改革开放成就等错误思潮在移动网络平台上暗流涌动、波谲云诡,使我国主流意识形态面临挑战。

四是有组织对立策划,国家安全遭遇来自移动互联网的挑战。近年来,少数反体制人员披着"网红"外衣,依托新浪微博、微信公众号、抖音等网络自媒体炮制散播各种噪音、杂音。他们热衷"泛政治化"炒作热点敏感事件,借境内热点敏感事件制造网络舆论焦点,煽动网民对党和政府的不满情绪,有的不断炒作放大社会问题,蛊惑人心反体制。同时,西方国家也正在加紧物色我国境内网络新媒体平台上具有"网红"潜质、意识形态西化、抨击时政的"青年异见人士",向我国境内青年群体传播西方价值观。一些自媒体人、敌对势力和别有用心之人,恶意挑衅我国的根本政治原则,公然攻击中国共产党的执政地位和我国社会主义制度,企图颠覆主流核心价值观、瓦解社会认同、侵蚀中国共产党执政的合法性基础,妄图动摇社会秩序稳定和国家繁荣发展。

在移动互联网成为主渠道的时代,面对这些巨大的变革和冲击,主流媒体必须适应时代新趋势之"变",以坚守不忘初心、牢记使命之"不变",占据移动传播主渠道,唱响主流声音,巩固主流地位,发挥好"中流砥柱""定海神针"的作用。什么是主流媒体?美国语言学家乔姆斯基曾经提出,主流媒体就是能够设置议程,引导其他媒体议题的媒体。主流媒体的共同特质是对时代发展方向的敏锐把握,能够在思想意识和价值观层面回答人们所关心的重大问题,归根结底是意识形态话语和主流价值的引领性。不在这个层面上审视并占有移动传播的先机,就不够主流媒体的资格。

习近平总书记指出,我们要坚持移动优先策略,让主流媒体借助移动传播,牢牢占据舆论引导、思想引领、文化传承、服务人民的传播制高点。因此,无论是在面对重大问题、关键敏感问题时,还是在平时或日常情况下,主流媒体都必须遵循移动传播规律,积极应对内容生产、产品形式、话语风格等方面的挑战,让移动渠道成为传播主流价值的主阵地,做到在多元中立主导、在多样中谋共识,通过设置话题、引领议题,发挥举旗定向、凝心聚力的重要作用,让正能量更强劲、主旋律更高昂,形成网上网下同心圆,使全体人民在理想信念、价值理念、道德观念上紧紧团结在一起。

3. 移动传播仍是一个必须紧紧拥抱的时代潮流

明者因时而变,知者随事而制。《硅谷百年史》的作者皮埃罗·斯加鲁菲曾提出,改变世界的创新通常都是由不同技术汇聚而成、融合而成的。随着5G、区块链技术等创新科技在移动领域中的不断应用,移动传播必定会继续推动媒体格局与舆论生态的变革。主流媒体必须从思想观念、体制机制、传播体系建设、内容生产、技术创新、人才培养等多个方面紧紧追赶潮流、拥抱潮流、引领潮流,在主渠道中发挥更大、更好的作用。

(1) 树立移动优先思维,下好传统媒体与新兴媒体融合联动一盘棋更新思想观念,跟上移动优先的时代步伐。移动优先是媒体领域的一场重大变革,也是新闻舆论战线的一次艰苦创业。主流媒体跟上时代步伐,必须推动主力军向移动互联网转移,主动抢占信息传播的制高点。为此,必须解放思想、大胆创新,跳出传统媒体的采编思维,跳出不同终端各自为战的条块分割,跳出媒体发展的路径依赖,而决不能满足现状、患得患失、畏首畏尾、小修小补。必须适应移动化、分众化的特点,着眼于重塑媒体格局,坚持用户导向、全媒体方向、内容为王指向,把思维理念从简单的"＋移动"提高到推进传统媒体与新兴媒体的深度融合上来,实现融为一体、合而为一,提升主流媒体在移动阵地的舆论引导能力和水平。

创新体制机制,实现移动优先的全局打通。近年来,传统媒体为了适应新兴媒体的发展和舆论生态的变化,纷纷采用新的传播形式与手段进行融媒体报道。但对主流媒体来说,坚持移动优先战略、提升移动传播能力的重中之重是通过体制重构、流程再造,形成科学融通的体制机制。通过合理的顶层设计,整合调配策采编发资源,提高移动端发稿的优先级,激发移动端的内容生产活力,发挥传统媒体的人才优势,推动主力军转向主战场。比如,以人民日报为代表的一批中央主流媒体,不断完善"中央厨房"建设,力求打破原有体制机制藩篱,融通采编发环节,促使传统媒体真正改变生产方式,更加有效地与新兴媒体融合,确保资源的有效流通与共享,推动形成从以报纸为中心转向报纸与新兴渠道并重的全媒体生产机制,取得了积极成效。

(2) 构建移动传播体系,占据移动渠道主阵地

自主造船,移动互联网上建平台。移动互联网中,真正最具影响力的产品大多是平台级的。依托平台特性,形成较为完整的传播生态系统,就能在内容与服务的分发中掌握主导权,提升用户黏

性,最终占据价值链上游;就能掌握用户各方面的数据,了解用户的特征,为个性化、分众化、精准化服务提供基础。因此,新型主流媒体应拥有一个属于自己的大型用户平台。就中央媒体而言,主流媒体平台的规模应该是亿级用户,覆盖范围是全国的、全领域的。而地方媒体可以在较大的经济和行政区域内打造区域性、生态级省级的媒体平台,用户规模至少应达到千万级。近年来,中央和地方媒体不断加大自身平台的建设,比如《人民日报》客户端累计下载用户已接近3亿,《新京报》客户端累计下载达到5940万,为打造具有影响力的移动传播平台奠定了良好的发展基础。

拓展阵地,建设移动新媒体矩阵。多元传播渠道分散了传统主流媒体的舆论影响力,凸显了主流媒体占据新兴平台的极端重要性、紧迫性。主流媒体要在坚守传统传播阵地的同时,突出强化移动互联网的重要地位和传播逻辑,把战略重点转移到移动互联网上,以新闻客户端、微博、微信等新媒体发布渠道为核心,通过整合媒体资源、共享内容优势、创新体制机制、再造生产流程,生产适应不同传播渠道、各具特色的内容产品,实现统一管理,统一新媒体出口,形成传播力强、影响力大、以移动端为主的全媒体传播矩阵。人民日报社在这方面就发挥了表率作用。截至目前,人民日报社共拥有29种社属报刊、31家网站、111个微博机构账号、110个微信公众号及20个手机客户端,形成了以手机报、微博、微信、客户端等多种移动终端为主的全新传播矩阵。

功能赋权,向"新闻+N"全媒体扩容。移动传播极大地丰富了媒体的功能和应用,主流媒体不再是单一的新闻提供者,新闻+服务、新闻+政务、新闻+电商、新闻+智慧城市等应用层出不穷。主流媒体应该抓住移动传播带来的新业态,以新闻资讯服务为切口,以用户需求为导向,不断深化"新闻+"的创新应用。近两年来，北京市创新推动区级融媒体中心与新时代文明实践中心、区政务服务中心相互贯通，打造集"信息发布、监督问政、文明实践"为一体的服务平台。通过整合媒体资源，推出全方位的新闻信息聚合服务；整合政务资源，对接政府服务、行政督办、舆论监督等全方位的问政功能；整合服务资源，满足基层群众理论宣讲、教育服务、文化服务、科技科普服务、医疗卫生服务、健身体育服务等方面的志愿服务需求。"北京昌平"APP现在平均每天接到网民诉求30多条，区级融媒体中心成为百姓身边的"在线政府"。

借船出海，打开移动传播的渠道路径。主流媒体移动端建设经历了不同阶段，从最初的手机报，到现在的新闻客户端，传播渠道不断扩展、壮大，形成了具有自身特色的移动传播矩阵。但面临快速发展的商业平台和技术变革，主流媒体仅靠自身力量还远远不够，移动端的争夺必须敞开胸怀、兼容并包，善于借船出海、扬帆远航，主动与各类强势媒体合作，利用多样化的传播平台扩大粉丝规模，推动主流价值的广泛传播。2019年春运期间，新华社客户端借助虎牙直播优势，推出"出站口见"暖心瞬间照片和短视频征集活动。据统计，在活动开展的11天里，虎牙平台参与主播128人，遍及北京、上海、广州、长沙、成都等地，直播146场次，累计时长320个小时，在线观看突破1580万人次，征集到用户上传的图片2568张、短视频380个，成为主流媒体借助移动商业平台进行新闻报道、取得良好传播效果的鲜活事例。

（3）坚持"内容为王"，创造适合移动传播的优质内容

深化移动端内容生产供给侧结构性改革。习近平总书记反复强调，内容永远是根本，融合发展必须坚持内容为王，以内容优势赢得发展优势。落实习总书记的重要指示精神，我们必须认识到，内容生产是媒体的看家本领，无论媒体形态怎么变革、传播形式怎

么变化,媒体都必须不断巩固和提升内容生产这一核心竞争力。新闻客户端的海量信息泛滥与优质内容"危机",迫使主流媒体进一步思考如何才能一方面适应移动传播时代的发展需要,创新内容产品,吸引更多注意力,另一方面又能保证传统媒体的品格与品位,多出精品力作。洞悉媒体发展规律,主流媒体必须深入推进内容生产供给侧结构性改革,移动端的内容生产能力只能加强、不能削弱,要适应分众化、差异化、视频化的传播趋势,通过对大数据、人工智能、云计算等新技术的熟练运用,汇聚海量信息,深耕精品内容,生产充满创新创意、符合这个时代需要的内容产品。

强化适配移动端的融媒产品生产。移动传播虽然延续了PC网络的部分传播特点,但它更加强调受众的参与性、内容的"短平快",以及形式的不断更新。抖音、秒拍、"快手"、微信公众号热点文章不仅是配动图、加视频、加特效,在表达方式上也是更加注重移动渠道的用户习惯,比如创新手机游戏、嵌入式视频、口号式图片等传播形式,以更加碎片化、可视化、有趣化的内容来吸引用户。抢占移动传播主阵地,主流媒体必须改变内容生产上的刻板方式,通过更加灵活多变的机制生产符合移动传播的原生内容,避免简单的"移花接木",利用形态多样、短小精悍、易于阅读、便于分享的融媒体产品,逐步提高内容品质和传播效率。要密切关注移动传播的变化规律,实时跟进技术创新,掌握移动端内容产品阶段性特点,创发独具特色的内容产品。

(4)突破核心技术瓶颈,以技术创新带动转型升级

以技术变革媒体生产,提供全链条服务。技术是传媒业发展和传播格局演变的第一推动力,也是主流媒体移动化发展的突出短板。主流媒体发力移动端,必须推动关键核心技术自主创新不断实现突破。要适应移动技术不断向社交化、视频化、互动化发展

的趋势，密切关注和跟进5G、人工智能、大数据、物联网等新技术的媒体应用。以技术创新研发为支撑，提升策采编发效率和效能，再造新闻指挥系统、采编系统、审核系统，为内容生产移动化提供全链条的技术服务。要探索将人工智能运用在新闻采集、生产、分发、接收、反馈中，在"全效媒体"时代快速实现及时传播、精准传播、有效传播，使舆论引导产生更大的实效，真正发挥主流媒体第一时间引领舆论的先导作用。

以技术带动内容创新，丰富移动产品形式。要积极运用先进技术，创新传播方式，比如动漫、动图、直播、连线、微视频、VR、H5、无人机航拍等，不断提高融媒产品的创意品质。充分运用互联网技术建立用户交互平台、大数据平台，利用专业数据分析工具对用户的使用行为进行深入挖掘和处理，获得捕捉新闻热点、预测事件走向、丰富内容生产的相关资料。不断提高对大数据的加工能力，激发数据的深层价值，以符合主流价值的算法推荐实现融媒体时代的精准传播和个性化服务。配套完善信息反馈、舆情分析、热点跟踪等功能，为内容生产提供决策支撑，增强用户黏性。

以技术实现互联互通，形成移动传播技术支撑体系。移动传播时代是一个开放包容、互联互通的时代，媒体的技术需求具有共通性，媒体的信息资源具有共享性，不少主流媒体发挥自身技术优势、平台优势，通过提供技术定制服务、联通后台数据端口，打破"孤岛效应"，形成强大技术支撑的聚合平台。比如，由北京市委宣传部主导、北京市广播电视局和北京歌华传媒集团负责实施的"北京云·融媒体"技术平台，就抓住了"技术命门"，突出创新性，打造了一条由"端"到"云"的技术迭代创新发展路径，成为省级技术平台的"北京样本"。"北京云"旨在贯通市区两级媒体技术后台，提供多渠道信息汇聚、音视频处理、大数据分析、多渠道发布、新媒体开发运营等全方位的技术服务,为北京市区媒体打造技术领先、指挥高效、绿色安全、可管可控、互联互通的技术支撑体系。

(5)注重全媒人才培养,激发融媒产品生产能动性

完善制度保障体系,建设新媒体人才队伍。人才是第一生产力,人才优势是媒体的核心优势。传统媒体与新兴媒体的融合说到底是人的融合。传统主流媒体拥有一支基础好、业务精、素质高、综合能力强的新闻采编队伍,这是新闻事业发展的宝贵财富。在新媒体时代,由于新技术的广泛应用,传统媒体的新闻队伍一度出现本领恐慌、畏于转型的职业危机。适应移动优先的发展趋势,传统主流媒体要充分发挥事业体制凝聚人才的重要作用,善于运用灵活用人机制激发新闻队伍活力,探索新形势下吸引使用人才、评价激励人才、培养管理人才的有效措施,完善传统人才新媒体技术培训体系,增强新闻舆论者的事业心、归属感、忠诚度,为新闻事业的持续健康发展提供坚实有力的人才支撑。

创新人才发展方向,打造移动端"网红"标杆。面对移动优先战略对人才提出的挑战,传统主流媒体要开阔思路、勇于突破,培养符合移动端规律特点、用户喜爱的"网红"主播、"网红"记者。对于新闻舆论工作者来说,现在的问题不是张扬而是平庸,主流媒体的名编辑、名记者、名主持人、名评论员不是太多而是太少。今天技术条件优越,媒体从业者众多,全媒型领军人才、拔尖人才产生的几率却没有变大,这需要我们冷静思考并给予足够重视。现在的媒体生态要求互联互通、突出差异,主流媒体人才的培养必须着力创造一个好的成长环境,除了守土还要扩土,倡导和鼓励跨界、越界。比如,现在一些报社做的短视频甚至比电视台还吸引人,电视台用无人机、VR这些手段已越来越普遍,电台主持人也开始频频出镜。随着传统新闻报道方式被打破,主流"网红"队伍也必须

随之成长壮大起来。

习近平总书记强调:"要坚持移动优先策略,建设好自己的移动传播平台,管好用好商业化、社会化的互联网平台,让主流媒体借助移动传播,牢牢占据舆论引导、思想引领、文化传承、服务人民的传播制高点。"主流媒体向移动传播渠道进军,既是回应时代课题的历史担当,也是弘扬主流价值的使命要求,必须加速推进媒体深度融合发展,把握移动传播规律,强化移动优先战略,让更多的资源、技术、力量向移动端转移,以主流价值占领移动传播阵地,不断壮大主流价值的传播渠道,让主流价值成为凝聚社会共识、引领时代潮流的磅礴力量。

杜飞进

2020 年 3 月 12 日

目　录

第一章　移动传播意味着什么/主流媒体"换道超车"的
　　　　最佳途径 …………………………………………… 1
　第一节　主流媒体的"互联之殇"………………………… 1
　第二节　移动互联网为媒体融合搭建"高速路"………… 4
　第三节　移动传播开启媒体加快融合"窗口期"………… 6
　第四节　"换道超车"为何可能 …………………………… 8

第二章　后发赶超的"风口"在哪里/"中国式媒体融合"
　　　　为什么行 ……………………………………………… 11
　第一节　政府:主流媒体移动转型的加速引擎………… 12
　第二节　技术:不断升级移动传播"版本"……………… 17
　第三节　媒体:居安思危的"自我革命"………………… 29
　第四节　属性:移动传播浪潮中主流媒体的变与不变…… 33

第三章　主流媒体能否守住主流/移动优先,不只是句口号 …… 41
　第一节　应时而谋,更新传播理念 ……………………… 41
　第二节　抢占阵地,开拓新型终端 ……………………… 43
　第三节　创新机制,构建中央厨房 ……………………… 45
　第四节　再造流程,优化策采编发 ……………………… 49
　第五节　注重效果,重建用户连接 ……………………… 51
　第六节　培养人才,强调全媒特点 ……………………… 56

第四章 融合发展要过几道坎/现在无"为",将来无"位" 59
第一节 自媒体发达,如何规避反转新闻? 59
第二节 短平快时代,怎样发挥深度优势? 62
第三节 技术发展快,会陷入炫技套路吗? 64
第四节 人人拿麦克风,你说的话他会听吗? 66
第五节 舆论江湖中,影响力到底怎么评? 70
第六节 竞争更激烈,如何找到盈利模式? 72

第五章 如何应对几何式信息增长/"内容为王"也需"供给侧改革" 75
第一节 融合新闻的"事实+"布局 75
第二节 主流媒体内容建设的"长尾效应" 80
第三节 移动传播格局下的内容"供给侧改革" 89

第六章 "渠道是金"到底有无道理/主流媒体正在"多轮驱动" 99
第一节 "合纵连横"的集群化渠道建设 99
第二节 "渠道是金",一个开放的概念 107
第三节 渠道依赖的"自我救赎" 115

第七章 是貌合神离,还是血浓于水/平台支撑的嬗变与重塑 122
第一节 平台不断升级 122
第二节 主流媒体根基庞大兼容强大焕发生机 129
第三节 用户"反哺"媒体,重度的用户依赖 139

第八章 环境剧变,主流媒体如何发展/善于经营的媒体更有影响力 145
第一节 经营融合,主流媒体生存发展的重要一环 145
第二节 媒体生态环境剧变带来的挑战 150
第三节 主流媒体怎样运用移动传播达到经营融合 160

第九章 如何确保融合发展正确方向/一手抓融合，一手抓管理 …… 171
- 第一节 一手抓融合，一手抓管理 …… 171
- 第二节 挑战与机遇并存 …… 176
- 第三节 变与不变，主流媒体运用移动传播推动管理融合的辩证法 …… 182

第十章 如何冲破人才融合"天花板"/融合发展，关键在人 …… 194
- 第一节 人才融合，初见端倪 …… 194
- 第二节 人才融合，不破不立 …… 196
- 第三节 人才融合，大势所趋 …… 203

第十一章 移动传播推进融合发展/路在何方？ …… 210
- 第一节 总判断：未知大于已知 …… 210
- 第二节 大方向：移动优先战略 …… 212
- 第三节 推动力：技术引擎支撑 …… 215
- 第四节 主旋律：主流思想舆论 …… 219
- 第五节 试金石：效果评估体系 …… 223

第十二章 移动传播推进融合发展任重道远 …… 227
- 第一节 党和政府：推动融合发展的领航者 …… 227
- 第二节 媒体：推动融合发展的践行者 …… 237
- 第三节 受众：推动融合发展的参与者 …… 241

第十三章 媒体版图，融合发展哪家强？ …… 249
- 第一节 融合发展效果评估模型和评估维度 …… 252
- 第二节 融合发展能力评估的实践 …… 276
- 第三节 融合发展能力排行榜 …… 278
- 第四节 榜单解读 …… 283

参考文献 …… 302

第一章 移动传播意味着什么/主流媒体"换道超车"的最佳途径

移动传播是主流媒体实现深度融合的必由之路。目前我国互联网发展已经确立了"移动优先"的战略布局,主流媒体在移动互联网浪潮中,要站稳脚跟,加速发展,就必须借力移动传播"换道超车"。何谓主流?换道超车为何可能?对主流媒体而言,移动传播究竟意味着什么?在主流媒体向移动端转型的进程中,一系列问题亟待回应。

第一节 主流媒体的"互联之殇"

何为主流媒体,其定义、范围和特点是什么,一直是研究者关注的重要问题。

1997年,麻省理工学院教授诺姆·乔姆斯基(Noam Chomsry)发表了《主流媒体何以成为主流》(What Makes Mainstream Media Mainstream),从此,"主流媒体"成为国内外传媒界的热词,主流化也成为各路媒体追逐的目标。然而,究竟什么是主流媒体,定义主流媒体的标准如何,时至今日仍然存在着很大争议。

根据诺姆·乔姆斯基《主流媒体何以成为主流》中的定义,主流媒体又叫"精英媒体"(Elite Media)或"议程设置媒体"(Agenda-setting Media)。这类媒体设置着新闻框架(the Framework),其他媒体每天都在这个框架内筛选新闻。也就是说,主流媒体的议程设置能力强大,极大地影响着其他媒体的报道走势,并对社会舆论形成规制。

在我国,围绕何为主流媒体形成了以下三种主要观点。

一是政治角度。如张碧华认为,主流媒体代表的是执政党或既得利益者的看法,往往忽略了他们认为不重要但对其他人很重要的一些题材。

二是经济角度。如北京师范大学新闻传播学院喻国明教授认为,传媒经济就是影响力经济。传媒影响力来源于它所吸聚的受众的社会影响力。按照传媒吸聚受众类型和层次的不同,可以分为大众化传媒和主流传媒。主流传媒就是"以吸聚最具社会影响力的受众(主要指那些具有较高的决策话语权、知识话语权和消费话语权的社会成员)作为自己市场诉求的传媒",也就是面向主流人群,其受众群体以质取胜的传媒。

三是经营角度。如复旦大学新闻学院周胜林教授认为,媒体必须具备三个条件,才能成为主流媒体,即有较大的发行量和收视率、有较多的广告营业额和有很大的影响力和权威性。浙江大学传播与国际文化学院邵志择副教授认为,主流媒体就是"依靠主流资本,面对主流受众,运用主流的表现方式体现主流观念和主流生活方式",在社会中享有较高声誉的媒体。

综合以上有关主流媒体定义的三个角度,我们认为,主流媒体应该是一个综合性的概念,不能仅从受众、经济效益和影响力等方面孤立地看待。任何媒体都具有意识形态的属性,不能脱离意识形态而谈媒体。每个社会都有自己的主流意识形态,主流媒体应该体现主流意识形态的意志和主张,是宣传社会主流价值观的媒体,同时也是传播主流思想和核心价值的载体。

2014年8月18日,中央全面深化改革领导小组第四次会议审议通过了《关于推动传统媒体和新兴媒体融合发展的指导意见》。习近平总书记在讲话中强调,"要着力打造一批形态多样、手段先进、具有竞争力的新型主流媒体,建成几家拥有强大实力和传播力、公信力、影响力的新型媒体集团,形成立体多样、融合发展的现代传播体系"。这段话,首次从党和国家层面提出建设"新型主流媒体"。我们理解,"新型主流媒体"至少应包括三层内涵。

一是"新型"。它意味着传统媒体的升级与发展,以及区别于传统媒体的新特点,表现为形式新、风格新、话语新、手段新。二是"主流"。它体现党和国家的权威主张,代表人民群众的根本利益,传递健康向上的价值观和正能量。三是"融合"。它充分发挥传统纸媒、新兴媒体优势,建设顺应时代发展的全媒体矩阵。

因此,本文所立足讨论的主流媒体是指,具有较大影响力和权威性,能够体现党和国家权威声音,代表人民群众根本利益,传递健康向上价值观,创新传播手段和传播形态的新型主流媒体。

在新媒体时代,传统主流媒体的传播力、引导力、影响力、公信力遭受了严峻挑战,正在经历"互联之殇"。即传播主体多元,"一元主导"格局被打破,引导力有所下降;传播渠道多样,传播内容缺少"把关人",公信力受到挑战;传播内容海量,主流媒体声音位重后移,影响力受损;受众主体性增强,传统媒体受众分化、流失,传播力减弱。

面对这种局面,传统主流媒体一直在积极寻求突破,加速与新兴媒体的融合,凭借自身强大的实力寻求新的发展机遇。一批传统主流媒体逆势上扬,在移动传播的历史机遇中加速融合发展的步伐,扭转颓势,呈现出后发优势。

第二节 移动互联网为媒体融合搭建"高速路"

作为信息流动的过程,传播的实现有赖于媒介的存在。最早的媒介都与人体有关,表情、神态、体语直至语言的产生。随着技术的进步和人类文明的演进,新的媒体形态不断出现,传播手段日益丰富,人类进入"媒介化时代"。

因传播媒介的不同,就有了报纸传播、电视传播、网络传播、手机传播等各种渠道。在传统媒体时代,各个媒介彼此之间相对孤立,各自发展,并没有互相替代。如报纸、电视、广播,它们在同一时空中各自发展,彼此之间互相补充,却并没有发展出替代与融合的关系,这是因为它们之间特色各异,不易融合在一起。

在互联网时代,以数字技术为基础、以互联网为特征的新媒体,彻底颠覆了传统的信息传播方式、传受关系、传播规律。同时,互联网以其强大的整合能力,衔接了所有的媒介,并通过重新塑造各个媒介在新兴网络语境下的可能性,而再度"媒介化"了这些媒介。互联网整合了印刷媒介,比如书籍、报纸、杂志和新的书写形式如博客、微博、微信等,也整合了视听媒介,包括电影、电视、广播和各种视频。移动传播时代,这一切都被整合在一块小小的屏幕上,与此同时,互联网也将上述这些媒介共同置于一种语境之中,极大地突破了时间与空间对人类的束缚。

在互联网时代,"媒体"这一概念的内涵和外延与过去相比发生了很大的改变。互联网这一最新、最具有包容性也是最为复杂的全球性媒介将所有的媒体整合在一起,媒介不再是单一、孤立的概念,而是一个涵盖所有媒介形式的综合性概念。基于本文的讨论范畴,我们为移动媒体和移动传播做一个相对明晰的界定。所谓移动媒体,指个人的、便携式的、用户控制的、交互的、能接入互联网的、可实现用户之间和用户与网络之间信息交换与共享的平台。移动传播,即基于移动媒体的传播,是通过各种移动平台,在用户之间、用户与网络之间进行信息交换的传播过程。最新数据表明,移动平台已超越传统的台式电脑成为接入互联网的主要方式,可以说,移动传播是网络传播的新发展,是新媒体发展的必然趋势。

简单来看,移动传播的特点主要有以下三点。

一是传播在移动中进行。此前的媒体,包括可以携带的手提电脑,虽然可以在不同的地方完成传播的过程,但它们只能从一个地方转移到另一个地方,而不能像今天的移动媒体如手机那样,随时随地实现信息的交流和互动。

二是传播的无处不在。移动通信网络的无处不在造就了移动传播的无处不在,无缝对接使用户感觉不到空间的转移和切换。手握移动媒体的人们随时随地都在交换信息和情感,移动传播就是日常生活化的传播,人与人之间依托移动网络建立了"永久的联系",移动媒体的使用者拥有了前所未有的"永远在场感"。

三是移动媒体已成为生活必需品,移动传播是社会结构的组成部分。移动媒体的多功能性和小型化使之不仅便于携带和使用,更因为其具有对多种媒体性能的融合性而成为人们的生活必需品,进而成为社会结构的一部分。

在移动传播中,设备是移动的,参与者是移动的,由技术、人、信息在传播中构建的环境也是移动的。今天的移动媒体,新就新在它们无论在程度还是范围上,都进入了日益增加的传播的"同步性、本地化和个性化"的每日实践,"信息无处不在、无所不及、无人不用",重构了当下人们的传播环境,同时也重塑了人们生活的社会情境。

移动的世界正在生成。

第三节 移动传播开启媒体加快融合"窗口期"

根据2019年8月中国互联网络信息中心(CNNIC)发布的第44次《中国互联网络发展状况统计报告》,截至2019年6月,我国网民规模达到8.54亿,较2018年年底新增网民2598万人,互联网普及率达61.2%。手机网民规模达8.47亿,网民通过手机接入互联网的比例高达99.1%。与此同时,台式电脑、笔记本电脑、平板电脑的使用率均出现下降,手机不断挤占其他个人上网设备的使用。各个终端逐渐向手机转移。移动电话用户持续高速增长,移动互联网应用也在不断丰富。

移动传播正在开启媒体加快融合的"窗口期"。所谓窗口期,是指"做某事的最佳时间段"。移动传播不仅是融合发展的必然趋势,也已经上升为中央决策和国家战略。2013年11月,党的十八届三中全会提出了推动传统媒体与新兴媒体融合发展的重大任务。2014年8月,中央全面深化改革领导小组第四次会议审议通过了《关于推动传统媒体和新兴媒体融合发展的指导意见》。中央的大力推动和顶层设计,是媒体融合发展的强大助力。同时,各部门各地区大力支持媒体融合发展这一中央决策和国家战略,为融合发展提供了便利条件,全方位形成融合发展合力。因此,充分利用移动传播的新格局,推动媒体融合发展,是巩固宣传思想文化阵地、壮大主流思想舆论的战略举措。

2019年1月25日,习近平总书记在十九届中央政治局第十二次集体学习时的重要讲话中明确指出:"全媒体不断发展,出现了全程媒体、全息媒体、全员媒体、全效媒体,信息无处不在、无所不及、无人不用,导致舆论生态、媒体格局、传播方式发生深刻变化,新闻舆论工作面临新的挑战。"他再次强调:"人在哪儿,宣传思想工作的重点就在哪儿。""移动互联网已经成为信息传播主渠道。随着5G、大数据、云计算、物联网、人工智能等技术不断发展,移动媒体将进入加速发展新阶段。要坚持移动优先策略,建设好自己的移动传播平台。""让主流媒体借助移动传播,牢牢占据舆论引导、思想引领、文化传承、服务人民的传播制高点。"

正如习近平总书记所说,媒体融合已进入全媒体的新发展阶段,移动互联网业已成为当下舆论引导的主要阵地。移动传播极大地改变了互联网发展初期的媒体格局。传统主流媒体在移动传播发展过程中已经显示出强大的实力,人民日报、新华社、中央广播电视总台等传统主流媒体纷纷加强对互联网媒介的建设,通过深入的学习,快速运用互联网产品和形式,在内容、渠道、平台、经营等方面深度融合,打造了一批覆盖广泛、形态多样、手段先进,具有较强传播力、引导力、影响力和公信力的新型新闻资讯平台。传统媒体在移动互联的发展过程中,日益凸显其实力,在一定程度上扭转了融合发展初期的被动局面。

随着媒体融合发展实践的推进,人们对于媒体融合发展的认识也不断深化。尤其是近几年传统媒体在移动端的良好发展态势,让人们充分体会到传统媒体所拥有的专业价值在新媒体时代的不可或缺,甚至是更为稀有和珍贵。如今不仅传统主流媒体在加速"新媒体化",很多新媒体也日益"传统化",一些新媒体,从过去的不设编辑、算法至上,逐渐开始重视编辑,重视内容把关和建设。新媒体发展初期唯算法至上、唯眼球是举的观念正在逐渐"祛魅"。对于传统主流媒体而言,这些都是移动化发展的有利条件。

习近平总书记多次强调,融合发展关键在融为一体、合而为一,要尽快从相"加"阶段迈向相"融"阶段,着力打造一批新型主流媒体。媒体融合发展的初期,各路媒体主要集中在发展增量,媒体成立新部门、引进新人才、开发新应用、推出新产品,渠道和平台获得了极大的提升和扩张。随着媒体融合不断走向深入,人们开始逐渐意识到,渠道和平台融合都不是媒体融合的终极意义。长期关注数字报道与出版的学者布里格斯(Briggs)曾提出新闻学的危机,认为新闻学是关于人的科学,而不是技术。传统媒体的专业优势、人才优势、产品优势等,正在为传统媒体的发展赢得新的历史机遇。

第四节 "换道超车"为何可能

移动平台布局是近几年来媒体融合走向纵深的产物,也给传统媒体留下了"换道超车"的可能空间。自2014年媒体融合正式成为国家战略以来,我国媒体融合推进速度明显加快,传统媒体与新兴媒体的融合发展不断深入,合作形式不断增多。"终端随人走、信息围人转"成为信息传播的新态势。随着5G、人工智能、可穿戴设备等技术的发展,移动媒体必将进入加速发展的新阶段。传统主流媒体必须抓住机遇,发挥优势,换道超车,后来居上。

传统主流媒体换道超车之所以可能,是基于以下三点。

首先是国家政策的支持。十八大以来,习近平总书记多次就推动媒体融合发展作出深刻阐述。2013年11月,党的十八届三中全会提出了推动媒体融合发展的重大任务。2014年8月,中央全面深化改革领导小组第四次会议审议通过了《关于推动传统媒体和新兴媒体融合发展的指导意见》。中央的大力推动和顶层设计，是我国媒体融合发展的强大动力。同时，各部门各地区大力支持，为融合发展提供便利条件，全方位形成融合发展合力。现在，以人民日报为龙头的传统主流媒体大力开展中央厨房建设，这个过程中国家投入了大量的政策和资金支持。相关部门也出台了一系列的政策，推动传统主流媒体的发展。比如，2017年9月，中共中央办公厅、国务院办公厅印发了《关于促进移动互联网健康有序发展的意见》，对网络强国的重要性予以充分肯定，同时也对存在的问题和可能的风险予以充分的考量，对于移动互联网的健康发展发挥了重要作用。

其次是传统主流媒体强大的内容生产能力。习近平总书记在2016年2月19日党的新闻舆论工作座谈会上的重要讲话中特别强调，内容永远是根本，融合发展必须坚持内容为王，以内容优势赢得发展优势。内容是满足受众需求的"第一指标"，技术与渠道都是为了方便内容到达受众，但受众是否接受内容则取决于内容能否满足受众需求。近年来，互联网新闻资讯平台竞争已经从单纯的流量向内容、形式、技术等多维度转移，优质内容获取成为各个平台争夺的焦点所在。

随着媒体融合的不断发展，平台和渠道如雨后春笋般应运而生。平台渠道的加速扩张带来的问题是优质内容的相对稀缺，内容同质重复，虚假信息过多，娱乐化低俗化倾向日益明显，有人提出"事实不够用了"。相比于平台和渠道的增长，优质内容的生产更有难度。网络空间的清朗必须靠权威的信息和优质的内容，如果大量的渠道和平台都是给娱乐低俗信息提供空间，那么所谓的媒体融合就会失去正确方向。

传统媒体在长期发展过程中，积累了良好的内容生产能力，这种能力在新媒体时代还有待进一步开掘,需要在新的技术条件下,进一步转换内容产品的表达方式,不断适应新的渠道和平台。用优质内容建设移动互联时代的媒体,传统主流媒体也责无旁贷。

第三是人才优势。媒体竞争关键是人才竞争,媒体优势核心是人才优势。传统媒体与新兴媒体的融合说到底是人的融合。在长期发展过程中,主流媒体有一支基础好、业务精、素质高、综合能力强的新闻采编队伍,这是新闻事业发展的宝贵财富。在新媒体时代,由于新技术的广泛应用,传统媒体的新闻队伍一度出现本领恐慌,为了适应融合发展的趋势,传统媒体新闻工作队伍向着全媒型、专家型发展,传统主流媒体在新媒体时代的发展势头已经初见人才转型的成效。

另一方面,在媒体融合不断走向深入的过程中,传统媒体所拥有的专业素养和责任意识越来越被人们重视。近年来,层出不穷的媒介伦理问题,迫使人们不得不重新正视媒体在社会发展过程中所扮演的角色。媒体融合发展并不仅仅是创建几家媒体,更不能仅仅是信息和平台的无限量增长,意见市场上的"劣币驱逐良币"效应,已经引起了人们的高度关注。人们开始担忧随着新媒体发展而逐渐消失的"老编辑"们,其实这也从一个侧面反映了传统媒体的人才优势,他们所具有的专业素养、职业道德、社会责任感,正是传统媒体最可宝贵的人力资本。越来越多的媒体人开始意识到,"10万+"没有天然原罪,但如果没有与之匹配的价值导向和专业主义标准,则很容易迷失在对"10万+"的追逐中,也很容易走入歧途,失去融合发展的初心。因此,媒体融合发展,是要将传统媒体的公信力和影响力扩展到新媒体,将传统媒体所拥有的专业素养、职业操守在新媒体平台延续,进而提高主流媒体的传播能力和舆论引导能力。

第二章　后发赶超的"风口"在哪里/"中国式媒体融合"为什么行

"风口"一词是 2015 年在互联网领域流行起来的一个概念，泛指商业主体实现飞跃式发展的良好机遇。对于中国媒体来说，后发赶超的"风口"是指在传媒环境发生巨变的大背景下，传统主流媒体应用新兴传播技术，制定社交化、移动化、智能化发展战略，最终后发赶超，实现跨越式发展。

从当前新闻传播的格局来看，尽管在内容生产方面，主流媒体占绝对优势，但是在信息传播渠道方面，不论是移动端还是 PC 端，也不论是聚合类新闻平台还是社交媒体平台，主流媒体都面临一定的困难与挑战。一个无法回避的事实是，如果不能把控渠道资源，即使内容生产实力雄厚，也无法真正掌握新闻舆论工作的主导权。因此，在新闻传播领域流行着一句话，"内容为王，渠道为先"。在移动传播时代，如何重掌渠道主动权，已成为每一个主流媒体面对的重要课题。

从 2014 年中央正式提出媒体融合发展至今，经过几年资金、经验和技术的积累，破解主流媒体转型密码，寻找主流媒体飞跃发展的"大风口"，实现主流媒体"换道超车"的答案已有迹可循。整体来看，可以从四个方面找到"中国式媒体融合发展"的答案：政府支持带来的加速效果，技术进步蕴含的发展逻辑，媒体自身变革的关键步骤，保持主流媒体底色的使命责任。只有答好这四道题，才能真正找到实现主流媒体飞跃式发展的钥匙。

第一节　政府：主流媒体移动转型的加速引擎

1. 政府推动主流媒体移动转型意义重大

从经济社会发展的进程来看，政府行为对产业的发展起着重要作用。尤其是在技术后发国度，政府在高新科技领域的投入可以为行业发展提供澎湃动力，政府的引导和监管可以保证行业向正确的方向良性成长。

具体到新闻传播领域，我国是典型的技术后发型国度，且当前主流媒体转型存在一系列问题，亟待政府予以支持、引导。

政府支持是构建新闻舆论工作新格局的重要推力。随着技术进步和人们生活方式的改变，传统媒体正向新兴媒体延伸，新闻舆论工作主阵地从传统主流媒体向新兴媒体转移，而传统媒体在传播力、引导力、影响力、公信力上还存在一定的不足。因此，政府主动促进主流媒体顺应移动传播趋势、推进媒体融合发展，可以推动主流媒体加速转型，巩固新闻舆论的主阵地，构建以主流媒体为主导的新闻舆论工作新格局。

政府支持是主流媒体顺利转型的有力保障。媒体行业已经成为技术、资金密集型行业，具有高投入、长周期的特点，单靠媒体本身力量难以支撑发展，因此，政府给予资金和政策方面的支持可以保障传统媒体顺利转型。此外，政府出台引导性政策、措施，还可以为行业发展明确目标方向，保障其在转型过程中不变形、不走样。政府的监管性法规，更是整个媒体行业健康发展的有力保障，能够从制度层面确保媒体内部健康成长、外部有序竞争。对于新兴媒体尤其是移动新媒体，这种新兴产业，既不能任其野蛮生长，也不能扼杀消灭，而应支持、引导、监管三管齐下，一个都不能少。

政府在促进主流媒体运用移动传播、推动媒体融合发展中的作用具体体现在以下两个方面。

从外部环境来看有两点。第一，弥补市场失灵缺陷，为主流媒体的移动化转型营造良好的市场环境。当前环境下，移动新媒体领域已经出现了很多商业"传媒巨头"，这些"传媒巨头"对新闻渠道资源逐渐形成垄断，单纯依靠主流媒体自身力量，较难与之抗衡。如果政府入场，对媒体市场行为进行规范和引导，对主流媒体给予支持，则有利于传播格局的平衡发展。第二，促进媒体有效竞争，优化产业结构。所谓有效的竞争，是指市场主体既积极参与竞争，又避免恶性竞争。主流媒体利用移动技术进行融合转型，既要形成合力，又要适当竞争，从而保持活力。

从行业内部来看有两点。第一，推动资源优化配置，提高资源配置效率。传统媒体往往更倾向于固守原有平台，待在所谓的"舒适区"。以报纸为例，很多传统纸媒，在当今时代，仍然守着报纸的"一亩三分地"，坚持纸媒优先理念，没有积极主动地拥抱新媒体，因此错过了媒体转型的大好时机。通过政策进行合理引导，可促使主流媒体将有限的资源集中到移动端平台，加快新媒体发展，达到资源的最优配置。第二，引导产业技术升级，增强产业国际竞争力。主流媒体移动转型须建立在移动通信技术发展的基础之上，而移动通信技术和支撑移动新媒体发展的其他基础技术，如大数据、云计算、人工智能等技术，不但投资巨大，且行业标准的制定与执行也都依赖政府提供。因此，主流媒体的移动转型离不开政府的作用。

2. 资金、政策、法规一个都不能少

中央《关于推动传统媒体和新兴媒体融合发展的指导意见》，从战略层面对政府支持移动传播促进主流媒体转型进行了阐述。

中央政策起到了指引前进航向、明确发展方向的作用。围绕大力促进媒体融合发展,中央又出台了一系列配套性重要文件,为媒体融合发展大步向纵深推进支梁立柱。与此同时,各地方党委、政府也迅速行动,结合自身发展实际,为当地媒体融合提供政策支持。这些政策有资金支持,也有监管办法;有宏观规划引导,也有具体行业规范。

(1) 政府对主流媒体移动转型的资金支持

在中央出台《关于推动传统媒体和新兴媒体融合发展的指导意见》后,许多地方党委、政府纷纷出台相关办法,对主流媒体移动转型予以资金支持。

上海市委宣传部制定了《上海市主流媒体发展新媒体专项资金实施方法》,从 2014 年开始每年安排 5000 万元专项资金对新媒体项目进行重点扶持。

广东省委省政府对《南方日报》《羊城晚报》、广东广播电视台给予每年总计 1.5 亿元财政扶持。[①]

广州市财政局印发《关于支持党报媒体发展资金的通知》,对《广州日报》予以 3.5 亿元专项资金支持;深圳市决定连续六年,每年给予深圳报业集团 1 亿元财政资助。[②]

2016 年 12 月,河北省委办公厅、河北省政府办公厅联合下发《关于加强对各级新闻媒体财政支持的通知》,要求各级党委、政府加大对新闻媒体特别是党报党刊、广播电视台、重点网站和新媒体建设的财政保障力度。《通知》还要求各级财政在加大对同级新闻

[①] 赵新乐:财政支持媒体,补转型不补守旧[J].中国新闻出版广电报,2016-12-20.
[②] 欧阳李宁:《广州日报》收到 3.5 亿元财政补贴,系支持党报媒体发展资金[J].澎湃新闻,2016-12-15.

媒体资金支持保障力度的同时,推动新闻单位加快改革发展。①

2017年3月,贵州省新闻出版广电局印发《关于进一步推动传统媒体与新兴媒体融合发展指导意见》的通知。② 指导意见明确规定,加大对媒体融合重大工程、重点项目的资金扶持力度。

(2)政府对主流媒体移动转型的政策保障

2015年7月,国务院出台《关于积极推进"互联网＋"行动的指导意见》,将媒体融合发展纳入"互联网＋"重大战略。2016年年初,推动传统媒体和新兴媒体融合发展列入国家"十三五"规划纲要。2016年7月,中共中央办公厅和国务院办公厅印发《国家信息化发展战略纲要》,提出"信息化驱动现代化"的新方针,明确要更替中国经济发展的发动机,以信息化为新的驱动力量,媒体融合发展作为国家信息化发展的重要方面,须同步培育自己的新引擎。

2017年1月,中办、国办印发《关于促进移动互联网健康有序发展的意见》;5月,国家互联网信息办公室发布《互联网新闻信息服务管理规定》。这两个文件为移动互联网健康、有序、创新发展创造了全方位促进的国家政策环境。

(3)政府对主流媒体移动转型的法规监管

2016年6月,国家互联网信息办公室发布了《互联网信息搜索服务管理规定》;11月,国家互联网信息办公室发布了《互联网直播服务管理规定》。

2017年8月,国家互联网信息办公室出台《互联网跟帖评论服务管理规定》,该规定厘定了跟帖评论服务提供者的主体责任,明确国家和地方网信部门对于跟帖评论服务的监管权限,贯彻了

---

① 河北:对各级新闻媒体的财政支持全覆盖[J].中国地市报人,2017-1-2.
② 贵州省新闻出版广电局:关于进一步推动传统媒体与新兴媒体融合发展指导意见[J]. http://www.gzpp.gov.cn/xwzx/tzgg/201703/t20170331_1718368.html.

网络安全法的制度规定，进一步完善了网络空间的规范治理。

2017年8月，国家互联网信息办公室公布《互联网论坛社区服务管理规定》，旨在促进互联网论坛社区法治化进程、保护网民合法权益和维护网络安全。该规定既是网络安全法在互联网论坛社区领域的具体适用，也是互联网论坛社区服务提供者依法办网的指引。

2017年9月，国家互联网信息办公室印发《互联网群组信息服务管理规定》和《互联网用户公众账号信息服务管理规定》，明确了互联网群组"谁建群谁负责""谁管理谁负责"的责任制度。

3. 政府推动主流媒体移动转型的成效与不足

良好的宏观环境包括政策体系、市场环境、科技基础和融资条件。整体来看，目前政府已经为主流媒体转型营造了良好的发展空间。

从政策体系来看，目前我国政府促进主流媒体移动转型已经形成较为完善的政策体系。这个政策体系，既包括中央和全国层面的宏观引导，也包括行业和各地的具体规范细则；既为主流媒体运用移动传播、推进媒体融合发展提供了稳定的政策保障，也为其创造了自由宽松的发展空间。

从市场环境来看，在政策的推动和促进下，传统媒体积极进军互联网，尤其是移动互联网领域。中央媒体和地方党报积极推出自己的"两微一端"，逐渐打破以腾讯新闻、今日头条为代表的互联网商业巨头对于市场的垄断性控制。

从科技基础来看，近年来，我国大力投资通信技术基础设施建设，从3G时代的追赶，到4G时代的发力，如今已在5G时代形成引领。在科技领域的巨大投入已经将我国在技术后发上的劣势转化为相对的优势。

从融资条件来看,中央及各地方政府有关部门一方面通过直接投资、税收、转移支付等方式,直接促进主流媒体的移动转型;另一方面通过市场手段,建立了便捷高效的融资渠道,方便主流媒体转型过程中的持续输血。

但是政府在促进主流媒体运用移动传播、推进媒体融合发展的作用发挥上仍存在以下两方面的不足。

一是侧重宏观调控,有待出台更具体的细则。目前我国已经出台的政策多侧重宏观指导性,而支持、引导、规范移动新媒体发展的专门政策数量较少。主流媒体移动转型是一个庞大的系统工程,涉及方方面面措施,例如内容、渠道、平台、经营、管理等,每一个领域都需要出台具体详细的政策。

二是政策制定仍显滞后。目前,我国已出台的政策仍存在一定的滞后性,尤其在监管性的规定上,政策制定滞后于形势发展的情况比较严重。例如,《互联网跟帖评论服务管理规定》《互联网论坛社区服务管理规定》《互联网群组信息服务管理规定》《互联网用户公众账号信息服务管理规定》等规定,均是互联网发展过程中,出现了新情况、遇到了新问题后,再针对这些问题作出的规范,这些规范都具有滞后性。可以说,在互联网领域,我国监管部门施行的是新事物出来一个管一个、问题出来一个解决一个的办法。在政策制定过程中,应进一步增强政策的前瞻性和系统性。

第二节 技术:不断升级移动传播"版本"

1. 技术创新是推动媒体发展的"第一动力"

习近平总书记在 2015 年全国两会期间参加上海代表团审议时指出,"创新是引领发展的第一动力"。这一论述抓住了当今世界发展的重要特征,是对科技创新作用的新概括、新总结。习近平总书记的"第一动力"论是解释和指导当今时代生产力和生产关系的科学和普遍适用的方法论。用"第一动力"论来认识和理解媒体发展,可以清晰看到媒体发展规律——传播技术决定传播形式,主流媒体的移动化转型是与当前通信技术发展阶段相匹配的,是以移动通信技术为基础的。因此,早有媒体人认识到:"科技创新是媒体发展的原动力。"

新一轮科技革命深刻改变着媒体行业格局。特别是网络信息技术迅猛发展,正在传媒领域催发一场前所未有的深刻革命。分众化、差异化、社交化、移动化加快普及,大数据、云计算、人工智能广泛应用,虚拟现实、增强现实、可穿戴设备异军突起。新技术从根本上促进了信息传播形式的不断换代升级,而媒体形态也随着信息传播形式的换代升级不断发展变化。

理解技术作为"第一动力"的重要意义,有两个方面的指导作用,一是技术判断,二是技术积累。

在科技领域,存在一个概念叫"技术对赌",指的是某一领域技术发展同时存在多个路径,市场主体将全部资源集中于某一具体路径,赌其未来前景。例如,本世纪初,数字音乐领域有两种经营模式,一种是以索尼公司为代表,坚持自主生产内容,以 CD、MD 为存储介质进行唱片发售的模式;另一种模式以苹果公司为代表,利用互联网技术,将 iTunes 打造成数字音乐的聚合发布渠道,发售从各大唱片公司购买的音乐内容。两种模式各有特色,以当时的网络发展条件,索尼模式甚至更有生命力。但是后来的互联网技术爆炸为苹果模式的成功奠定了基础。今天看来,苹果公司进行了一场非常成功的"技术对赌"。同样的例子还有苹果公司和诺基亚公司在智能手机业务上的"技术对赌"。苹果公司屡次"技术对赌"成功,依靠的是准确的技术判断,从而集中力量为自己赢得未来。

作出技术判断之后,要积极进行技术积累,只有达到雄厚的技术积累,在"风口"期媒体才能乘风而起。技术积累可以从两个方面入手,一是技术知识积累,二是技术人才积累。只有两个方面都积累到位了,技术积累才能发挥作用。

2. 移动传播技术推动媒体发展的历程

伴随着技术的发展进步,我国新媒体发展大致经历了三个阶段,即 Web 媒体时代、社交媒体时代、移动新媒体时代。主流媒体从最早的 Web 媒体时代就已开始拓展新媒体业务,但是真正充分运用现代传播技术进行媒体融合发展,则是在社交媒体兴起之后。

(1) 在 Web 媒体时代互联网技术与新媒体诞生

20 世纪 90 年代以前,数字与网络技术已经在少数专业与军事领域使用,如数字电路、数字文本、软件编程,而美国军方的阿帕网则出现在 1969 年。

1994 年,由超链接文本文件组合而成的万维网诞生。超链接让普通文本彼此发生关系、取得联系,并且从专业、军事领域走向商用、民用,数与网的革命由此开启。

1998 年,民营科技企业四通利方推出"利方在线",在国内首推"中文门户"概念,随后四通利方宣布成立"新浪网"。1998 年 2 月,网易公司成立,www.163.net 正式开放使用。同年 2 月,搜狐成立,中国首家大型分类查询搜索引擎横空出世。1999 年,搜狐推出新闻及内容频道,奠定了综合门户网站的雏形。民营的商业门户网站虽没有媒体资质,但其转新闻、做内容,从事的都是"准媒体"业务。2000 年,新浪、搜狐、网易登陆纳斯达克,获得了巨大的商业成功。

民营的商业门户网站不仅产生了巨大的经济效益,而且吸引了众多的网民,激发了传统主流媒体开始发展自己的网络新媒体业务。

1995年1月12日,国内第一份上网的中文刊物《神州学人》(电子版)正式发刊,成为中国第一份中文电子杂志。4月,中国新闻社在香港开设www.chinanews.com网站。10月20日,《中国贸易报·电子报》在人民大会堂举行了开播演示,这是国内第一家正式在互联网上发行的电子日报。12月,《中国日报》网站建立,内容主要包括新闻、信息、服务三部分,是最早建立网站的国家级主流媒体。

1997年,人民网、新华网正式上线,标志着国家主流媒体正式向互联网进军。人民网是人民日报社建设的以新闻为主的大型网上信息交互平台,如今已成为国际互联网上最大的综合性网络媒体之一。至2005年,全国有1000多家新闻单位在网上提供新闻服务。

在中央级媒体的带动下,地方报纸、广电纷纷踏入Web新媒体领域,如北京千龙网、上海东方网、浙江在线等都在2000年前后建立。到2011年11月28日,《拉萨晚报》以独立域名上网,中国内地所有省、区、市的传统媒体均建立了自己的新闻网站。

(2) 在社交媒体时代Web2.0与社交媒体的兴起

以2005年为界,Web时代可以分为Web1.0和Web2.0。Web2.0的概念最早由互联网先驱、奥莱利传媒(O'Reilly Media)副总裁戴尔·多尔蒂(Dale Dougherty)于2004年提出。Web2.0是相对于Web1.0的一个概念。与Web1.0时代由网站雇员主导生成内容的运作模式不同,第二代互联网Web2.0更注重与用户交互,并由用户主导生成内容。Web2.0为社交媒体的兴起打下了良好基础。从发展历程看,Web2.0技术主要应用在Blog(博客)、RSS(聚合内容)、Wiki(百科全书)、SNS(社交网络)、P2P(点对点传输)、IM(即时信息)等方面。

2009年,新浪微博的推出,拉开了中国社交媒体时代的大幕。作为一种新的社交媒体形式,新浪微博借助其简短、精炼的文字和良好的传播性,迅速成为中国最大的微博平台。

2010年,腾讯开设了自己的微博平台,借助其大量的QQ会员,腾讯微博迅速成为中国第二大的微博平台。

2011年年初,腾讯公司推出了一款快速发送文字和照片、支持多人语音对讲的手机聊天软件——微信。用户可以通过手机、平板,快速发送语音、视频、图片和文字,社交媒体进入垂直应用时代。截至2019年8月,微信在全球共计有11.33亿月活用户[①],社交媒体取代传统门户网站,逐渐成为新闻舆论的主阵地。

(3)在移动新媒体时代"两微一端"的霸主地位

2012年,随着移动通信技术升级换代和智能手机的普及,媒体再一次发生巨变,从网络媒体向移动媒体迁移。以微博、微信、客户端为代表的"两微一端"模式逐渐成为主流。

2012年7月22日,人民日报开通法人微博,拉开了主流媒体入驻社交媒体平台的序幕,随后中央和地方各大媒体纷纷入驻新浪微博等社交媒体,主流媒体利用社交媒体平台作为新闻发布渠道的模式逐渐流行。

2012年11月,十八大召开期间,人民网、新华网等权威网络媒体以及新浪、腾讯等门户网站,纷纷推出手机新闻客户端,开启了以客户端为主的移动传播时代。

---

① 腾讯:腾讯2019年第二季度财报[R]. https://tech.qq.com/a/20190814/008033.htm.

2014年6月,新版人民日报客户端上线;2015年6月,新华社客户端2.0版上线;2016年2月,央视新闻客户端改版上线。人民日报、新华社、中央电视台等媒体依托政策、技术、资本等资源,最早进行了新媒体平台探索,打造了"人民日报""新华社""央视新闻"等独立媒体APP,成功抢占了大批移动互联网新闻入口。

在中央媒体的带动下,地方媒体也加入移动传播大军。2014年7月22日,上海报业集团的"澎湃新闻"上线。2015年,广东"并读新闻"(4月15日)、北京"无界新闻"(9月16日)、武汉"九派新闻"(9月23日)和重庆"上游新闻"(11月18日)也陆续上线。传统媒体通过资源整合、搭建新型传播平台的形式开拓融合道路。

除了"两微一端",入驻聚合类新闻平台也已成为传统媒体融合发展的标配。传统媒体通过在社交媒体开通账号,以图片、视频、音频等形式不间断地发布信息,增加了用户黏性。

至2016年年底,我国主流媒体的移动传播矩阵已具相当规模。

3. 新闻客户端依然是移动传播的风口

美国经济学家约瑟夫·熊彼特(Joseph Alois Schumpeter)在《经济发展理论》一书中指出,创新是一种经济变化,它可以不用受外部影响,从体系内部自发发生。[1] 同时,他指出,创新也意味着新组织对旧组织通过竞争而加以消灭。完全竞争状态下的创新和毁灭往往发生在两个不同的经济实体之间,而随着经济的发展、经济实体的扩大,创新更多地转化为一种经济实体内部的自我更新。

尽管熊彼特关于创新的论述针对的是宏观经济,但是同样的道理也适用于媒体这一具体行业。从经济发展的基本规律判断,移动新媒体不会一直定格在"两微一端"模式。未来的新闻格局会

---

[1] 约瑟夫·熊彼特著,何畏等译;经济发展理论[M].商务印书馆,1990.

是怎样？根据熊彼特关于创新周期的理论，我们可以基于技术进步速度和行业发展规律进行预测——新闻客户端不会很快消亡，但是会出现更多的集聚现象。

（1）新闻客户端使用现状

我国新闻客户端的发展基本上可以分为四个时期：一是启动期，即2008—2009年，智能手机开始应用，手机新闻客户端雏形出现；二是增长期，即2010—2013年，各大门户网站相继推出新闻客户端，新闻聚合客户端出现，用户规模迅速扩大；三是发展期，即2014年，商业媒体发力变现业务，人民日报、新华社等权威媒体入场，市场进一步高速增长；四是回归期，即2015年以后，市场布局基本完成，媒体及技术助力市场进入深耕阶段。

当前，我国新闻客户端经过多年高速增长，市场已经逐渐回归理性，处于回归期。这一阶段市场深度调整，巨头引领的格局逐渐稳定。整体来看，有以下四个特点。

一是市场增速逐渐放缓。根据艾媒咨询发布的《2017Q1手机新闻客户端市场研究报告》，[①]从2016年第一季度开始，新闻客户端市场用户规模增长率呈逐年下降趋势。用户规模的下降反映了客户端市场出现拐点，市场从快速增长进入稳定发展阶段（图2—1）。在这一时期，市场进行调整，投资回归理性，市场产生集聚，头部效应越发明显。

二是客户端的差异化定位进一步凸显。回归期的客户端差异化竞争逐步显现，各客户端找到了自己更精准的发力点，推出更具特色的产品。差异化的内在动力主要来自两个方面。一方面受众需求存在差异。受众需求的差异化决定了传播的差异化，进而导

---

① 艾媒咨询：2017Q1手机新闻客户端市场研究报告［R］. http://www.sohu.com/a/139353111_483389.

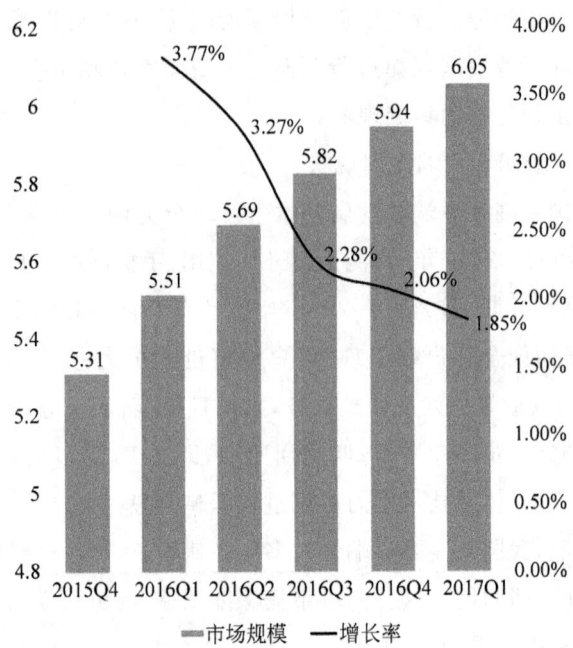

数据来源：艾媒北极星(截至2016年12月底，北极星采用自主研发技术已经实现对6.98亿独立装机覆盖用户行为监测)

图 2—1　2015Q4—2017Q1 中国手机新闻客户端市场用户规模

致大众传播走向分众化。另一方面传播信息供给也有差异化，即不同的供给方提供不同的信息产品。

差异化竞争策略体现在竞争激烈的客户端市场。首先，主流媒体的新闻客户端进一步深耕内容领域。如人民日报新闻客户端利用采编优势，提出"做有品质的新闻"的目标，确保新闻的真实性、权威性。其次，原互联网门户网站推出的客户端在强调品牌价值的同时，更多体现自身网站特色。如网易新闻主打评论，评论区金句频出使其获得了大量拥趸。再次，以技术平台为中介的聚合新闻服务应用主打内容聚合和精准分发。如今日头条最早引入

"用户画像"技术,主打精准推送的新闻。

三是头部新闻客户端的规模优势更加明显。根据艾媒咨询调查,在2019年第一季度,腾讯新闻以2.61亿的活跃用户数,领跑中国手机新闻客户端市场,而今日头条则以1.99亿紧随其后(图2—2)。① 数据显示,以腾讯新闻、今日头条为代表的头部新闻客户端占据较大的用户规模比重,其他的竞争压力较大,但随着差异化竞争的加强,用户分布格局不会固化。

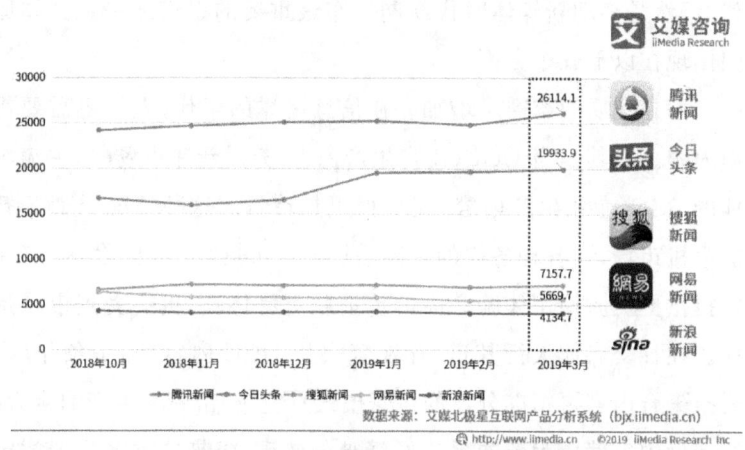

图2—2 2019Q1中国主要手机新闻客户端月活用户数量(单位:万人)

四是整体用户黏性提高。用户黏性用来衡量用户对新闻客户端的忠诚度。在市场新增用户减少的情况下,用户黏性直接影响了客户端的活跃度,影响着新闻的传播力、影响力。调查显示,2019年第一季度,今日头条依然是黏性指数最高的新闻客户端,与上半年相比,网易新闻、凤凰新闻、ZAKER等客户端的用户黏性指数均有所增长,从整体上看新闻客户端的用户黏性指数有一

---

① 艾媒报告:2019Q1中国手机新闻客户端市场监测报告[R]. https://www.iimedia.cn/c400/64308.html.

定的增长。用户黏性指数是重要的竞争力体现,各新闻客户端正在进行的直播、问答、社交等产品的探索,也是为提高用户黏性指数进行的尝试。

(2)新闻客户端不会消失

尽管新闻客户端诞生至今已近十年,且整体市场情况由快速增长变为深度调整,但是整体上人们的使用习惯已经养成,而且市场情况表明,短时期内新闻客户端不会被社交媒体等其他渠道取代,仍然是移动新媒体时代新闻发布最重要的渠道之一。具体原因体现在以下三个方面。

一是优质内容需求增加。在信息爆炸的年代,人们更需要优质内容。尤其是当UGC(用户生产内容)充斥新闻市场时,主流媒体的PGC(专业生产内容)就显得更加珍贵。这种情况类似于智能手机市场,当各种各样的智能手机充斥市场时,苹果、华为、三星等提供更优质使用体验产品的价值就更易体现,更会受到市场追捧。在社交媒体大行其道(存在着大量UGC内容)和头条化(主要指聚合内容再精准分发的运营模式)严重冲击新闻生产的今天,坚持做内容就成为新闻界工匠精神的体现,将来这类客户端注定更受人青睐。

二是主流媒体客户端已经成为用户最信任的新闻来源。相比社交媒体上的道听途说,新闻客户端发布的信息因为有品牌媒体背书,可信度更高。因此,在信息芜杂、谣言众多的网络世界,主流媒体新闻客户端作为一种信息发布的权威渠道更是有不可替代的作用。

三是新闻客户端功能不断拓展,实现自我更新。未来新闻客户端会向着三个方向演变:信息流、垂直化、聚合器。一是信息流。社交媒体的兴起不但改变了人们获得信息的方式,更重要的是培养了人们获取信息的新习惯。不论是即时聊天，还是微博、微信朋友圈，人们都是按照时间轴来获取信息。因此，多数手机用户会更倾向于以时间轴为线索消费消息。如今，大多数新闻客户端完成了信息流革命，过去的以空间为线索组织信息的方式，变为以时间为线索组织并呈现信息的方式，客户端界面也更加轻巧、简洁和直接，且新闻信息会在信息流中基于社会化和个性化实现精准推荐。二是垂直化。垂直化是新闻分众化、差异化传播的直接体现，也是任何一个媒体在行业领域深耕的必然结果。而且，研究显示，外界信息越多，人们就越倾向于关注自己所熟知的专业领域信息，因此垂直化是增强用户黏性的最佳利器。三是聚合器。如今，不管是传统媒体的新闻客户端还是门户网站的新闻客户端，都已经变成了一个聚合阅读器。新闻客户端的聚合器功能是与垂直化特性相辅相成的。聚合器是新闻客户端功能的横向发展，垂直化是新闻客户端功能的纵向发展。新闻客户端经过十年的演变，已经将混沌的用户市场进行了细分，处于行业顶端的各家新闻客户端都形成了庞大的用户群体。这些用户群体要看到想看的新闻，这就导致了垂直化；要看到应该看的新闻，这就导致了聚合器。从运营模式上看，"聚合"使新闻客户端更易满足用户需求。例如，2016年视频新闻崛起，各新闻客户端纷纷开放视频频道，更有客户端率先开启了直播业务，从形式到内容的多层次与时俱进，是保持客户端生命力的一条有效途径。

以上三点变化都是应势而动，也都有效迎合了市场和受众。正如熊彼特所说，新闻客户端的变革发生在自身内部，而这种强大的适应能力和自我创新将使其具有持久的生命力。

（3）新闻客户端出现聚合

一是品牌聚合。客户端市场品牌聚合的深层次原因是市场同质化。同实体商品市场一样,如果服装市场上所有的产品都一样,那么大品牌公司生产的时装就更容易获得人们的青睐。客户端市场的同质化主要表现在四个方面:功能同质化、内容同质化、来源同质化、技术同质化。为应对同质化危机,各媒体纷纷集中力量打造新闻品牌。例如,腾讯新闻以用户过亿的微信和手机 QQ 为支撑,每天早晚推送腾讯新闻,强化读者品牌意识,为腾讯新闻客户端吸粉无数;网易新闻在移动端继续主打"有态度"这一概念,其评论风格从网站端延续至客户端,甚至有网友直呼"不看新闻直奔评论";今日头条则依赖于精准推荐,打出"你关心的才是头条",近年更是在舆论的漩涡中名声大噪。

二是用户聚合。用户聚合是指用户市场出现分类,有着相同兴趣的用户逐渐向同一个新闻客户端聚合的现象。用户聚合是新闻差异化、分众化传播的一个必然现象。在当今快节奏的生活中,人们很少同时使用多个新闻应用,有调查显示,多数人手机上长期活跃的新闻客户端只有 1 至 2 个,且人们更倾向于看自己感兴趣的内容,因此相同兴趣的用户会不自觉地聚合到同一客户端。

三是内容聚合。新闻客户端内容聚合体现在两个方面:一个是内容来源的聚合,例如以今日头条为代表的聚合类新闻客户端,收集广电、纸媒、网站等不同渠道的新闻资源,进行统一呈现;另一个是内容形式的聚合,新闻客户端除刊发文字、图片、短视频报道,还开放直播窗口、社交通道等。由于受众划分越来越细,内容推送越来越精准,新闻客户端为留住已有用户,拓展新的用户,不得不持续拓展内容渠道和内容形式,导致市场上"小而美"的新闻客户端越来越少见,取而代之的是,集所有功能为一体的"大而全"新闻客户端成为主流。

第三节　媒体：居安思危的"自我革命"

主流媒体是利用移动传播促进融合发展的主体，其积极性对运用移动传播促进媒体融合发展影响甚巨，必须调动融合主体的积极性。我国主流媒体并非真正遭遇西方所谓的传统媒体"寒冬"，相反，不少传统媒体业绩还在增长。但主流媒体仍须居安思危，在保持业绩增长的基础上，应积极运用移动传播促进融合发展。

1. 移动传播技术引起链式反应

（1）技术发展导致信息获取方式改变

如前文所述，截至2019年6月，中国网民规模达8.54亿，互联网普及率已经达61.2%。其中，手机网民规模达8.47亿，比例达99.1%。从数字可以看出，中国互联网普及率已经达到了极高程度，而且还在高速增长，尤其是移动互联网，更是增长速度惊人。

根据2017年年初艾媒咨询发布的《2016年新闻资讯渠道价值研究报告》，当时已有62%的人将手机或者平板电脑作为获取新闻的第一渠道，有32.7%的人将电脑网站作为获取新闻的第一渠道，而仅有1.1%和2.7%的人，将报纸和电视作为获取新闻的第一渠道。可见，以移动互联网为代表的数字传播技术已经成为信息传播的主要方式。

（2）信息获取方式改变带来传播形式的变化

一是新闻信息获取即时化。移动传播设备是人的延伸，它让人能够随时随地了解千里之外的新闻事件，如同人的眼睛和耳朵延伸到千里之外。随着移动传播技术的普遍运用，人们对新闻的即时性要求越来越高。受众对于新闻获取的即时需求，就要求新闻工作者做到三个第一:第一时间,第一现场,第一报道。

二是新闻信息流动交互化。伴随着微博、微信等社交软件和自媒体的兴起,当今社会已经成为人人都有麦克风的时代。一个人在获取新闻时,也在传播新闻。传统单向度的新闻传播模式被打破,时下的新闻更加注重与社会公众的互动与交流。

三是新闻信息传播碎片化。阅读传统的纸质媒体通常需要占用大量时间,而新媒体则以短消息、短报道为主,更迎合了当前快节奏的生活,新闻信息传播越来越呈现碎片化趋势,不少媒体和记者不愿花大量时间和精力进行深度报道。

四是新闻内容生产个性化。传统的新闻注重信息的普适。以报纸为例,同一份报纸在全国各地的头版上刊登的往往是同一篇报道。而新媒体时代,每个受众都是独立的社会分子,每个人都有自己多元化的需求。比如,有些群体喜欢简短的"快餐式"新闻,有些群体则更喜欢有态度、有温度、有深度的新闻。为迎合受众需求,新媒体越来越倾向于差异化内容、分众化传播。而差异化内容、分众化传播的基础就是以用户需求为导向,进行内容的个性化生产。

(3) 传播形式变化导致媒体面临新的挑战

新闻传播形式的改变,给传统的新闻媒体和新闻工作者带来了新挑战,这些挑战主要体现在两个方面,一是生存危机,二是价值危机。在新媒体的冲击下,一些主流媒体积极进行媒体转型,另一些媒体则难以适应时代要求濒临破产。更危险的是,部分媒体为迎合公众丧失了主流媒体应有的新闻定力,以低俗热点或标题博人眼球,面临着价值追求的危机。

一是传统新闻媒体面临转型危机。为了应对新媒体带来的挑战,诸多的传统媒体尤其是纸质媒体都寄希望于通过自身的转型实现新的跨越。人民日报、新华社、中央广播电视总台等资金雄厚、技术力量强大和新闻媒体团队高效的主流媒体成功实现了转型，依托传统的新闻渠道，不断拓展线上新媒体，打通线上与线下的阻隔，成为引领主流媒体转型的"生力军"。然而，一大批地方主流媒体，尤其是市县级媒体，由于自身资金力量不足，技术团队能力有限，再加上没有主动参与到新媒体时代大潮之中，受到了严重冲击，并付出了沉重代价。

二是少部分媒体面临新闻定力与舆论导向危机。主流新闻媒体是党和政府的喉舌，是宣传舆论工作的"排头兵"，在整个社会起着极为重要的舆论导向作用。也正因如此，新闻媒体必须要有新闻定力，坚持正确的导向。然而有些媒体为了博取流量以赢得利润，以打擦边球的手法，迎合部分受众的喜好与需求，未能很好地传播正能量与核心价值观，使有些报道产生了负面的社会效应。

可见，移动传播技术引起的链式反应，已经成为传统主流媒体不得不进行自我革命的重要原因。

2. 国内媒体运用移动传播促进融合发展的关键

（1）坚守使命，输出价值

传统媒体传播力下降的最直接后果就是引导力和影响力减弱。《2015年互联网舆情分析报告》显示，500个社会热点事件中44.4%的事件由互联网披露而引发公众关注。可见报纸、杂志等传统媒体的议程设置能力进一步下降，在网络舆论场中影响力有限，较难有效设置议程和引导舆论，是传统媒体面临的严峻挑战。

在传统媒体时代，新闻话语权主要由主流媒体掌控，推动社会舆论的形成。新媒体的发展打破了原来只有一部分人可以支配和利用媒体资源的格局，网络用户也成为舆论传播的一支重要力量。传与受的界线淡化了，公众在舆论形成、传播和引导中的地位日益凸显,舆论生成主体逐渐扩大。再加之舆论主体的匿名性与参与渠道的广泛性、传播空间的无界性与意见汇聚的实时性、议题生成的自发性与舆论发展的不确定性、价值观的多元性与价值取向的批判性、意见表达的失范性与群体行为的极端化等因素,导致主流媒体舆论引导的成本不断上升。面对当前形势,主流媒体在移动转型过程中不应只考虑成本和市场因素,更应多关注引导力、影响力,更应坚守使命,输出价值。

(2) 积累技术,掌握主动

主流媒体在运用移动传播促进融合发展的过程中要注重技术积累,掌握渠道上的主动权。注重技术积累主要体现在三方面。首先,深刻认识技术的重要性。"创新是引领发展的第一动力",技术是创新的关键,主流媒体在移动转型过程中要进一步开拓思维,把握技术发展脉搏。第二,引进技术与开发技术并重。主流媒体既要积极引进国外先进技术,又要积极开发拥有自主知识产权的技术。任何一个行业,核心技术都是最有保障的竞争力,因此,只有掌握了足够的核心技术,才能形成技术优势。第三,注重技术人才积累。主流媒体可以从科技公司、高校、科研机构高薪聘请科技人才,也可以通过教育培训培养自身科技人才。只有拥有足够的人才储备,才能爆发出科技竞争力。

(3) 注重技术逻辑、市场逻辑和政治逻辑相互协调

从本质上看,主流媒体移动转型遵循着三个方面的逻辑展开:技术逻辑、市场逻辑和政治逻辑。

技术逻辑是技术发展的内在规律,它由社会整体的技术发展阶段所决定。从深层次讲,技术发展的阶段构建了信息、人、财、物之间的特定联系方式。这种联系方式,决定了技术的经济潜力。技术的经济潜力决定了资本的进入和退出。

传播领域的技术密集性特点,决定了该领域具有极强的规模经济与范围经济效应,容易造成资本扎堆、赢者通吃的市场现象,这恰恰体现了媒体发展的市场逻辑。而当前,我国媒体融合发展的一个目标就是主流媒体通过市场与资本整合,从而在事实上把兼具意识形态与产业属性的传媒更加完全地推向市场。

在市场大潮中,媒体不可能剥离其意识形态属性,及其应承担的必要使命与责任,这就是主流媒体移动转型的政治逻辑。这种政治逻辑显性地表现于国家权力、民族凝聚力。而如何使主流媒体良好地进行移动转型,又不失本色,不辱使命,则需要主流媒体经营管理者的更高技巧,需要政府监管者的更大智慧,需要统筹协调技术逻辑、市场逻辑和政治逻辑。

第四节 属性:移动传播浪潮中主流媒体的变与不变

移动传播方式如浪潮席卷世界,置身其中,任何媒体都不能偏安。主流媒体是被移动传播浪潮吞噬,还是勇立潮头,做时代的弄潮儿?答案一定是后者。要做到稳稳站在移动传播的浪潮之巅,主流媒体必须回答一个问题:移动传播时代,究竟什么变了,又有什么没变?

移动传播带来的变化可以从两方面理解。从媒体外部来看,移动传播造成媒体竞争环境变化,技术发展导致信息获取方式改变,信息获取方式改变带来传播形式变化,传播形式变化导致媒体面临新的挑战。从媒体内部来看,移动传播改变了媒体本身的发展逻辑。移动传播彻底变革了主流媒体的内容、渠道和平台的经营管理模式,导致传统媒体必须进行由内到外的彻底变革。

1. 移动传播给主流媒体带来的正面变化

(1) 传播速度更快,覆盖范围更广

随着智能手机普及率和个人手机使用时长的不断增加,手机已经成为人们生活中不可分割的一部分,成为人们感知器官的延伸。人们每天通过以手机为终端的移动互联网接收来自世界各地的信息,只要当时当地的移动通信网络基础设施完备、终端运行良好,任何人都可在第一时间通过个人移动智能终端接收媒体发出的来自事件发生地的文字、图片乃至视频等第一手资料。新闻传播对移动终端的使用充分提高了新闻服务的效率。

(2) 新闻内容生产更加高效

一是内容生产的流程再造。尤其是中央厨房模式在主流媒体中的推广,构建了适应时代特点内容生产的策采编发网络。以人民日报为例,中央厨房对传统媒体的流程再造,主要是设立总编调度中心和采编联动平台。总编调度中心在统筹报道策划、整合新闻资源、调度采访力量、协调技术支持方面发挥核心作用。采编联动平台分设全媒体编辑中心、采访中心、技术中心,根据需要随时召开协调会、碰头会等,沟通情况、会商选题、交流观点、讨论问题,协调解决采发流程和前后方协作中遇到的问题。通过中央厨房,传统的线性采编流程变得更加灵活高效,更加适应快节奏的时代要求。

二是内容生产的主体拓展。UGC等新兴的内容生产模式极大拓展了新闻内容生产的主体范围。作为一种新型的传播工具,移动互联终端给传媒行业乃至整个社会带来了深远的影响。随着微博、微信等社交媒体的兴起,以及头条号、凤凰号等自媒体平台的发展,UGC逐渐兴盛。新闻已经从单纯的少数人对多数人的传播结构,变成了大众对大众的传播结构。在这种传播结构中,新闻内容生产变得空前繁荣。

(3) 新闻传播更便捷高效

移动互联网时代的新闻传播更注重用户体验，发布的内容多从受众的角度出发，提供新闻信息定制服务，可以让不同用户根据自身的兴趣与需要自行选择，实现新闻服务的个性化，增加用户黏性。同时，在移动互联网时代，传统媒体长篇大论式的报道被打散成一个个简短的新闻讯息，用户可以随时接收、随时阅读，甚至随时跳出这个新闻，使得新闻达到更好的传播效果。可见，内容的定制化、实时化、碎片化进一步提高了传播效率。

2. 移动传播给主流媒体带来的负面影响

(1) 头条化带来的内容生产凋敝

"头条化"是指新闻客户端模仿今日头条的运营模式，聚合内容并精准分发的现象。

今日头条的运营模式可以用三个关键词来概括：内容聚合、对象搜索和精准推送。今日头条没有自己的采编团队，不生产内容。其内容来源主要有三个：一是合作媒体提供；二是"头条号"生产的UGC内容；三是通过网络技术，从各类网站抓取的海量信息。在内容聚合的基础上，今日头条通过分析用户特征和偏好对用户进行精准的信息分发，从而吸引了大量受众。

今日头条取得的巨大商业成功，引来众多新闻客户端争相模仿，大家纷纷做起内容聚合的业务，也从中尝到甜头。而这种现象导致越来越少的媒体将精力真正投入到内容生产中，这对整个行业的内容生产产生了不良影响。

当然，从另一方面来讲，头条化带来的内容生产危机，也给了主流媒体一个弯道超车的机会。虽然商业媒体在渠道上占据优势，但其集中精力于内容聚合时，如果主流媒体继续深耕内容生产领域,发挥传统的采编优势,便可占据产业链的上游,未来也一定会在市场上占据一席之地。

(2) 媒体价值追求改变带来的传播乱象

在传统媒体时代,新闻人追求的是新闻的真实性、时效性、可读性。其中,真实性是新闻的首要价值和基本原则。但是在新媒体时代,因为传播工具拉近了人与事件现场之间的距离,新闻的时效性要求越来越强,出现速度至上的倾向,从而带来新闻信息失真等多方面的问题。

一是求速度、失真实。新媒体的出现弥补了传统媒体在报道时效上的滞后,让新闻从"日报"变成"分报""秒报",时效也越来越成为新兴媒体争夺用户的主要卖点。但是,随着媒体竞争越发激烈,一些媒体为了抢头条、抢独家、抢首发,甚至不惜牺牲新闻的真实性。有的媒体单纯"求快",导致新闻报道失真现象频出,成了滋生谣言的温床。一些网络谣言的制造者更是充分利用媒体弱点,为了引起关注不惜捏造虚假新闻。

二是博眼球、失操守。一些媒体崇尚"流量为王""点击率至上",大量登载、炒作猎奇新闻、雷人雷语,以达到增加点击率的目的,严重败坏了媒体行业的声誉。一些媒体不顾操守,不惜以侵害公众人物的隐私为代价,迎合"恶趣味",满足"窥私欲"。还有的媒体热衷以偏概全或者利用所谓"说服的技巧",刻意制造热点,影响舆论。"标题党"更是随处可见,一些新媒体从业者滥用自身的编辑权,无中生有捏造不存在的信息,断章取义曲解作者的原意,为了迎合低级趣味而制造噱头,夸大其词生产虚假的标题新闻。

三是贪利益、失底线。在移动新媒体时代,通过专业采编人员生产新闻内容,成本高,时效慢。以今日头条为主的聚合类新闻客户端,通过网络爬虫技术,进行信息聚合,大大降低了内容生产成本。这也带来了新闻信息版权侵权的问题。但是在巨大的利益诱惑面前,很多商业媒体以身试险,不惜触碰法律底线。更有甚者,为贪图利益"最大化",公然剽窃抄袭,事后以赔钱了事。这些做法不但使得传统媒体出现经营困难,更是对付出了巨大心血进行现场采写和深度报道的记者、编辑工作的亵渎。更严重的是,现在互联网上,很多媒体的内容生产已经呈现"头条化"趋势,长此以往,可能引发整个行业内容生产的凋敝。

四是重市场、失引导。拉扎斯菲尔德曾在《大众传播、大众鉴赏力和有组织的社会行动》一书中指出,现代大众传播具有"麻醉作用"。他认为,大众媒介以低廉的价格大量占用人们的时间,使人们沉浸在虚幻的自我满足中,从而丧失社会行动能力;所传递的浅俗、煽情化的内容,使人们的审美鉴赏能力退化,使人们成为不假思索地顺从现状的单面人。拉扎斯菲尔德是从负面看待大众传媒的,但不可否认的是,在互联网爆炸式增长的信息中,充斥着大量的低俗表层信息,这些信息具有新异性与刺激性,在吸引人们去点击阅读的同时也侵占了人们思考与学习的时间。人们习惯于将注意力集中在零碎肤浅的八卦娱乐之中,加上缺乏正确且有深度的报道对人们加以引导,人们很容易沉溺在虚拟信息中难以自拔,从而失去思考与判断的能力。

(3) 信息的实时性、广泛性、碎片性给政府监管带来新的挑战

2008年6月,中国已成为世界第一网民大国。面对庞大的网民人数,要做好监管,必须经历一个长期的统计与规范过程。政府在监管领域仍然缺乏足够的监督力与审核力。政府监管移动互联网的困难主要有以下三个方面的原因。

一是新闻媒体数量庞大。据不完全统计,2016年,我国新闻客户端数量已经超过1300个,其中高活跃度的客户端占比在

20%以上,超过260个。新闻客户端每天发布海量信息,这些信息给监管部门带来了极大的挑战。此外,市场上一些著名商业媒体的客户端也经常处在一种打擦边球的状态,为规避相关管理办法,发布隐蔽且不易察觉的信息。大量UGC内容的存在增加了监管难度,这些UGC内容门槛低、碎片化,且内容丰富、门类繁杂,使得监管难度进一步上升。

二是移动互联网专门法规有待健全。上文已经论述过,目前我国移动互联网专门法规仍存在滞后性、不健全、不细致等问题,行政执法也存在不规范、不及时、不到位的情况,立法、执法工作尚待进一步加强。

三是政府网络监管人才缺失。精通互联网且具备相关法律法规知识,是监管好网络新闻信息的两个必备条件。但现实情况是,当前体制内技术型人才往往缺乏法律知识,而法律型人才对网络信息技术又并非精通。因此,只有加强复合型人才的培养,才是解决监管人才缺失问题的治本之策。

3. 主流媒体在移动传播过程中的坚守与创新

(1) 主流媒体生存环境发生变化,但职责和使命没有变

2016年2月19日,习近平总书记在党的新闻舆论工作座谈会上指出,在新时代条件下,党的新闻舆论工作的职责和使命是,"高举旗帜、引领导向,围绕中心、服务大局,团结人民、鼓舞士气,成风化人、凝心聚力,澄清谬误、明辨是非,联接中外、沟通世界"。

当前,主流媒体生存环境发生了极大的变化,外部竞争日益激烈,内部求新求变诉求高涨。移动传播给主流媒体带来了发展机遇,提供了发展便利,但也给主流媒体乃至整个媒体行业带来了很多负面影响。此时,主流媒体更应牢记48字的职责和使命,在乱流之中发挥中流砥柱作用,还网络环境一片风清气正。

(2) 新闻生产传播方式发生变化，但对优质内容的追求没有变

随着传播形态和受众阅读习惯的变化，新闻生产和传播的方式也在发生变化。具体表现就是，聚合型内容逐渐取代自产内容，短报道逐渐取代深度报道。

但是随着技术发展和社会进步，人们终会厌倦互联网上流行的浅薄、碎片式的信息，会更倾向于追求有一定深度的优质内容。这正是主流媒体的优势所在，从这个层面来讲，主流媒体移动转型过程中仍需坚持内容为王的原则不放松。

(3) 主流媒体工作方式发生变化，但价值追求没有变

主流媒体移动转型遵循技术逻辑、市场逻辑和政治逻辑这三个逻辑展开。技术逻辑和市场逻辑决定了媒体的工作方法，而政治逻辑则决定了媒体的价值追求。在移动转型过程中，应强化政治逻辑、尊重市场逻辑、用好技术逻辑，其中政治逻辑更起到了指引航向的作用，应该挺在最前面。

目前，一些媒体在激烈的市场竞争中迷失了自己的方向，一味强调市场逻辑的作用，一味追求利益最大化，没有将政治逻辑挺在前面，导致一系列问题出现。主流媒体在移动转型过程中，要不断矫正自己的航向，不断审视自己是否以政治逻辑为指导，并统筹好政治逻辑与技术逻辑、市场逻辑之间的关系。

主流媒体在移动转型过程中应坚持怎样的价值追求？一是主流媒体要保持底色不变。所谓媒体底色，指的就是媒体的性质、职责、作用。对新闻媒体来说，性质具有基础性、统领性，性质决定职责，职责决定作用。就主流媒体来说，应履行如下职责：宣传党的理论和路线方针政策，宣传中央的重大战略决策；宣传党的主张、弘扬社会正气、通达社情民意、引导社会热点、疏导公众情绪、搞好

舆论监督；及时传播国内外各领域的信息，报道全球重大事件并发表评论。二是主流媒体要以正确的舆论引导人。必须认识到，主流媒体利用移动传播技术搭建的各种新媒体平台也是党和政府的宣传阵地，必须姓党，必须坚持正确舆论导向，任何发声都要和媒体的性质、职责、作用相吻合。

第三章　主流媒体能否守住主流/
移动优先，不只是句口号

为了在移动互联时代继续坐稳媒体界的"头把交椅"，近年来主流媒体大力推动媒体融合发展，主动参与移动传播的激烈竞争。从更新传播理念到开拓新型终端，从建设中央厨房到再造生产流程，从重构用户连接到全媒人才培养，主流媒体不仅叫响"移动优先"的口号，也通过积极探索实践，热情拥抱移动时代。

第一节　应时而谋，更新传播理念

传播理念是指不同媒体在传播实践中对传播内涵的独特理解，涵盖了对传播质量优劣进行判断的一整套媒体内部标准。比如，西方的传播理念一直强调信息传递是传播的本质，媒体最重要的作用就是生产信息、传播信息，而中国的传播理念更强调传播的政治意义、社会职责和历史使命。

更新传播理念是时代的要求，是落实习近平总书记关于新闻舆论工作一系列重要论述的必由之路。今天，中国的主流媒体在运用移动传播、推动媒体融合发展过程中，伴随着更加鲜明的移动智能化趋势，主流媒体的传播理念也在不断更新，这种更新体现在以下六个方面。

一是从报道重大政治、经济题材等宏观视角，延伸到报道普通人的工作、生活等个体视角,强调个体在社会发展中的作用。人民日报、新华社、央视新闻的一些新媒体产品,如《红色气质》、两会版《成都》等视听产品,都是从个人体验出发,以个体故事讲述家国变迁,因而能让更多普通人感同身受,接受传播的内容,达到宣传的目的。

二是传播更注重到达率,变宣传为传播。原来那种大水漫灌式的传播理念只适用于以前传播渠道单一的时代。今天,轰炸式的宣传可能激发受众逆反情绪,产生负面效果。传播不意味着必然到达受众,到达率在今天尤其重要,要改变受众被动接受的情形,让受众自觉接受并享受优质内容,不断提高内容到达用户的精准度。

三是在保持原有传播频率的基础上,强调二次、三次传播的差异性。宣传需要反复和固化,但现阶段更需要关注传播的技术和技巧。同样的内容,针对不同对象,采用不同的传播渠道和传播方式,强调传播的分众化、差异化、个性化,才能收获更好的传播效果。

四是强调传播体验,变作品为产品。传播效果是由受众体验决定的,好莱坞大片、日本动漫、韩国电视剧等文化产品之所以在全球范围内受到热捧,很大程度上在于这些内容形式带给人的感官刺激,让受众身临其境,满足他们各种类型的体验期待。尽管一提到产品,往往会和批量化、流水线式的生产方式联系起来,但与作品往往烙印着作者个体的标签不同,产品更多的是站在用户立场,更多地考虑用户是否喜欢,是否能传播开来,具有更强烈的用户意识、效果意识。媒体快节奏的竞争环境,使我们大多数时候,没有充分的时间像打磨艺术品一样去创造作品,而产品覆盖面更广、产出速度和回报更快,因此产品思维成为融媒时代内容生产的必备思维。

五是强调传播的互动性,变受众为用户。以往国内传统理念还是以"传者"为本位,缺乏与传播对象的互动意识。在和市场化媒体竞争的过程中,主流媒体发现了差距,近几年迅速调整,尤其在与用户交互、增加产品黏性方面下了功夫。主流媒体开发的很多新媒体产品,比如人民日报的"快看呐,这是我的军装照""我给总书记寄明信片"等H5产品都特别突出互动性,不仅提升用户参与度,还给予用户沉浸式的传播体验,成功创造了传播量的"天文数字"。

六是变刊播为营销。这是市场化理念的直接反映。刊播是一种比较被动的行为,只关注了内容的发布,而不考虑刊播后的效果和媒体的长期效益。营销是一个设计完善的系统,它不只是关注内容是否满足了受众的需求,更强调长期可持续的收益,还有推广、销售的含义在内。这是适应媒体市场化大趋势的概念,稳定的经营模式和盈利渠道事关媒体生死存亡和发展规模。

传播理念的更新具有重要意义。一是掌握更多受众,吸引更多用户参与传播过程,为媒体赢得更广泛的关注和支持。二是便于建立起反馈和调节机制,及时调整内容生产方式和营销模式。三是主动投入媒体市场化竞争,有利于树立危机意识和建立健全营销、公关、品牌等管理体系,形成可持续的利润回报和盈利模式。

第二节 抢占阵地,开拓新型终端

抢占新兴媒体舆论阵地,其实就是控制好"云、管、端"。这个概念最早由华为提出,当时他们认为"云"是指业务的IT化,今天则是海量信息的存储和处理,并在此基础上搭建平台。因此,新一代数据中心和业务平台成为抓手,任何一家现代化企业,包括媒体,基本都有"云"的介入,以及大数据和相关技术平台作支撑。

"管",以前指网络的 IP 化,现在指海量信息的传送问题。管道的重要性在今天超过以往任何时期,管道不仅要畅通,而且要有准确性和针对性。正是这种理念催生了类似于今日头条这样的内容平台,以及位于传播领域新风口的短视频、直播,其发展都得益于管道优势,通过特定管道精准推送,对接受众个性化需求。未来 5G 时代,传播的速度和质量都将极大提升,管道的流畅性和个性化定制也会渐趋完善。

"端",即智能化终端,原本是指计算机网络中处于网络最外围的设备,主要用于用户信息的输入以及处理结果的输出等,比如电话机、电脑显示器等都可以称为终端。随着技术的迭代,终端已经超出了原来的含义,不仅能承担输入输出的工作,也能进行一定的运算和处理,实现部分系统功能,比如今天的手机、Pad 还有大型数字显示屏等。随着人工智能时代的到来,最新型的终端又有了新的形态,VR、AR、无人机等一些原来在电影里才有的新奇技术设备进入了普通人的生活。

以上讲的主要是硬件方面,如果从传播的角度,软件上的终端更加宽泛。比如,我们今天常说的"两微一端",都是信息最后到达受众的终端。目前终端的关键是信息的多媒体呈现。今天的用户只关心终端设备够不够炫酷,用户体验是否良好,而具体的数据交换是如何实现的,并非他们关心的问题。因此,我们必须重视新型终端的开发。苹果之所以在全球范围内拥有大批"粉丝",原因主要在于其优质的终端设备,以及高出一筹的用户体验。

主流媒体在运用移动传播、推进媒体融合发展的过程中,开拓新型终端的意义更加重要。一是有了新的终端就有了新的用户。

微信、微博强调粉丝数,客户端强调下载量,本质上都是在抢用户。APP能进入苹果商店或者安卓市场,就意味着有可能成功"吸粉",终端直接与用户对接,一般来说终端的下载会带动用户黏性的增加。二是终端最直观、最直接,可以直接变现。一般用户可能不理解"云""渠道"等专业名词,但是只要让他戴上VR眼镜或者让他看看无人机拍摄的视频,就有可能因震撼和兴奋的观感去购买或尝试终端设备,进而为媒体直接创造利润。三是开拓新型终端不是"一锤子买卖",终端还可以接入新的渠道和平台,进行二次创新。比如,目前正在兴起的AR(增强现实)终端,可以重新接入纸媒渠道,通过纸媒进行二次传播。也就是说,纸媒的内容加工后形成音频、视频、H5等新媒体产品,这些产品再通过AR形式以纸媒为载体扩大传播。同时依托强大的后台存储,可以让阅读回归书本、报刊,实现终端间的自由切换。

第三节 创新机制,构建中央厨房

中央厨房是主流媒体面向受众、面向国际、面向未来的新一代内容生产、传播和运营体系,以内容的生产传播为主线,不仅服务于主流媒体旗下的各个子媒体,更是为整个媒体行业搭建了一个支撑优质内容生产的公共平台,聚拢各方资源,形成融合发展合力。①

刘奇葆在发表于人民日报的署名文章《推进媒体深度融合 打造新型主流媒体》中指出,中央厨房是标配、是龙头工程,一定要建好用好。在融媒体采编发网络中,中央厨房既是硬件基础和技术

---

① 叶蓁蓁:《人民日报》中央厨房有什么不一样[J].新闻战线,2017(3).

平台，也是大脑和神经中枢，应具备集中指挥、采编调度、高效协调、信息沟通等基本功能。

从顶层设计上看，中央厨房不是简单的"采编发"一体化稿库、节目库，而是全流程打通、完整的媒体融合体系。传统媒体基本上都已经建立了"采编发"一体化的稿库、节目库，但是一般有两个局限。一是基本上都是单一形式的内容，复杂的新媒体产品形态不易呈现。二是原来的稿库、节目库不是打通的，以报社为例，一般都是总编室选择成稿，其他社属媒体或社外媒体不能挑选。中央厨房从顶层设计上突破了这两个局限，实现了总编调度中心、采编联动平台、内外取材单位和推广机构三位一体。总编调度中心是大脑和决策机构，负责宣传任务统筹、重大选题策划、采访力量指挥；采编联动平台由采访中心、编辑中心和技术中心组成，负责执行指令、收集需求反馈，人员来自"报、台、网、端、微"等各个平台，大家临时组成统一工作团队，进行内容生产、加工、出炉，最后把成品大餐端上"餐桌"。内外取材单位和推广机构虽然处在下游，但是它们不是完全被动的，可以利用采编联动平台生产内容，也可以对内容产品进行深度加工，推出符合不同受众群体需求的产品。推广机构有更强大、更专业的推广平台，可以更好地面向社会展示中央厨房的产品。

从生产渠道上看，中央厨房是要激发所有渠道的积极性，通过信息再加工和深加工创造内容价值。主流媒体原来的内容生产方式比较单一，基本是跑口记者长年从事一种类型的内容生产，传播渠道固化，很多产品到移动端就失去了市场。中央厨房一般会开辟崭新的业务线——可以称之为融媒体工作室或者孵化器，鼓励报、台、网、端、微采编人员按兴趣组合、项目制施工，资源嫁接，跨界生产，充分释放全媒体内容生产能力。主流媒体编辑、记者有传统的内容采编优势,加上新媒体生产方式和呈现方式助力,可以在移动端形成产品优势。

比如,人民日报中央厨房已经成立了42个融媒体工作室,基本涵盖了新闻报道的各个领域。截至2017年9月30日,就已经制作了1600多个产品,包括"快看呐,这是我的军装照""当民法总则遇上哪吒"等现象级爆款产品。又如浙江日报专门拿出一栋楼房作为浙报的新媒体孵化基地,除了浙报下属媒体企业,还通过"传媒梦工场创投基金"资助一些通过新媒体大赛脱颖而出的新媒体项目和工作室,如虎嗅网、唐人影视、皮影客、"车来了"等。

从"技术体系"上看,中央厨房不是传统的内部控制体系,不是一成不变的OA(办公自动化)或者稿库系统的集成,而是以数据化、移动化、智能化为依托的融合技术支撑系统。

数据化是指中央厨房的新闻线索收集、选题策划、记者调配、传播力影响力甚至运营收入等都有数据作为支撑,也便于进一步的考核和评估。比如,新闻策划原来主要依靠选题会或通过网络随机挖掘,现在可以通过大数据搜寻热点并加以筛选。浙江日报给所有记者配备了移动包,可以准确查找记者位置、调配记者,记者还可以通过4G数据包高速回传数据,节省时间成本,最快报道热点事件;通过传播效果评估、新媒体运营、新媒体追踪、用户画像等技术手段,纸媒和新媒体稿件都可以被分析和评估,用户的阅读习惯等也可以被收集,从而为精准推送奠定了基础,使精准营销成为可能。

移动化是指中央厨房不仅是一个物理空间,还是一个可远程遥控的中控室。中央厨房系统不仅可以在电脑上使用,还可以在手机端、Pad端使用,产品不仅有基本的手机版、网页版,还能适应其他移动传播渠道,并适时修改,规避了微信等后台不可修改的风险。编辑、记者可以在任何时间、任何地点以任何形式回传素材、半成品、成品,经过加工还可以倒灌报纸、杂志等传统媒体,移动化、便捷化的优势凸显。比如,人民日报中央厨房实现了只需一段代码就可以让所有的媒体客户端连接上视频直播工具且具备较为强大的直播能力,并且能达到多路信号汇入、内容适度延迟可控的效果。

智能化是指中央厨房在数据化、移动化的基础上,向人工智能方向发展的积极探索。比如,人民日报、新华社、央视、中国日报等单位的中央厨房都在探索利用 VR、AR、无人机等手段报道新闻,中国日报推出的"VR360 度看两会""360 度看世界遗产"以全新视角带领观众身临其境。欧美媒体用 VR、AR 还原新闻事件或播报天气预报已经比较普遍,我国的主流媒体也开始试水这些领域。除此以外,中央厨房在舆情分析、用户情感和阅读习惯分析、个性化定制等方面已比较成熟,人工智能的介入也越来越普遍。

从"生态体系"上看,中央厨房不仅是一个单位的媒体融合系统,更是一个开放、包容、协作创新的内容生态循环系统。中央、地方主流媒体之间的中央厨房可以实现互联互通,也有条件让任何媒体包括自媒体加入这个循环,实现内容、技术、传播、营销上的全方位合作。内容上可以实现采访资源和人力资源共享,如"北京时间""澎湃新闻"都发动了很多非本单位的媒体人加盟,共同参与内容素材供应,共同制作优质内容产品。人民日报中央厨房已经给内蒙古中央厨房、雄安中央厨房等予以内容和技术上的支持,使其快速搭建出适合本地特色新闻生产的流程和机制,节约人力物力,节省建设时间,少走弯路。主流媒体的中央厨房如果全部开放,实现数据、资源共享,可以形成规模效应和强大的数据库,真正实现一次策划和采集、多元生成和分别获取、全国乃至全球的落地和覆盖。

第四节 再造流程,优化策采编发

流程是指事物进行中的次序或顺序的布置和安排,现在多指由两个及以上的业务步骤,完成一个完整业务行为的过程。新闻生产的流程就是指一个新闻产品从构思创意策划、收集素材、实地采写到编辑完善、信息发送、反馈修正的全过程。

传统意义上的新闻生产流程一般就是指"策采编发",它是相对简单的,因为在传统媒体时代传播介质是割裂的,比如电视台以声画传播为主,报纸以文字传播为主,电台以声音传播为主。同时,传统流程思维是以传者为中心,由单一部门管理,单一渠道推送,而由于资源稀缺,受众只能相对被动地接受。

新流程应是一个相对复杂的融合体系,尤其对原有人员规模、存量资源较大的主流媒体来说,这个流程再造的过程是较为艰难的。再造的新流程一般应具备四个特点。

一是重新思考"策"。过去的选题一部分来自政策和指令,一部分来自记者对社会热点的把握,很少一部分来自群众来信或其他线索。但是现在,选题内容的多元化,尤其是 UGC 井喷式的发展,人人成为信息的生产者和传播者,民间话题设置和民间话语影响力都不可小觑。在这个时候,选题策划的流程必须转向受众端,受众端感兴趣的东西才是新闻生产的重点。同时还需要多媒体汇流和大数据支撑,不能轻视线索收集过程。

收集素材过去强调"多",这是因为当时的信息采集能力低,信息是稀缺资源。现在必须转向"精",应该有专业人员把关,去粗取精,还要对素材的吸引力、采写价值、目标群体进行有效评估。

二是重新思考"采"。采写在旧流程下比较简单,就是直接派记者去采访、根据线索搜集素材。现在的情况显然发生了变化,一方面是采的手段发生了变化。比如,新成立的雄安媒体中心的记者出门携带"三机"——手机、照相机、无人机齐上阵,全媒体记者雏形初现。这样采集的素材更全面,可以根据需要使用,避免了二次采访的不便。另一方面,采写的行动力和呈现力显著提高。烟台日报报业集团把各子报刊所有记者统一管理和调配,各社属媒体不再负责调配记者,他们只需要到集团的"新闻超市"中采购即可。这样,采访的行动力和执行力明显提升了。同时,尽可能保证"一次采集、多次呈现、达到最佳效果","表现力"指标成为指挥棒,选择最恰当的呈现形式对采访素材进行深加工。

三是重新思考"编"。在传统采编流程下,编辑的工作范围基本限于版面设计、文章重构、音视频剪辑等几个方面,是相对简单的加工。新流程的最大特点是编辑过程成为一个重新创作的过程。这个创作一方面指的是对内容的深加工,尤其是把原来相对冗长、书面语化的内容变得轻松,更适合多数新媒体受众的阅读趣味;另一方面指的是形式的创意,通过长图、数读、直播、短视频等形式,更直观、清晰、多元化地呈现内容。这种编辑流程颠覆了旧流程的传统,对主流媒体来说确实需要一个适应过程。

比如,"澎湃新闻"要求此前从事平面设计的美术、图片编辑,通过培训或自学要能够制作网络动画、视频。原来一个报纸版面或者栏目的"主编"变成了"频道总监",不仅负责对文章质量进行把关,更要有产品经理的思维和意识,把原来的版面、频道和新媒体产品有机结合起来,当作一种产品去运营。

四是重新思考"发"。在旧流程下,新闻审核方式相对固定,新闻发布相对容易,渠道也比较单一,效果评估意识较弱。新流程在审核、发布、推广、反馈这些方面有了质的改变,而且"发"这个环节的地位和作用显著提升,关乎媒体的形象、品牌、效益和长远发展。

新流程下的审核机制严格程度没有降低,但是时间更加灵活,形式也更复杂。人民日报、新华社、央视几家中央级媒体单位的新媒体平台,都建立了24小时派员值守的机制,随报随审,电子送审,有的直接由责编对接签发人,审核流程扁平化,省去了中间环节。

对于发布时机、渠道选择都讲究技巧策略。很多微信公众号发布时间相对固定,让受众形成阅读习惯,并设置新闻快递、夜读等栏目定时吸引粉丝。一些可能成为现象级产品的新媒体产品善于选择最佳发布时间点,借热点造势,为热点"助燃",达到彼此相长的效果。在新流程下,主流媒体也十分注意渠道的选择,中央级媒体基本都开设了头条号、企鹅号、网易号等,人民日报、中国日报也有推特、脸书等海外社交媒体账号,根据不同产品特点决定发布渠道。

第五节 注重效果,重建用户连接

传播效果是指传播活动对人的行为产生的有效结果。具体是指受传者接收信息后,在知识、情感、态度、行为等方面发生的变化,通常意味着传播活动在多大程度上实现了传播者的意图或目的。通过移动传播塑造主流媒体是否达到了预期目标,必须用传播效果来衡量。

一般认为传播效果可以从几个维度来考量。一是是否改变或强化了受众的认知。无论是过去的电视、广播、报纸，还是现在的"两微一端"，都是把信息、观点以某种形式灌输到受众的脑海里。虽然人的记忆无限，但单位时间内获取信息的量是有限的，因此大水漫灌和"狂轰滥炸"的宣传模式，对于形成宣传声势、营造舆论氛围是有一定效果的。比如关于十九大、两会、奥运会的报道，量多频率高，基本覆盖了舆论场，新媒体传播也不能例外。还应该注意的是，传播学里有一种"视野制约效果"，说的是媒体并不是所有新闻都关注，而是有选择性的，报什么不报什么受多重因素影响，这就导致媒体影响了受众的认知、印象和感觉，可以人为影响传播的效果。"不传播也是态度，不说话也有导向"，媒体可以使公众的视野窄化，也可以彻底颠覆公众的认知。

二是是否形成了某种价值判断并在一定程度上强化它。大众传媒可以用事实影响公众认知，媒体更是"观点的输出器""言论的制造者"，它更重要的能力在于定性，做各种价值判断。是与非、善与恶、美与丑、进步与落后、褒扬与批判、歌颂与鞭挞，都在媒体的一评一论中。新华社老社长郭超人曾说，记者笔下有财产万千，笔下有毁誉忠奸，笔下有是非曲直，笔下有人命关天，这不仅是说记者的重要性，更是很好地诠释了传播效果中的影响力。主流媒体在运用移动传播、推进媒体融合发展的过程中，这种价值判断和观点输出可能在表达上有所弱化，但是价值引领的本质没有变，都是为了让主流声音更嘹亮，让主流价值观更深入人心。

从这个角度看，传播效果好，有助于形成思想共识，就是舆论引导有力。反之，舆论场各种观点混杂，莫衷一是，混淆是非，黑白颠倒，就是传播效果差、引导力不足。比如，东莞扫黄事件之后，有的媒体竟然喊出"今夜我们都是东莞人"的口号，或者传播"扫黄会影响经济发展、社会进步"的错误言论,只有人民日报、新华社等少数媒体敢于发出主流声音。例如,人民日报连发四篇评论——《是非界限岂能模糊》《文明底线不容亵渎》《媒体责任岂能丢弃》《治理责任不可含混》,批判了道德沦丧、价值扭曲、监管不力等现象,旗帜鲜明地传播正能量。媒体不仅可以通过舆论引导促成良好的舆论氛围,还可以起到维护和监督的作用。很多主流媒体有专门的读者来信版面、栏目,或专职的舆论监督部门,它们从另一个角度维护着既有的社会秩序和规范,保证着国家、社会健康稳定地运行。

三是是否具备"示范效应",直接或间接影响公众的实际行为。媒体除了通过频繁地把外部信息提供给受众、作用于人的知觉和记忆系统,通过输出鲜明的观点和态度、引发受众情绪和感情的变化、形成稳定的价值判断外,还有一个特别重要的作用,就是引导大家去模仿某种行为或是建立某种称之为"规范"的行为模式。

以前有过专门研究,国外一个经常播放暴力、色情节目的地方电视台,其区域内暴力、色情事件出现几率大于其他地区;日本人喜欢动漫,社会上年轻人模仿动漫进行"cosplay"的人数量就很大;六七十年代生活的中国人只能看到政治性节目,他们相对更喜欢谈论政治和领导人。那个时代中国推出了一大批先进典型,像雷锋、铁人王进喜、大寨郭凤莲等,当时的中国人也就学习、模仿他们,这一传统延续至今。这都说明媒体的示范作用不可小视,在潜移默化中推介行为模式和生活方式。

这是传播效果实现的最高层次,也是行动层面落地的最佳效果,是"认知—态度—行动"的逐步升级和转变,更是效果累积、深入和放大的过程。主流媒体在今天的移动端传播中,自觉地运用示范引导的办法,比如人民日报的"两微一端"经常邀请年轻一代励志向上的偶像出镜互动产品,也多选用一些如"Rap""快闪"等年轻化的表现形式,吸引年轻用户自觉模仿学习,在潜移默化中培育正能量。

主流媒体在移动传播时代能否守住主流,还要看是否实现了新的用户连接。在媒体领域,用户连接是指媒体通过最简单、最实用的方式帮用户实现需求,和用户建立紧密的关系。过去主流媒体在这方面的连接是固定的,用户的个性需求很难得到满足。随着时间的推移和媒介的多元化,尤其是移动互联网的迅猛发展,媒体与用户之间政治性的强连接消失了,造成用户移动、分流。因此,主流媒体要思考在媒体融合、移动传播的大形势下重建用户连接,重新把用户吸引到自己的旗帜下。主流媒体重建用户连接现在已经有了一些举措,比较代表性的有以下三个方面。

一是真正了解用户的需求。抓住人的天性,锁定和集聚用户,不急于盈利变现。比如,滴滴打车就是从人的"行"的基本需求出发,用很低的价格吸引用户,先建立起用户连接,逐渐增强用户黏性,进而形成较为稳定的用户出行消费习惯。共享单车也选择了类似的发展路径,先广泛网罗用户,增加 APP 绑定下载量,集聚海量用户资源。微博刚兴起时,很多主流媒体对微博不屑一顾。人民日报的一位同志给报社社长建言,说人民日报销量 300 万份,但是姚晨当时有几千万粉丝,你的用户数还没有一个演员多,这才引起了报社领导对用户的关注,主动建立起了人民日报官方微博,开始了新媒体发展的又一重要路径。

二是构建用户连接的场景。乔布斯说过,Design is how it works,就是说设计是要塑造一个事情的运转过程,要把用户放在一定的场景之中。比如,苹果手机的 siri 之所以受到用户欢迎,就是因为它模拟了很多场景,给出一些简单的解决方案。开车、做饭等场景下,可以通过与 siri 语音获得路线导航、厨艺指导,不但节省了时间,也提高了效率。

在主流媒体运用移动传播推动媒体融合发展的过程中,构建用户连接的场景也非常重要。比如,人民日报客户端"快看呐,这是我的军装照",成功之处就在于把用户置于一定的场景中,连接手段就是用户照片及 PS 技术,用户能通过产品实现角色扮演和形象展示的自我满足。还有类似于"我给总书记寄明信片""我向总理说句话"等新媒体产品,也都是把用户置于互动场景中,满足用户的表达欲望。

三是为用户连接创造触发点。为什么日本的生活用品受国人推崇,从马桶圈到按摩椅都成了国人抢购的热门产品?很大程度上在于日本人善于创造用户连接的触发点,他们会有目的地分析用户在什么时候会感到不适,什么时候会触发他们的购买欲。正是因为冬天如厕时日本人感到冷和不适,才想起给马桶圈加热;方便面和卡拉 OK 这种产品也是日本人脑洞大开时想起来的,由于找到了用户的痛点,触发了用户改变现状的想法,才风靡世界。目前,主流媒体在移动端的很多产品也在尝试寻找触发点。比如,全国两会、党的十九大报道期间,很多人都不太清楚这些重要会议的背景、基本知识等。面对用户这一点击率触发点,很多主流媒体通过短视频、可视化长图进行解读,在浓缩的传播时间里取得较好的传播效果。再比如,十九大产生了新的中央委员,公众急于了解他们的资料和信息,这时候凤凰新闻等媒体用大数据对他们的毕业院校、籍贯等作了分析,推出后马上被频繁转发收藏,这也是由于找到了触发点而获得了广泛关注。

第六节　培养人才，强调全媒特点

主流媒体运用移动传播、推动媒体融合发展，关键在人。"全媒型人才"的概念在2016年"2·19"讲话中一经习近平总书记提出，立刻引起各方关注。可是直到今天，到底什么是全媒型人才，怎么培养和打造全媒型人才，成为全媒型人才有哪些门槛，学界和业界还是莫衷一是。

不过，全媒型人才共同具有的基本特征，仍然有迹可循。

首先，全媒型人才技能要"全"，掌握多种工具和多种技能。这不是说每个编辑记者都必须"文、摄、编、播、发"样样精通，但是能达到基本操作水准，在需要的时候能"随时出手"。有些新媒体平台的主持人，不仅能出镜，也能扛摄像机、剪辑视频。

其次，"全"不仅是技术上的，"下笔能写、摄像能扛、照片能拍、片子能剪、软件能用"只是一个维度，理念上有没有"全媒体"意识，能不能巧妙地用"全媒体"手段展示内容产品也是一个重要的考量指标。不是什么内容都适合通过新媒体传播，不是什么作品都必须用"另类"形式来吸引眼球，针对不同内容，在恰当时机选择恰当形式呈现是全媒型人才必须掌握的原则。比如，有一些理论评论文章没有必要用太花哨的形式呈现，文字的力量足够强大；一些经济类文章，数字多、图表多，就可以用可视化长图的形式呈现，既让读者一目了然，又把晦涩的内容通俗化。

最后，全媒型人才一定要有"几把刷子"，能在某一方面成为行家里手。这是因为是人才不是庸才，"一专多能"在新闻舆论工作者这里一样是值得推崇的。过去办企业的人都会想，是"一招鲜单打一"还是"鸡蛋不能都放到一个篮子里"，但全媒型人才必须是兼顾并有特长。有特长是避免新闻同质化的基本条件,"千文一面"的时代已经过去,只有个体的特色和差异才能带来新闻的跳动生命和鲜活本色。对同一个新闻事件,有不同特长的记者用不同的呈现和解读方式,增加了产品的丰富度和趣味性。

目前,各家主流媒体都十分重视全媒型人才的培养,使出浑身解数挖掘人才潜力。全媒型人才的培养,也有其规律。

一是组织专业培训,进行多岗位锻炼,不断更新媒体人的知识库。现在的技术门槛越来越低,各种论坛、培训多如牛毛,主流媒体选择适合自己员工的培训,有意识地进行适当的轮岗,补齐编辑、记者的短板至关重要。主流媒体要始终走在媒体大潮的最前沿,媒体融合发展、媒体技术变革的嗅觉就要更灵敏。比如,"今日头条"看到数据挖掘、新闻推送的价值而成功,"快手"看到短视频和直播的威力而崛起,主流媒体必须敏锐捕捉下一个"风口",提前进行人才布局。今天如果还存在"路径依赖",连最新的应用都不懂或不尝试,连最基本的移动技术都不愿或不敢碰,就不可能实现"全媒人"的目标。

二是要有试错的勇气和容错的机制。对个人来说,不惧摸索尝试过程中的一切失败。对组织机构来说,在新媒体领域要给全媒型人才成长提供宽松的环境,有些话错了可以重新说,有些效果不好也可以调整,容错容人,才能给人希望。比如,主流媒体的孵化器、工作室机制是很好的尝试,既鼓励了创新思想迸发,又不求全责备,不怕产品有些瑕疵,可以弥补、修正、调整,再在不同的载体上呈现。

三是鼓励个性展示,立足高原攀登高峰。对于新闻舆论工作者来说,现在的问题不是张扬而是平庸,主流媒体的名编辑、名记者、名主持人、名评论员不是太多而是太少,而全媒型人才打造的过程也是从高原冲顶高峰的过程。今天技术条件优越,媒体从业者众多,全媒型领军人才、拔尖人才产生的几率却小了,这需要我们冷静思考并重视起来。现在的媒体生态要求互联互通、差异性突出,主流媒体要创造一个好的环境,除了守土还要扩土,不怕跨界、越界。比如,现在一些报社做的短视频甚至比电视台更吸引人,电视台用无人机、VR这些手段越来越普遍,电台主持人也会频频出镜。一些传统新闻报道的方式被打破,一些主流"网红"也在慢慢成长,这是值得提倡和鼓励的。

第四章 融合发展要过几道坎/现在无"为",将来无"位"

主流媒体运用移动传播、推动媒体融合发展的道路注定不会是一帆风顺、一片坦途。如何规避反转新闻、发挥深度优势,如何善用最新技术、优化传播效果,如何评价影响效力、找准盈利模式,都是不可回避的难题。有为才有位,解决融合发展中的问题,主流媒体在未来才有立足之地。

第一节 自媒体发达,如何规避反转新闻?

"反转新闻"是新媒体时代出现在舆论场上的新现象,是指新闻事实或公众对新闻事件舆论态度的反转。某条新闻刚出来时,舆论会把矛头指向某一方,可新公布的细节会使新闻剧情突然发生逆转,舆论态度立刻随着新剧情情绪化地摆向对立的另一个方向,被同情的受害者瞬间成为被唾弃者,被攻击的作恶者立刻成为被同情者,一百八十度的情绪大挪移就在一瞬间。比如,2015年的成都女司机被打案,原来舆论一边倒同情被打女司机,谴责男司机暴力,但后来发现是女司机突然变道影响到男司机行车,加上媒体挖出女司机以往违章20多次并存在多种驾驶陋习,舆论便马上反转,数万网友支持"女司机被打不冤"。

还有2016年春节微信上著名的"返乡日记",这个题为《春节纪事:一个病情加重的东北村庄》的文章在《财经》杂志微信公众号首发后,一石激起千层浪,文中的村容村貌民风让人咋舌,而且描写得绘声绘色。不仅这篇文章点击量很快突破 10 万,而且转载引用铺天盖地,成为现象级事件。但是时间不长,这一新闻发生反转,有人发现作者春节根本就没回老家,整个故事都是虚构的,地点、人物、事件都是捏造的。

另一个有代表性的反转新闻是 2016 年夏天在微信群和朋友圈刷屏的"无籽葡萄"新闻。视频里小商贩在与顾客的对话中说,无籽葡萄都"沾了避孕药",不能给孩子吃。之后很多权威媒体采访了各方面专家,都对"无籽葡萄"的生长机制进行了解读,根本与避孕药毫无关系,也不会给人体带来任何伤害。但不幸的是,这个小小的视频影响力可不小,据有关部门调查统计,它直接导致山东无籽葡萄大量滞销,广大果农直接或间接损失数千万元,苦不堪言。即使辟谣后,很多群众还是不敢或不愿购买无籽葡萄。

在新媒体时代,尤其是移动传播端,反转新闻的出现严重影响了新闻媒体的公信力。不只是市场化的媒体,主流媒体在媒体融合过程中这一问题也很突出,究其原因,可以从以下三个方面考量。

一是盲目追求时效性。移动传播的最大特点就是快,过去新闻以天、小时计,现在以分钟、秒计,速度成为吸引受众、吸引流量、吸引广告的最主要因素。主流媒体的移动传播手段,无论是微信、微博还是客户端,都以求快为目标。但片面追求速度很可能出现"信息源单一、缺乏相互印证""采用低信度的信源"等情况,导致新闻事实容易被推翻。

二是夹杂了主观态度或情绪,容易戴着"有色眼镜"编发新闻。比如 2017 年发生的"青岛天价龙虾"事件,因为之前有过海南天价海鲜、黑龙江天价野生鱼,青岛也发生过类似事件,这个 368 元一斤的龙虾新闻爆出后,很多媒体包括一些主流媒体都想当然地认为又出现了常见的"餐厅宰客"现象,媒体上大肆批评不良商家和青岛的旅游环境。但随着调查的深入推进,一些疑似个人炒作的疑点浮出水面,加上有关部门和专家对龙虾价格的重新认定,使新闻发生"反转",之前一些媒体的抨击显得过于情绪化、片面化。新闻的客观性和中立性在传统媒体时代就不易达到,到了互联网时代,移动传播端的主观态度和情绪更容易找到市场和对象,其影响力不亚于传统媒体,主流媒体在此问题上必须提高警惕,避免跟风对媒体公信力造成损害。

三是审核把关不严,媒体小编素质参差不齐。目前主流媒体在移动传播领域多采取灵活用人机制,很多编辑都是"90后",对马克思主义新闻观的理解不深,对事实的把握不准,对疑点的鉴别能力不强,导致新闻来了只关注是不是"爆点",能否达到"10万+",有时缺乏核实从而伤害新闻真实。比如,人民日报推出的新媒体产品"快看呐,这是我的军装照",遭遇骗取公众信息的恶意造谣。一些地方媒体没有经过核实就转发或散布相关谣言,造成负面影响。后来经查实,原因主要在于值班编辑审核把关不严,没有和人民日报社沟通联系,造成盲信盲从,导致谣言扩散。

反转新闻是媒体融合发展时代的一道难题,是考验主流媒体在移动端是否可以引领多元舆论的试金石。如何突破"无反转,不新闻"的怪圈,在行稳致远的前提下追求"新"和"快",也成为主流媒体运用移动传播、推动媒体融合发展过程中不可回避的话题。在这个问题上,主流媒体更应该成为定音鼓、主心骨,发出权威声音,达到习近平总书记提出的"对不了解情况的要及时宣介,对模糊认识要及时廓清,对怨气怨言要及时化解,对错误看法要及时引导和纠正"等要求,从源头上避免反转新闻屡见屡发。

第二节 短平快时代,怎样发挥深度优势?

深度报道是一种系统的反映重大新闻事件和社会问题,深入挖掘和阐明事件的因果关系以揭示其实质和意义,追踪和探索其发展趋向的报道方式。在新媒体"短平快"流行的时代,深度报道越来越少,更多的人热衷于"扒网""嫁接"、转载等浮光掠影、不求其真的内容生产方式,而不愿意花时间精力去挖掘新闻背后的故事。

现阶段移动传播的一个显著特点是新媒体产品时效性优先、轰动效应优先。一个热点事件发生后,媒体扎堆抢首发、抢头条、抢内幕、抢八卦,而经常忽略新闻的潜在价值,更不用说进行深度解读和报道了。

这时,坚守价值是主流媒体职责使命所在,更是主流媒体的核心竞争力所在,以深度取胜应是主流媒体的常态。可以说,主流媒体运用移动传播、推动媒体融合发展遇到的一大挑战就是如何把主流媒体在传统媒体时代具有的深度优势移植过来,并在移动端延续,如何让深度报道有市场、有受众,让新媒体、移动端的读者也爱看,并产生持续的阅读兴趣。

为了达到发挥深度报道优势的目的,主流媒体要有效解决以下四个问题。

一是信息的权威性。"防火防盗防记者"在地方不仅是笑谈,有时候也是真实存在的现象,尤其是舆论监督的深度报道,很多地方躲之唯恐不及。很多市场化媒体或它们旗下的新媒体记者要获得权威的信息难度很大,他们更多的是通过采访当事人或者大量知情者还原新闻事件,一般认为的权威信息源,比如政府、企事业单位不会或很难提供信息给他们。而主流媒体在这方面具有明显优势，他们可以通过官方渠道协调沟通，在一定的尺度内给予关注和报道，起到澄清谬误、还原事实真相的作用。在新媒体时代，这种权威性是可以延续到移动端的，而且影响覆盖面更大，传播更迅速。但目前许多主流媒体面临的反而是高高在上，不愿俯下身子去探究真相的问题。很多时候，主流媒体不能抓住机会，在很多热点新闻事件上缺位、失语，在信息发布上公信力甚至低于市场化媒体。

二是记者的专业性。一般说来，主流媒体的大部分新媒体记者是从传统记者转型而来，受过良好的新闻专业训练，在深度报道中能较好把握采访的时效和节奏，积累了较为丰富的采访经验，这是很多市场化媒体记者望尘莫及的。但实际情况是，很多主流媒体记者不愿意碰深度报道，一方面是因为他们的专业能力没有达到完成一篇高水平深度报道的要求，另一方面深度报道的时间成本、制作成本、人力成本都较大，往往费力不讨好。在这个问题上，主流媒体移动端的记者往往是被动的，更多的是"等靠要"，主动出击、主动捕捉深度新闻报道的能力还不够强，提前策划、提前采写调查报道的尝试也不够多，失去了和其他媒体竞争的机会。比如，一些可以预测的热点事件发生后，往往是"财新""澎湃"等市场化媒体发出提前策划的文章，主流媒体的移动端跟进都比较慢。排除一些敏感话题因素，从总体上看，主流媒体移动端记者深度挖掘、深度解读的优势没有发挥出来，具有启发性的新媒体原创深度报道还很有限。

三是内容的思想性。主流媒体发挥深度优势的一个重要维度就是内容的思想性。在传统媒体时代，好的作品往往占据重要版面资源，加之当时的受众获取信息的渠道有限，独家且有影响的力作更易产生，深度报道的思想性优势更易体现。在媒体融合发展时代,一个突出的问题是信息的廉价和受众耐心的缺乏,受众可以用手指投票,长篇的深度报道如果不能抓住读者眼球可能很快就被关闭。面对这种形势,内容的思想性和公共价值可能是主流媒体仅存的不多优势,选题、角度和问题意识还可以延伸至新媒体端。

四是表达的严谨性。在媒体融合时代确实会有一些"猛料",但存在耸人听闻和盲目夸大的危险,很多深度报道在呈现的时候漏洞百出,经不起推敲,经常出现事实错误或者不准确的现象。主流媒体的移动端产品在这方面应该成为典范,不要为了吸引眼球就忘了表达的准确和严谨,不要为了赶时间、出任务就不求甚解、文风漂浮,甚至根据自己的臆断发出不负责任的声音。

目前,主流媒体移动端和一些市场化媒体相比,在深度报道方面缺乏显性优势,没有经常性的深度报道吸引新媒体受众的眼球,有时候费尽心思写的长文点击率不高、传播度不广。相反,像腾讯的纪实图片故事栏目《活着》、"财新"的一些深度报道栏目获得了新媒体受众的认可。面对严峻的形势,主流媒体必须要学会新媒体的"短平快",但"短平快"绝不是主流媒体的比较优势,权威的信息采集、专业成熟的调查记者、内容价值的深入挖掘和文风的大气严谨才是主流媒体优势所在。

第三节 技术发展快,会陷入炫技套路吗?

主流媒体运用移动传播、推动媒体融合发展离不开技术的支撑,移动端产品绝大部分是靠技术创新呈现方式,达到吸引受众的目的。比如,2017年"八一"期间刷屏的人民日报新媒体产品"快看呐,这是我的军装照",就是依靠人脸检测、关键点定位、色彩转换等技术手段合成照片。尽管创意很重要,但是如果没有技术支撑,它是不可能成为现象级产品的。

技术是制作新产品的基础。现在的新媒体形态日益多元化,可视化长图、音频、视频、H5等形态都已屡见不鲜,VR、AR、无人机、人工智能开始成为新的"风口"。单纯的文字作品,其传播力远不及可视化、互动性强的新媒体产品。虽然也有文字作品的传播力以"10万+"甚至"百万+"衡量,但近年来的爆款产品都不是单纯的文字作品,而非文字类的新媒体产品过百万轻轻松松,过千万也不罕见,点击量过亿的都有几十款之多。比如央视新闻视频作品"习近平的一天"、人民日报新媒体中心的图片作品"中国一点也不能少"、人民日报客户端的H5作品"习近平元宵节问候"、新华社的微电影"红色气质"等都创造了"流量神话"。内容创意的实现,优质内容的包装,都离不开技术的有力支撑。可以说,在移动传播时代,技术是内容是否闪光的重要因素,谁不重视技术,谁轻视技术的加持作用,必然走向传播力的衰落。

技术是开拓新渠道的一把开山斧。以往我们的公共信息传播渠道只有报纸、杂志、广播、电视等几种,随着技术的不断拓展,才有了社交工具QQ、Skype、FaceTime、微博、微信等,未来肯定还有更多超乎想象的工具诞生。这些工具的研发和升级换代主要依靠技术思维,如何优化用户体验,如何让信息传递更直接便捷,如何颠覆传统形式呆板的载体,没有技术的创新驱动是不可能实现的。另外,营销渠道等也离不开技术的突破和迭代,技术降低了营销成本,加快了沟通的速度,建立了新的营销路径。

技术是搭建新平台的一块奠基石。如果没有大数据、云计算、社交行为分析等数据挖掘技术,今日头条不可能在短短几年里年收入超过100亿元人民币,估值600多亿元人民币。它不是传统意义上的媒体,没有持有记者证的记者,但是因为能为用户推荐精准信息,提供信息需求者与信息提供者交互的平台,才在业界树立了特殊地位。在三四线城市和农村拥有大批粉丝的"快手"也是如此,尽管"快手"的CEO从来拒绝承认"快手"是媒体,但不可否认"快手"是依靠技术搭建起来的视频平台。视频抓取、视频分类、视频审核等各个环节都是通过技术实现的,其核心团队都是程序员和工程师出身。

主流媒体在融合时代遇到的突出问题是技术如何和内容结合,如何更好地为内容生产服务。其中有两个问题值得关注。

一个是内容优质,但不知道用什么技术方式呈现。来了好料,还需要好的厨师。直播、短视频一类的技术呈现方式方兴未艾,新华社制作的微视频"大道之行"、人民日报新媒体中心开办的"大咖有话"栏目都获得了受众点赞,就是很有益的探索。但从整体来看,主流媒体选择技术方式呈现的能力还不是很强,与腾讯、网易等市场化媒体相比,呈现手段还略显单一、陈旧。

另一个是内容质量不高,单纯开发技术走进了死胡同。"炫技"没有错,但不能没有内容、缺少互动、形式苍白,为了炫技而"炫"。技术不能替代内容,必须为内容服务。有的新媒体产品形式花哨,但是看完了不知主题,热闹过后没有留下什么有价值的东西;还有的技术抢了内容的风头,受众的关注点被转移了,所要宣传表达的内容被弱化、淡化,反而偏离了预期的传播效果。

第四节 人人拿麦克风,你说的话他会听吗?

主流媒体在运用移动传播、推动媒体融合发展的过程中总会碰到一个难以回避的问题,就是在自媒体时代,人人都有麦克风,都有自己的传播渠道和途径，你说的话他到底听不听，是不是爱听，这是个必须正视的问题。

移动传播和以往的固定传播不同，它具有三个鲜明的特点。第一是移动性，换言之就是"随时、随地、即兴、娱乐化"。"随时、随地"指的是移动传播的时间、空间已经不固定，移动终端无处不在，甚至是以前不能运用移动终端的飞机上，也逐渐被纳入移动传播场景。它直接带来传播内容和方式的深刻改变，碎片化传播成为主流。比如，一些媒体开发了即时学习的软件或课程，购买者很多，在上下班的地铁里就可以完成知识充电。"即兴、娱乐化"指的是移动传播有时候是无目的的，具有比较明显的娱乐化倾向。受众关注什么有时候是随机的，这就需要媒体能精准推送每个用户最需要和最能感到趣味的内容。比如，今日头条就发现了用户的惰性，它帮助用户分类、选择和记忆，让用户习惯它的"喂料"。还有"快手"、映客、秒拍等短视频平台，会有针对性地推出时间短、内容活泼的小视频，往往能达到较好的传播效果。"快手"的COO曾光明曾说，新一代受众更喜欢短视频，现在短视频行业的工业标准是57秒的竖屏短视频。根据大数据分析，越是接近这个形态，用户的点击率就越大，被转载的频率也越高。另一项研究则显示，娱乐化的短视频最有市场。

第二是社交性。移动传播的社会属性越来越强，它迫切需要和其他人的交互，孤立的移动传播失去了存在的意义。比如，即时通信工具及其衍生产品的火爆，微信、QQ用户不断增加，朋友圈、公众号、游戏持续升温，说明沟通无处不在、联系无处不在。还需要引起注意的是，我们使用的移动终端比如手机、Pad基本都是专属个人的产品，都打上了个性色彩和标签，是个人情绪、性格的一种载体,它需要到一个环境中表达、释放,无论是 BBS 论坛还是游戏。这种社交性的特点为互动性、参与性的产品打开了广阔空间,比如问答类平台"知乎"、"水木清华"论坛,以评论打分为特色的"豆瓣",在充分满足用户社交需求的基础上培育起用户忠诚度,增加了用户黏性。社交性的移动传播让传播发生了根本变化,有时候不需要刻意灌输,不如开个论坛、建个贴吧,也可以把观点、意见传递给其他人,通过讨论、辩论影响其他人。也正是这样,才有了所谓的网络水军,才有了网上阵地的争夺和防守。

第三是社区性。社区性和社交性存在交织,不过它主要是指移动传播特别强调位置关系,强调一定范围内用户的交流和互动。比如,陌陌、58 同城这些移动端产品都是以位置为基础,以城市、社区活动为抓手的,它们根据用户兴趣、爱好甚至价值观组成关系网、人际圈,利用 LBS(基于位置的服务)技术衍生出各种产品和服务,把"物以类聚、人以群分"的特点展现出来。社区性对传播形式的影响主要是强化了传播的分众化、个性化,传播的内容不再"大而全",小众的、垂直化的传播在移动时代更有市场。另外,社区性提升了移动传播的效率和效果,用户可以在短时间内直接达成自己的诉求,实现自己加入社交环境的目的。

主流媒体原来板着面孔说教的宣传模式已经失去市场,不会被受众全盘接受,尤其是"80 后""90 后"甚至"00 后",他们的独立思维能力已经超过了上一代人,怎么实现传播效果最大化是摆在主流媒体面前一个十分紧迫的问题。

他们为什么不听,可能有以下两个原因。

一是内容偏离受众关注点。传统的观点认为,主流媒体往往聚焦大事,如党的建设、国家政策、社会形势等,而对小事和其他舆情重视不够,对热点的追踪不及时,传播语言有不少官话、套话。这种情况已经在主流媒体的移动端得到改变。比如,人民日报、新华社、央视新闻等客户端已经不会把报纸或新闻联播上的内容全文倒灌过来,而是选择内容重要、受众关心的内容转载,有些政策解读、热点辨析都是通过图表、金句集纳等形式呈现,使受众便于接受和理解。比如,人民日报评论部的不少选题紧跟热点,只要是舆论热点就会跟踪分析、加以评论,引导舆论方向,积极回应社会舆论,也增加了评论内容的关注度。

二是传播方式和手段缺乏创新。即使是党和国家的大政方针或者社会上的热点事件,如果简单地灌输也会被受众拒绝。今天的用户可以"用手指投票",选择点击他们感兴趣的内容。主流媒体想要吸引受众,增加用户黏性,就要在传播手段上下功夫。但现实情境中很多主流媒体仍然躺在功劳簿上睡大觉,沉醉在路径依赖的迷梦中,不想转型或不会转型,不愿创新或不敢创新,造成用户流失,更多时候是自说自话。比如,同样一条会议新闻,单独在移动端发个消息可能点击率不高,但是经过"长安街知事"(《北京日报》主办)、"政事儿"(《新京报》主办)这些大号加工,换一个语言风格或传播方式,有的加上一些背景材料,往往点击量可以达到"10万+",被转载的概率也随之增加。

主流媒体的移动终端如何成功"吸粉",如何赢得受众的心是一个亟待解决的问题。今天,不是信息稀缺的时代,而是信息过载、买方市场,没有差异化内容,没有媒体竞争的比较优势,是不可能在媒体江湖立足的。面对更挑剔的受众和更复杂的环境,主流媒体要用正确的舆论引导人,用优秀的内容感染人,用创新的形式打动人,最终实现"我的话你在听""我的话你愿意听"的目标。

第五节　舆论江湖中，影响力到底怎么评？

主流媒体运用移动传播、推动媒体融合发展的过程中，影响力是一个最重要的因素。内容再丰满，形式再花哨，没有传播力和影响力也毫无意义。现在是酒香也怕巷子深，好东西不仅要受众喜欢，还要入脑入心。很多学者认为评价媒体的影响力是不可能完成的任务，因为这需要参考诸多变量，有一些是心理学范畴的，有一些还需要长时间来跟踪观察。比如，当年美国媒体反对越南战争的报道并没有铺天盖地，有些甚至是小众报纸发表的，但是积少成多，时间效应逐步体现，最后导致影响民众的普遍判断和国家决策。短时间内这些报道的影响力可能不大，但是长期看影响力却是惊人的。

主流媒体的影响力是指主流媒体通过自身行为（包括新闻报道、刊发广告、品牌推广等）对目标人群（内部和外部受众）在思想和行动上所起到的直接或间接的控制能力。

影响力涵盖主客观两个维度，客观的阅读量、转载率、点赞数、广告业绩、推广活动次数等可以用数据测算衡量，但文章是否深入人心，是否代表了主流声音，是否引导了正确舆论方向，这些主观因素却不好测量。影响力还分对内和对外，对内是指对本单位员工的影响和控制力，对外包括一般受众、学界业界专家、媒体同业者和其他利益相关者。

评价影响力的指标主要有以下六个维度，一是对内的管理和影响能力指标，包括员工对工作和薪酬的满意度、离职率、对企业文化和发展的认可度、媒体内部制度完善程度和信息流畅程度等。二是对外的受众注意力。比如，测量一张报纸、一本杂志的受众注意力,可以从发行量、认知度、传阅率等指标来评价。对新媒体产品来说,可以从受众订阅数、转载率等指标衡量受众的注意力。三是媒体的名称、口号、形象标识的出现、使用和传播频率。就像各个媒体都会援引"新华社报道""人民日报社论""新闻联播""新闻和报纸摘要"一样,这些主流媒体的名称耳熟能详,他们的品牌、形象、口号和logo经常出现在电子阅报栏、印刷品等处,不仅业内人士知道,普通群众也都比较熟悉。四是媒体的权威性和公信力,公众的认可度和美誉度等。过去曾出现过一些"小报",尽管发行量很大,但是充斥谣言、八卦,长时间来看不可能长久生存下去。五是广告和市场活动的收益。这种收益往往是客观指标,却能衡量一个媒体的实际影响力。曾经央视广告黄金时段还要招标,获得"标王"的价格不菲,这也从一个侧面反映了央视当时的传播力和影响力之大。今天,人民日报客户端的广告价格在成倍增长,收益也大幅度提高,这说明主流新媒体平台已经经受住了市场考验,得到广告代理公司和广告主的一致认可。六是业界学界的关注度,可以从业界学界和媒体的转载率,专家学者的研究讨论程度,研讨会、论著和论文的数量,创新产品或栏目的推出数量和频率,同业者学习、参观、模仿的次数等维度考量。比如人民日报中央厨房、浙江日报"媒立方"中央厨房成为业界学习、参考的模板,每年接待数千次甚至数十万人参观考察,足见其中央厨房建设方面走在前列,辐射力强大。备受瞩目的雄安新区媒体中心就是由人民日报中央厨房团队负责组建,采取全新的方式运作,试运行后已得到了新区和更高层领导的认可。这也从一个方面反映了人民日报融合发展在业内的影响力。

第六节　竞争更激烈，如何找到盈利模式？

主流媒体要想在媒体融合时代生存、发展，继续保持优势，除了内容和形式的创新创意，还有一条很关键，就是必须找到适合的盈利模式，必须在竞争中寻找到比较优势。没有造血只靠输血不可持续，没有自己的金刚钻揽不住到手的瓷器活，没有盈利、没有投资人关注、没有可持续发展资本的媒体不是好媒体。

有人说，报纸会到 2044 年消亡。其实世界各地和中国的很多报纸早已告别了历史舞台，我们已经看不见《京华时报》《东方早报》《国际先驱导报》《新闻晚报》，国外也没有了《西雅图邮报》《独立报》这些曾经响当当的名字。很多活下来的报纸也生存艰难，有的必须靠上级拨款，有的要靠电商、物流这些副业支撑局面，由于找不到盈利模式和生存发展的出路，它们失去了赖以存在的基础。

缺乏新的经营理念是很多主流媒体发展受阻的瓶颈。过去传统主流媒体吃惯了大锅饭，对读者数量、销售数额、品牌建设和形象设计等重视程度不足。主流媒体不缺舞文弄墨的高手，不缺纵横捭阖的大家，不缺文采斐然的作者，但缺少经营管理方面的人才，市场开拓、产业规划制定、品牌推广、广告公关这样的人才往往可遇不可求。据统计，中央主流媒体经营管理类人才最缺乏，只占媒体全部人才储备的不到 10%。在省级及以下主流媒体的从业人员中这一比例可能更低，明业务、懂经营、会管理的全能人才极度缺乏。

对主流媒体来说，有效的商业模式是什么？之前已经有"浙报模式"。在 1999 年，时任浙江日报报业集团负责人的陈敏尔就提出"传媒控制资本，资本壮大传媒"的发展思路，"玩资本"在浙江不仅是时尚,而且是大势所趋,形势所致。其后,浙报开始涉足基金、创投等资本领域,从几千万到几十亿,直到2011年推动"浙报传媒"上市。

近年还有"上报模式",《解放日报》《文汇报》《新民晚报》强强联合,专注内容生产和区别化内容供应,强调新媒体优先,发挥"上海观察""文汇""界面""澎湃"等新媒体阵营优势,覆盖沪上所有领域和行业。因此,任何企业如果要在上海进行商业化宣传或者推广,不可能绕开上海报业集团的旗下媒体,这些媒体既可以单兵作战,还可以发挥集团宣传优势。比如,《解放日报》已经撤销了原来的各专业采访部设置,改为"上海观察"(现改为"上观")各频道,商业广告、市场合作也转向新媒体移动端,移动端带来的衍生价值和收入逐步超过了传统纸媒。

"《湖北日报》模式"在业界也独树一帜,除了做强主业之外,在发行、物流、多种经营等各方面同时发力。《湖北日报》从2003年开始尝试自办发行,发行网络曾经覆盖了湖北省大部分地区,成为十多年前的党报发行明星。通过发行网络支撑,《湖北日报》的物流板块也发展迅速,一度可以和其他电商一较高低。《湖北日报》很早就涉足房地产领域,旗下楚天地产经过十多年发展如火如荼,在本地地产公司中业绩也是名列前茅。现在,《湖北日报》的非新闻业务利润率较高,知名度和美誉度也很高,发展势头良好。

最新的还有武汉的"九派模式",即采用大数据支撑,通过数据抓取方式找到社会热点,再通过云平台收集相关素材,由可视化团队加工处理,形成以大数据为支撑的数据新闻或舆情报告。这种新闻形式落地率较高,受读者关注度也较高,在今日头条、腾讯新闻等平台传播迅速、影响广泛。尽管存在缺乏一手材料等弊端,但因为热点抓得准,加上通过大数据系统资料收集全面,也能达到新闻传播的效果。

可以说,主流媒体的盈利模式绝不是一个路数、一个模子,也没有现成的路径可以依赖或者模仿。可以预见,在未来很长一个时期,媒体间的竞争会日趋白热化,而且有可能出现媒体的重组和洗牌。主流媒体必须有危机意识,努力探索适合自己的发展路径和盈利模式。主流媒体也可能面临边缘化。在新陈代谢加速、优胜劣汰已成生存法则的媒体丛林,盈利尽管不是唯一的判断标准,但也是媒体必备的生存技能。

融合发展这几道坎,都是摆在主流媒体面前亟待解决的问题,也是制约主流媒体在运用移动传播、推动融合发展过程中彰显其影响力的关键因素。现在无"为",将来无"位",突破这些瓶颈,甩开这些掣肘,必须从内容、渠道、平台、经营、管理、人才等几个方面想办法、下功夫,以创新的思维和行动,从根本上实现融合发展、转型蝶变。

第五章　如何应对几何式信息增长/
　　　　"内容为王"也需"供给侧改革"

在当今这个信息爆炸的时代，新的媒体形式如雨后春笋般出现在人们的视野之中，各种信息呈几何式增长，7×24小时地充斥着人们的生活。各种终端载体为人们获取信息提供了便利条件，人们知晓世界的方式发生了巨大改变，单一形式的内容所传递的信息量和呈现出的表现力已经不足以满足用户的需求。

第一节　融合新闻的"事实＋"布局

面对新兴媒体的迅速发展，传统主流媒体一度出现失声失语的问题。为了弥合这种情况，把握移动传播时期的传播特点和传播规律，抓住人们的眼球，取得更加有效的传播效果，传统媒体不断尝试应用大数据、云计算、人工智能等多种新传播技术，整合网站、客户端、微博、微信等传播载体，逐渐告别新闻产品的单一生产方式，在信息组合方式及呈现形式等方面表现出更加丰富多样的特点，大规模、多终端、合作式的内容生产成为可能。

1. 内容融合的内涵

习近平总书记在中央全面深化改革领导小组第四次会议上发表重要讲话时强调，要推动传统媒体和新兴媒体在内容、渠道、平台、经营、管理等方面的深度融合。

其中，内容融合是推动媒体深度融合的关键和基础。在媒体融合的浪潮之下，内容融合成为媒体发展，尤其是传统媒体数字化转型的重要环节。没有优质的内容，媒体融合的推进就如无水之源、无本之木、无米之炊。

所谓内容融合，主要指不同媒介形态的内容生产，依托数字技术形成了跨平台和跨媒体的使用，利用数字化终端，形成多层次、多类型融合产品。从内容来源上，可分为报纸、杂志、书籍、广播、电视、互联网等；从形态呈现上，可分为文本、图片、影像、声音等。[①] 也可以概括为"由内容融合性生产所带来的内容生产融合、内容形态融合和内容应用融合所构成的内容生产形态"。[②]

另外，在移动媒体时代自媒体和聚合媒体快速发展，网络信息逐渐增多，内容融合报道线索和素材的来源已经不仅仅局限于传统媒体的新闻记者，同时还有媒体用户。公众开始对新闻产品贡献更多价值，与媒体之间形成一种新型互动关系，共同生产新闻产品。

2. 内容融合的特征

（1）内容产品逐渐演变成以数据、图表、动画等形式为主

传统意义上的新闻报道一直以文字、图片、漫画、音频、视频等为主要的内容呈现方式。随着媒体技术手段不断地创新与增强，新闻报道开始更加注重视频以及简单的flash动画等新的表现形式。媒体融合进程中，传统报道形式也从以文字、图片、音频、视频为主，逐渐发展到以视频、数据、图表、动画等综合性形式为主。

---

① 蔡雯,王学文;角度·视野·轨迹——试析有关"媒介融合"的研究[J].国际新闻界,2009(11).

② 王菲;媒介大融合——数字新媒体时代下的媒介融合论[J].南方日报出版社,2007.

融合内容表现形式的变化主要有三个方面的原因。第一,用户使用习惯的改变。手机、iPad等移动终端产品的产生,相应系统不断升级更新,促使用户获取信息的方式发生了深刻的变化。这种媒介发展的移动化趋势,直接带来了轻阅读和碎片化阅读的社会现象。在这样的背景下,冗长、复杂的信息内容和新闻报道很难吸引用户的关注。注意力成为现在环境下的稀缺资源。为了争夺用户的注意力资源,媒体开始尝试使用更加适应移动化传播的信息呈现方式。

第二,网络中充斥着海量的信息。网络空间突破了传统媒体的版面、频道、调频等限制,为信息爆炸提供了载体。海量的信息之中,如何更加与众不同、简单直观,成为很多媒体人都在考量的问题。通过不断地尝试与创新,可视化是一种十分有效的解决方式。数据与图表等一目了然的表达方式更能直接引起用户的关注,也更便于用户了解和掌握信息的核心内容,提升传播效果,实现注意力经济价值。

第三,趣味性信息的魅力。多样化的报道方式使得媒体传递出的信息内容更加有趣,营造出一种简单、轻松的氛围,更加有利于用户对传播内容的接受。2017年全国两会期间,人民日报中央厨房一本政经工作室的融媒体产品"当民法总则遇上哪吒",用有趣、生动的动画片传递了民法总则草案的若干亮点,甚至成为一些中学课堂上的普法教学片,就是典型案例。

(2) 技术革新对移动化传播具有决定性作用

内容融合涵盖多方面的内容,蕴含了大量玄机,但技术发展对内容融合的影响与推动是至关重要的。一项简单技术的产生可以带来一种新的内容表现形式;一次不经意的技术升级可以改变内容的存在方式。

以 flash 技术为例,它是交互矢量图和网页动画的一种标准。由于 flash 这种技术手段的存在,网页可以加载和播放一些流畅的动画短片。flash 动画刚刚出现时,极大地丰富了网页浏览的内容和信息的展现形式,传播广泛、火爆。另一项不可不提的涉及移动传播技术的革新,就是 Web2.0 的出现。它是在 Web1.0 基础上产生、以用户为主导的互联网内容生产模式,改变了传统的内容生成方式,典型的如博客和 Wiki 等。在这种技术的推动下,用户一方面是网页内容的浏览者,另一方面也是网页内容的生产者,大大提高了用户的参与性和网络的交互性。

近年来,聊天机器人、VR、AR、MR、无人机等新技术开始不断进入人们的视野。人工智能的进一步发展为媒体生产出丰富多样的传播内容、形成创新的表现形式带来了可能。美国大选期间,《华盛顿邮报》的聊天机器人 Feels,在选民中收集相关数据,形成新闻素材,并推出相应的表情包;CNN 则通过 VR 视频流向全球 100 多个国家直播民主党总统候选人的竞选辩论;《赫芬顿邮报》尝试在网络和应用程序中提供 VR 视频;《纽约时报》投入大成本,制作了大量的虚拟现实影片。

(3) 用户参与让"事实+"遍地开花,内容变得无处不在

UGC(Users Generate Content)的兴起可以说直接改变了新闻内容生产的主体构成。在传统意义上,新闻报道主要由具有职业属性的专业记者编辑进行采写编辑,还有一个比较特殊的供稿群体——特邀通讯员,主要是由一些媒体聘请的非专职的稿件采写人员组成,负责消息线索的提供、撰写通讯文章等,但他们只占有非常小的比重。随着新媒体时代的发展,从 Web1.0 到 Web2.0,网络技术的升级改造带来介质的开放,为广大用户提供了一个平等参与到互联网中的机会,开启了用户广泛参与报道的可能。如用

户的留言、转发等,也都成为内容生产的一部分。内容(非特定领域)的产出不再局限于传统媒体,也不会将不具备特殊领域采访权的商业网站排除在外。

世界上每个角落、每一时刻都会有新鲜的事情发生,以前由于媒体版面、人力资源有限,媒体更多地关注重大新闻事件,在消息采集上尽可能地满足最广大的群体,而不能一一满足每个用户的个体需求,所谓集中力量"办大事"。但网络技术带来的信息开放与共享,使得人人都有了麦克风,只要是发生的事实就可能被传播、扩散,每个用户的需求都有可能得到关注。

对事实传播的可能性的增大,直接带来的就是"事实+"的现象。所谓"事实+"主要是指,一方面,由事实带来的广泛、大量的相关传播内容,不仅仅局限于新闻信息的范畴;另一方面,强调通过各种传播手段与传播形式对事实的传播,比如文字、图片、音频、视频等,包括不同的传播载体和渠道,比如报纸、杂志、广播、电视、网站、微博、微信、客户端等。

"事实+"是内容融合的直接表现,带来的就是信息的规模化生产和广泛传播,使内容变得无所不在。

(4) 传播特点从异步性交互向同步性交互逐渐转变

交互性是网络技术为大众传播带来的一项重大变革。它直接改变了媒体与用户之间的信息传递关系。而内容融合的不断发展,进一步推动了交互方式的改变,即内容与用户的关系正在从异步性为主的交互方式向同步性为主的交互方式逐渐转变。

所谓的异步性交互方式,是指用户对信息的反馈,需要一段时间才能传达到媒体,或在媒体上得到表现。而同步性交互则强调,用户在接收到媒体传递的信息后可以马上发出反馈,媒体在第一时间即可对有价值的用户反馈进行加工、二次传播。

内容融合中,用户发布的消息扮演了非常重要的角色。用户对周围所发生事件的观察和发布、对媒体发布信息的评价或者有意义的言论,现在都成为媒体报道的重要内容来源。媒体需要主动获取用户发表的有价值的信息,进行大量的筛选。这样,可以在一定程度上缓解移动媒体时代用户需求旺盛、媒体资源有限的情况。第一,对于这种来源信息的加工和使用,更加能够拉近和用户的距离,提升传播效果;第二,对用户反馈的即刻关注,能够突出新闻产品的时效性和号召力;第三,同步性交互有效地利用了采访资源,节省了媒体的人员成本等。

对于新的媒体形式,除了消息和言论的提供外,用户对交互性媒介产品的参与本身,也体现出内容融合中用户和媒体之间的同步交互性特点。比如,人民日报社推出的"快看呐,这是我的军装照"新媒体产品就需要用户的即时参与。只有用户在朋友圈发布出自己穿军装的照片,才能构成完整的媒介产品内容。

3. 内容融合的意义

内容融合代表着信息生产方式的彻底改变,随之而来的是传统的传受关系和传受状态的改变。内容生产正在以一种更加积极的状态与用户对话、交流,以用户的喜好和关注点为重要的衡量标准。融合新闻受到了用户的认可,达到了很好的传播效果。内容融合可以提高新闻报道的生产能力、传播能力和增值能力。一些现象级、爆款级传播产品的产生,正印证了这一点。

第二节 主流媒体内容建设的"长尾效应"

在全媒体时代,越来越多的渠道和平台可以容纳越来越多的信息,如同互联网带来的海量容积一样,"事实+"除了满足众人的共同兴趣外,正在呈现出长尾效应。

　　长尾效应最初由美国《连线》杂志的主编克里斯·安德森在2004年提出。他认为:"我们可以把长尾理论浓缩为简单的一句话,我们的文化和经济重心正在加速转移,从需求曲线头部的少数大热门(主流产品和市场)转向需求曲线尾部的大量利基产品。在一个没有货架空间的限制和其他供应瓶颈的时代,面向特定小群体的产品和服务可以和主流热点具有同样的经济吸引力。"①

　　传统的传媒行业在互联网时代发生的巨大变化印证了这个理论。亚马逊图书销售收入有很大一部分来自"蓝海",也就是所谓的需求曲线的尾端。稀有需求的总量是惊人的。"事实+"的内容融合满足了小众的需要。没有稀缺资源的限制,cosplay、弹幕、知乎、分答等多样的小众文化消费产品有了更广阔的市场空间。以知乎为例,除了大家共同关心的问题之外,可以发现,大量陌生冷僻的问答同样形成了巨大影响,成为问答论坛中的重量级组成部分。这就是长尾所在。

　　再以谷歌的广告为例,零散的站点成为谷歌广告最大的收入部分。它们镶嵌在自己网站中的谷歌广告收益甚至高过谷歌自身搜索结果带来的利润。数不清的小互联网企业成为谷歌不可估量的广告收入来源,形成了一个没有边线的巨大市场。

　　互联网对内容融合的最大影响之一,就是突破了内容传播的时空限制。用于传统主流媒体的版面稿件,有一些因为传播时机等原因没有在第一时间引起轰动反响,在互联网上广泛传播后,经过一段时间的发酵,有可能达到像亚马逊图书销售过程中的长尾一样,聚集的效果与具有重大影响的单篇或几篇稿件的影响相

---

① 克里斯·安德森著,乔江涛、石晓燕译.长尾理论[M].中信出版社,2012.

匹敌。

内容融合中的长尾理论,强调的是媒介产品无论是不是在第一时间取得理想效果,无论是不是符合大众审美和口味,关键是有其独特的高质量内容。这是在网络时空变换中永远不变的真理。在这方面,一直坚守"内容为王"的主流媒体具有独特的优势。

1. 主流媒体的内容优势

传统主流媒体在我国新闻事业的发展长河中,发挥着不可或缺的重要作用,为我国的新闻舆论工作做出了重大贡献。与新媒体相比较,传统主流媒体主要具有四大优势。

(1) 主流媒体具有得天独厚的资源禀赋

首先,主流媒体具有政策优势。无论是中央级主流媒体,还是地方主流媒体,在自身发展和新闻报道等方面都享有政策支持。比如,国家相关部门对采编权限、获取记者证资格的规定,都有利于资质齐全、管理规范的主流媒体,为主流媒体内容优势提供了保障。2017年6月1日正式施行的《互联网新闻信息服务管理规定》,对提供新闻信息服务的主体进行了明确规定,同时,强调了新闻信息的内涵:包括有关政治、经济、军事、外交等社会公共事务的报道、评论,以及有关社会突发事件的报道、评论。主流媒体在这些新闻信息的采访和报道上具有绝对优势。在推动传统媒体与新兴媒体融合发展方面,2014年8月18日,中央全面深化改革领导小组第四次会议审议通过了《关于推动传统媒体和新兴媒体融合发展的指导意见》,从顶层设计上对新形势下如何推动传统媒体进行媒体融合发展提出了明确要求,做出了具体部署和规划。

其次,传统媒体在采访资源上具有新媒体所不具备的优势。传统媒体拥有大量熟悉各部委、各行业的跑口记者,经过几年甚至几十年的沟通与接触,培养了非常好的消息资源。这对消息的第一时间获取、信息的准确解读与核实具有直接助益。另外,一些报道需要采访相关领域的专家或学者,跑口记者可以最先、最及时地调动手中社会资源,完成采访任务,使得报道内容充实、专业。这样的资源禀赋都是商业媒体或新兴媒体所不能企及的。

最后,主流媒体更容易获得财政上的支持。以推动传统媒体和新兴媒体融合发展为例,中央和地方政府不仅在政策上,在财政方面也进行了大力支持。2014年,上海市为进一步提升其主流媒体在新媒体平台的传播力、引导力和影响力,积极推动传统媒体转型发展、自主创新,形成可持续发展的新媒体产业经济,特制定了《上海市主流媒体发展新媒体专项资金实施办法》。媒体融合发展有了财政方面的支持,对机制体制运转和内容的高质量生产起到重要保障作用。

(2) 专业记者团队保证了报道的专业性和原创性

主流媒体拥有的强大记者团队,是其生产出一批批站位高、有品质的新闻产品的保证。主流媒体的新闻采编人员接受过专业的新闻教育与职业培训,具备理性认识判断事物、准确把握大势的新闻报道能力,在进行新闻报道的过程中,能以严肃认真的态度,客观地还原最真实的新闻现场。主流媒体从业人员的专业性,使他们往往更加具有发现隐秘问题的敏锐观察力、发掘真相的顽强毅力、分析问题的深刻思考力,为用户提供更加真实、客观、全面的新闻内容。另外,传统媒体具有较新媒体更长的报道周期,具有较强职业操守的编辑记者可以利用更充裕的时间对新闻内容进行核实,甚至可以对重要信息做进一步的挖掘和补充,保证信息的准确性和严肃性。

在媒体融合的新媒体时代,一方面,面对谣言满天飞、"标题党"随处见的乱象,专业记者的素养更显珍贵。他们对向公众还原真实的新闻事件起着更加重要的作用,扮演了守望者的角色。另一方面,信息的无处不在,使信息获取更加便利,但是真正的观点与深度内容仍是这个时代的稀缺品。比如,调查性报道需要具有深厚专业知识和丰富报道经验的记者,通过对事件不断的挖掘、梳理和严密的分析,才能形成一篇严谨、客观、专业的新闻报道。这样的记者团队是保证主流媒体内容严肃性、原创性、独家性的支柱。

根据美国的一份调查,博客和社交媒体中的链接,有80%来自传统媒体;网站中有13%的工作人员专门负责收集传统媒体的信息。也有研究显示,即使美国发展得最好的新媒体,也是要依靠传统媒体的内容,有些甚至雇用传统媒体人为其撰写专栏。

(3) 把关人等新闻报道运行机制让内容更具权威性

权威性是树立媒体公信力的前提。没有权威性,媒体就不能赢得用户的信赖。没有用户的信任,媒体有再好的产品也不能传播出去,无法实现传播效果。当下,繁杂的新媒体传播内容中,虚假消息满天飞,反转新闻比比皆是,新媒体编辑随意更改标题、嫁接内容,使人们逐渐失去了对互联网信息的信任。

主流媒体在树立权威性方面具有非常明显的优势,多年来形成了自己的品牌。越来越多的人在面对可疑或者不准确的新闻时,会主动寻找主流媒体进行核实,尤其是面对一些涉及重大突发事件、政治敏感事件等内容时,这种优势更为明显。

主流媒体具备专业新闻采编流程和运行机制,尤其是把关人机制。一篇稿件从采写到刊发,首先记者本身要保证报道内容的客观准确,稿子上传到编辑手中,再经过层层把关,最少三四道审核之后才能上传到版面。在这个过程中,把关人扮演了极其重要的角色。把关人需要具有极强的政治敏感和过硬的业务能力。他们的工作不是简单地复制粘贴、删删减减,而是减少记者个人在稿件中可能会出现的一些偏见,突破报道局限,查实一些事实性差错,把握内容的整体方向。他们需要将自己多年来积累的业务经验和精准的判断能力运用到稿件的处理过程中,将客观、真实、正确的新闻价值传递给大众。

主流媒体对关键信息的筛选,对优质内容的把关,凸显出主流媒体内容的权威可靠。当人们在信息海洋中的时候,还有一盏明灯指引着前路。

(4) 主流媒体的内容产品传递深厚的思想和价值

主流媒体是优质内容的主要生产商。这些优质内容产品所传递出的思想内涵和价值取向,可以对人们看待事物的角度和方式产生直接影响,对人们的精神世界起到指导和引领作用,有利于在社会上形成一种和谐向善的舆论氛围。

有人说,新闻报道中传递的思想是一个媒体的灵魂。一个媒体受不受用户欢迎,能不能被用户接受,能不能在用户心里植根,很大一部分因素是一个媒体所传递出的精神是不是可以打动人。

信息的汇集、加工和把关是主流媒体最基本的责任和职能,但面对重大问题时发出的评论、传递的价值、体现的逻辑,是主流媒体孰优孰劣的评判标准之一。总编辑等把关人的水准会影响到一个媒体的风骨,对世界局势、国家与社会整体情况的把握和判断,影响人们对媒体思想水平的直接印象。

有人说,将来的纸媒会完全转变为"观点纸",这样的说法也许过于绝对,但由此可见观点的重要。评论和理论一直是一些主流媒体的标杆和旗帜,代表了媒体的观点和价值导向。比如,人民日报、环球时报、人民日报海外版旗下"侠客岛"的评论,在近两年新媒体日益崛起的互联网环境下,不仅开辟了主流观点的新媒体战场,在表现形式、传播手段和传播渠道上都进行了突破,更加适应互联网时代的舆论环境,也更加被用户接受和喜爱,具有强大的影响力和号召力,引领了舆论导向。

2. 主流媒体内容面临的挑战

(1) 互联网海量信息的挑战

在全媒体时代,互联网信息变得无处不在,世界看起来似乎变得更加透明,主流媒体搜寻新闻线索、处理新闻信息、制作新闻产品的方式方法面临着巨大的挑战。

一方面,新媒体蓬勃发展,发布信息的渠道日益增多,网络上越来越多的网站平台在进行信息获取、新闻发布工作。另外,网络信息发布十分便捷,每个人都有发布信息的平台和机会,世界上每个角落都有了信息"侦查员"。截至2019年6月,我国网民规模达到8.54亿。这样的网民数量基础,决定了庞大的信息产量。这就给主流媒体带来了严峻的挑战。无论从人力成本,还是时间成本上来看,单一主流媒体的信息发布能力总是会受到互联网信息整体数量的冲击。

另一方面,自媒体、社交媒体等新媒体的出现,扩展了人们获取信息的渠道,也让人们更加切身感受到"地球村"的存在。信息的海量化在刺激着人们的感官,潜移默化中扩大着人们对信息的需求。比如,互联网海量信息出现以前,人们仅仅关注周围的事物,对于其他地区,甚至国外的发展情况并不了解,也没有过多的信息渴求。但当我们开始从自媒体上首先获得美国发生了枪击案的时候,我们会希望进一步知道枪击案发生的具体情况。主流媒体能否在这个时候跑赢"公民记者",满足人们越来越详细和多样的信息需求,成为新媒体时代的难题。

主流媒体严格的把关流程也导致信息不可能无限量扩张。相对于新媒体,这样一种新闻审核机制使得主流媒体发布信息、进行新闻报道的时间成本和人力成本都要更高,每天的信息总量有限,成为一种明显的劣势。对信息大量、多样化的需求,常常会使主流媒体的原有用户把注意力向新媒体转移,造成用户流失。

(2)内容表现力的挑战

推动传统媒体与新兴媒体融合之前,传统主流媒体的报道形式比较单一,报纸的内容以文字为主,广播的内容以声音为主,电视的内容则以画面为主,样式单调,表现力弱。但由于新闻业界还处在传统媒体的"垄断"之下,用户的选择空间小,媒体的竞争意识弱,忧患意识差,在报道方式和表达形式上很少进行创新突破。

互联网时代的到来确实给传统主流媒体敲响了警钟。信息内容更加丰富,形式也更加多样,小众的审美也开始有了市场。传统媒体的铁板一块已经不能再适应新形势的新闻工作了。主流媒体必须引入新的媒体形式,相互学习,相互借鉴,最后达到一种融合的状态。

但是,主流媒体自身携带的传统基因依旧强大,虽然已经开始了很多内容形式上的尝试,类似长图、H5、漫画、动图、搞怪动画等可视化、重交互的表现方式都可以在主流媒体上找到踪影,但其作品所彰显的表现力仍然有些生硬。

传统媒体人的思维模式在一定程度上限制了融媒体或者移动传播时代下媒体产品的表现张力。保守的意识形态、惯性思维很难让新闻产品焕发活力。另外,主流媒体的媒体产品生产流程,需要多重审核把关,每一级的把关人的思维灵活度都对媒体内容的表现方式有着非常重要甚至决定性的影响。

秒拍、"快手"、微信公众号中很多传播内容都非常吸引人,阅读量、转发量达到"10万+"的文章比比皆是。他们呈现内容的方式不只是配图、加视频、加特效那么简单。这些新媒体产品会更加注意轻松风趣的语言表达方式,选择适合的话语风格和新媒体形式对产品进行包装设计,增强其内容的张力,具有非常好的传播效果。在一定程度上,这对主流媒体提出了挑战。

(3) 时效性的挑战

争分夺秒一直是新闻记者报道过程中的信条。新媒体的出现,给这些具有如此"职业理想"的媒体人"沉痛一击"。主流媒体发布信息的速度比不上事件发生第一时间后的一条目击者微博,效率也赶不上自媒体聚合信息的强大力量。

首先,主流媒体在内容处理方面有着严格的审核机制,需要层层把关,经过一整套的专业运行流程。同一新闻事件的报道上,无论是传统主流媒体还是新兴主流媒体,都很容易出现"慢半拍"的问题。

第二,传统主流媒体,如报纸、杂志、广播、电视,都有各自的出版、播出周期限制,它们在时效性上肯定落后于无时不在、无处不在的新媒体。自媒体、社交媒体都是"公民新闻"的最好载体。所谓"公民新闻",就是指非专业的新闻传播者通过一些大众媒体、个人网络站点,将自己掌握的新近发生的、值得传播的重要信息向社会发布。"公民新闻"在重大突发事件中具有非常明显的优势作用。地震、火灾、洪水等灾害发生时,第一条通报很多时候都是来自"公民新闻",甚至一些主流媒体的消息源也来自"公民新闻"。

这种情况的发生,一方面,是由于网络平台为普通人提供了向全社会发布信息的可能;另一方面,也是由于网民分散在世界各地,具有强大的报道力量,这是雇用专业记者的主流媒体所不能企及的。

第三,对内容的过高要求也成为制约主流媒体时效性的一个容易被忽视的方面。电视台的片子一定要制作精良,文字报道连一个标点也不能出现错误,广播必须有严肃的播报稿,这些都是需要时间和精力进行不断查实、反复确认的。传统的思维总是认为,即使是一篇最简单的小报道,也不能出现任何"可以饶恕"的错误。但在移动媒体时代,很多时候允许了一些不那么完美的信息播报方式。以秒拍上的视频为例,很多具有新闻性的视频其实都是自媒体用户用自己的手机进行拍摄的。不具备专业的器材、没有专业的拍摄水平,一个个摇晃甚至模糊的小视频反而能在关键时刻体现出我们一直以来追求的时效性。

第三节 移动传播格局下的内容"供给侧改革"

移动传播不仅是指物理空间上的位移改变,同时强调交互的移动。它是一种无处不在、无时不在的存在逻辑,重塑了人与人之间、人与社会之间的关系。移动传播格局的形成,塑造了一种崭新的生活场景。

在移动传播逐渐成为人们生活中的"必需品"这个背景下,坚持"内容为王"的主流媒体该如何利用移动传播做好内容"供给侧改革",成为重要的时代课题。

1. 移动化生存是媒体未来发展的重要课题

简单的内容融合已不能满足移动需要。主流媒体移动化的发展历程,可以将手机报看作起点,之后经历了开发适应手机形式的网页版、利用微博和微信等平台进行传播的方式、形成成熟独立的手机客户端等四个不同发展阶段。

移动传播时代的到来是在移动媒体技术的不断发展变化中形成的。移动媒体就是数字化、交互式、可移动、可上网的个人便携式新媒体,以智能手机为代表,包括平板电脑、电子阅读器、游戏机等一系列手持式设备。相应地,所谓移动传播,即基于移动媒体的传播,是通过各种移动平台,在用户之间、用户与网络之间进行信息交换的传播过程。[①]

面对移动技术和移动传播平台的产生和快速发展,有人宣称"PC 互联网时代已经结束"。如何让适应传统媒体和 PC 互联网络的内容产品更加适应移动需要,成为越来越多的媒体人关注的焦点。

H5、短视频占据了移动传播市场的半壁江山,秒拍、"快手"、花椒直播等交互平台也正在展现它们的"移动"魅力。简单的内容融合产品已经渐渐不能满足移动传播需要。移动式的信息获取方式,让内容制作者更多地考虑什么样的产品更适合移动接收,给用户带来完美的体验。

内容生产方式的惯有思维正在发生明显的变化。以电影、电视剧等视频播放模式为例。播放电影、电视剧都是以横屏的画面模式为主,形成了一种早期的用户使用习惯。在 PC 互联网时期,内容生产者也一直惯用这种方式来进行视频的拍摄和播放。直到手机为代表的移动媒体时代的到来,用户慢慢形成了竖屏的阅读和接收习惯。现在,适用于移动端的视频、H5 等产品的制作、播放模式都开始尝试去适应用户的这种媒介使用习惯。根据相关调查,这种竖屏的阅读、播放模式让用户的体验更顺畅,参与感更强,画面的真实感、现场感也更加突出。

[①] 邹军.移动传播研究:概念澄清与核心议题[J].新闻大学,2014(6).

2. 移动场景化、场景移动化，创新布局内容融合

移动传播的"永久的联系""永远在场感"使得内容产品和人们的生活产生了极其紧密的联系，出现了移动场景化、场景移动化的趋势。

有学者认为，移动传播的本质是基于场景的服务，即对场景（情境）的感知和信息（服务）适配。场景成为继内容、形式、社交之后媒体的另一种核心要素。空间与环境、实时状态、生活惯性、社交氛围是构成场景的四个基本要素。当移动媒体在内容媒体、关系媒体、服务媒体三个方向上拓展时，它的主要任务就是完成信息流、关系流与服务流的形成与组织。此时，场景本身可能成为移动媒体的新入口。[1]

力求内容融合产品场景化是今后主流媒体努力的方向。对不同场景的定义与区分，有助于提升媒体的传播力和影响力。中国人民大学新闻学院与腾讯的一次联合调查显示，移动媒体用户进行新闻阅读、社交应用、娱乐时，主要是在"休息或闲暇""等待或乘坐交通工具时""卫生间""床上"等场景下。这些场景曾经是传统主流媒体的"天下"。休息时间的"土豆沙发人"，公交车上看报纸的通勤客，边开车边听广播的上班族，都是我们头脑中熟悉的情景。

现在，这些场景中媒体的使用情况发生了巨大的变化，"低头族""拇指族"越来越多，手里都拿着手机、iPad 浏览网页、打游戏或者使用着聊天工具。原来传统媒体垄断人们获取消息方式的光景也一去难复还了。对旧有场景的重新抢占，对新出现场景的介入，将内容与场景相匹配，应该成为主流媒体进行移动产品内容融

---

[1] 彭兰. 场景：移动时代媒体的新要素[J]. 新闻记者，2015(3).

合过程中需要注意的重要战略。

场景化与内容融合共生。什么样的内容才能提高传播效果？关键是浸入到人们的生活中，成为人们生活需求的一部分，构建一种或多种不同的生活场景。主流媒体的内容生产要做到不同传播平台上各有侧重，满足人们不同情况下、不同场景中的使用需要，真正与人们的生活无缝衔接，合为一体，逐渐形成一种无意识行为。

场景移动化成为主流媒体内容融合发展的另一个着力点。场景移动化最直观的表现形式就是浸入式或沉浸式的传播模式。近两年，微信朋友圈的火爆，使得传媒界出现了很多极具针对性的内容创新产品。其中，浸入式传播成为多家主流媒体追捧的创新形式之一。以人民日报客户端策划开发的 H5 产品"快看呐，这是我的军装照"为例说明。2017 年 8 月 1 日正值中国人民解放军建军九十周年，人民日报推出了"穿越时光，穿上军装"的融媒体产品，让用户可以以一种游戏式、互动式的方式参与到产品制作中来。用户可以将自己的照片搭配喜欢的军装模板，生成一张军装照，同时发在朋友圈上。产品一经推出，马上爆发了"病毒式"的传播，刷爆朋友圈。截至 8 月 7 日上午 10 时即短短一周之内，H5 浏览次数（PV）累计 10 亿，独立访客（UV）累计超 1.5 亿。同样是人民日报推出的融媒产品"真英雄 敢逆行"，在"快看呐，这是我的军装照"基础上，更加强调了场景的可选择性。通过对五套服装的配对选择，最后生成具有不同环境特征的动态场景图，也形成了非常好的传播效果。

2017 年全国两会期间，中央人民广播电台推出的"央广主播朋友圈里都有啥？""@你 央广主播王小艺的朋友圈又更新啦"等场景 H5 报道产品，也同样收到了很好的传播效果，首期推出的点击量就超过100万。用户可以打开一个与微信朋友圈完全一致的场景,跟着美女主播的动态形象图一起刷新"朋友圈"。这种虚拟场景的设计力求完全再现朋友圈的使用感受,达到了以假乱真的效果。在同质化报道严重的内容主题上,凸显了场景H5创意的独特之处。

浸入式传播依靠大数据、人工智能等新媒体技术手段,营造出各种样态生活环境的模拟形态,使用户深度参与其中,成为媒介内容的一部分,共同组成了一个新媒体产品。这种传播方式增强了用户的体验感和融入感,创造出一种情感宣泄和表达的拟态环境,甚至形成了一种帮助用户筑梦、圆梦的虚拟现实。

有学者认为,以浸入式传播为基本特征的时代已经到来。这种形态的传播模式实现了一种无处不在、无时不在的场景移动化传播。

3. 寻找主流媒体内容"供给侧改革"的灵丹妙药

(1) 大数据报道成就开放的新闻

在传统的新闻报道中,调查报道记者会在政府等部门公开的数据资料里寻找蛛丝马迹,对有价值的内容进行深度挖掘、跟进报道。这种报道方式可以说具备了数据新闻的雏形。

随着计算机对数据的存储和分析能力的增强,以及政府和各行业信息的不断公开化,互联网产生了大量的UGC数据,人们能够接触到的信息急剧增长,加速了大数据时代的到来。

目前看来,大数据技术已经渗透到新闻生产的各个环节。数据规律成为选题线索,数据挖掘成为报道手段,可视化数据呈现成为报道形式,反馈数据既是传播效果评判的重要依据,也成为二次新闻生产的重要内容。

UGC生产成为大数据时代的重要新闻报道线索和内容。传统报道形式下的内容获取主要靠记者的调研和采访。在大数据时代,用户积极的网络参与以及大量的自媒体和评论内容,都促成了开放新闻的兴起。一则主流媒体微博下方的评论,也一并成了整个新闻报道的组成部分。用户留言作为一种反馈形式,与新闻报道本身构成了一个完整的传播系统。而大数据报道将用户作为新闻报道的一部分,不仅仅是公民新闻这么简单,每个人的媒体使用轨迹都会被记录和分析。

新闻聚合网站"嗡嗡喂"(Buzzfeed)创建了一种独特的"嗡嗡喂风格",它的内容产品主要依靠计算机程式化算法从众多新闻网站、博客中进行抓取,允许用户将浏览过的有趣内容分享到社交媒体,并将严肃的新闻语言轻松化。"搜视"(Storyful)被称为"社交媒体时代的通讯社",通过专业监测工具监测并收集"推特""脸书""油管"(Youtube)等主要社交媒体上"有潜质"的信息内容,经专业编辑人员核实,分发给路透社、《纽约时报》、英国广播公司、法国24电视台(France 24)等传统媒体。"机器人观察"(Automated Insights)网站创造出了能够写新闻的机器人,革新了内容服务的生产方式。通过计算机程序将数据融入结构化的语言模式中,生产出人性化的新闻报道。目前美联社、雅虎体育等大型媒体都在使用"机器人记者"制作新闻。美国大选期间,《华盛顿邮报》的聊天机器人Feels,开始在选民中收集相关数据,用以预测和判断选民的选举倾向,并推出了一些相应的表情包。

很多新媒体开放了对用户留言的评论和点赞功能,热点留言会被置顶,成为新的传播热点。媒体人对用户留言的回复,也可以引发再次传播。比如,新华社"刚刚"体的流行,不只是标题构思巧妙、符合新媒体传播特征,同时还因为小编们对用户留言的精彩回复,一起构成了一则爆款内容产品。

2017年6月21日,新华社的微信公众号发了一篇共有九个字作为标题的快讯——"刚刚,沙特王储被废了"。没想到文章刚刚推出,就有细心网民发现,短短9字的新闻标题,竟然用了三个编辑,并留言回复:"就这九个字还用了三个编辑。"没想到短时间内便收到4.4万次点赞。新华社小编也不甘示弱,以"王朝负责刚刚,关开亮负责被废,陈子夏负责沙特王储。有意见???"相怼。这条回复留言也收到将近5万次点赞。故事并没有结束……马上有网民回复:"看你们那回复,一脸天下第一的样子,你们怎么不上天???"新华社小编继续怼起来:"我们的确上过天,我们的特约记者景海鹏、陈冬在天宫二号上发过稿件,电头就是'新华社天宫电'。而作为'把地球管起来'的中国国家通讯社,我们也是世界五大通讯社之一。想了解更多,欢迎继续关注我们。"这条回复留言不光与用户进行了进一步的互动,还给新华社做了一次广告,对之前的独家报道内容也进行了再一次传播,获得了近两万次点赞。不仅如此,这一组精彩的对话,以及其中产生的互动数据等内容还被多家媒体当作新闻素材进行了报道。

(2) 可视化媒介产品符合人类知觉系统感知习惯

针对一些具有大量数据、逻辑性很强的信息内容,可视化新闻的表达更加清晰简洁;在有关解释性、对比性、揭示性等内容方面的表达上也更加直观有效,打破了单一的文字叙述方式。

根据研究表明,人的大脑有一半以上的神经与视觉有关,而人从外界所获得的信息中,70%以上是通过眼睛得到的,并且人类具有高效的、大容量的图形和图像信息通道。[1] 因此,人类的知觉系统对图像信息的感知、把握能力远胜于对文字内容的理解和处理

---

[1] 王传宝,滕瀚:新媒体时代的"新闻可视化"初探[J].新闻研究导刊,2014(3).

能力。

　　从宏观层面看,可视化媒介产品是按照一定的逻辑,通过图表、动画等呈现方式,将大量信息具象化,把零碎信息系统化的一种新闻报道形式。也有人将可视化产品限定为将数据用可视化表达方式进行条理化的融媒体产品形式。

　　目前我国的主流媒体在可视化新闻方面做了很多努力与尝试。报纸、电视、网络等载体,将文字信息通过图片化处理,突出关键内容,又或是通过对大量数据的分析,深度挖掘,整理规律,将具有相同主题或相关主题的文字内容以图表、图形的方式进行逻辑化展现。以2017年人民日报关于党的十九大新闻报道为例,版面尝试大量使用图片、表格的形式进行大会报道。在涉及经济数据、人员数量、地理位置等信息时,尝试以直观的可视化形式展示,减少用户阅读文字的负担,同时也使得版面整体设计更加轻松美观、一目了然,与其他文字报道相配合。

　　可视化媒介产品也处在一个不断发展升级的过程中。从最开始传统媒体上呈现的简单的二维图表新闻,逐渐开始向三维、多维立体化的媒介产品形态发展。动图、动画等可视化方式在新兴媒体上展现得越来越多,构成了主流媒体内容融合的一种重磅形式,也将逐渐成为一种重要的传播手段。

　　(3) 转风格、重深度,深耕评论之田

　　"千禧一代"可以说是和互联网一同成长,已经逐渐成为网络的主要用户。像他们一样的年轻人,生活在网络带来的轻松、浅显、幽默的话语环境之中。严肃、庄重、晦涩的文字风格已经很难吸引年轻人的注意力。传媒业作为典型的注意力经济产业,如何在移动传播时代,转变叙述风格,找到自己的核心内容优势,吸引人们的关注与参与,愈发重要。

移动传播延续了 PC 网络的双向、互动的传播特点,更加强调了受众的参与性和内容的"短平快"。移动时代的阅读风格整体呈现轻松的状态,但是在面对重大问题、关键敏感问题时,举旗定向、唤醒心灵、释放情感的深度言论对于社会的发展有着重要作用和意义。

人类不能缺少精神的鼓手和灵魂的引领者,媒体在这个方面担负着重大的使命和责任。

人民日报的评论既保证深度,又在媒体融合过程中不断适应移动需要,突破内容的表达方式和呈现形式。以人民日报社评论部的微信公众号为例,针对当前的热点事件、重大事情,在第一时间发表评论。公众号文章以崭新的视角、新颖的语言风格,传递出深刻的思想,几乎每篇文章的阅读量都超过 10 万。其中,"愿你披荆斩棘,当自己的英雄""'宇宙不重启,记者不休息',为何我们还要做记者?""我的心头肉,怎能让你灌芥末?"等文章,以活泼的标题、轻松的语言风格,传递着深刻的道理与内涵,引导着舆论风向。

不同的传播平台,评论文章的内容也做了不同叙述的策略安排。最明显的就是人民日报的微博言论与纸质版言论的区别。微博是一个移动化、讲究时效、讲求以最短字数表达最深刻内涵、不断传递海量信息的新媒体传播平台。虽然现在取消了文字篇幅的限制,但由于其独特的传播属性,人民日报的微博还是以百余字的时评为主打。"你好,明天""人民微评"都是人民日报微博非常有代表性的评论栏目。而纸质版人民日报上,读者还是能看到几千字甚至上万字的社论、评论员文章等评论体裁。可谓各有所长、各有千秋。

主流媒体的内容融合在移动化摸索的过程中既有机遇,又有挑战。面对困难不应有畏难情绪,抓住机遇,迎难而上,才能够积累经验,实现弯道超车。作为世界传统主流媒体,《纽约时报》在内容融合方面也做了一些不那么"成功"的尝试,比如《纽约时报》曾经推出了两款移动应用——"《纽约时报》现在"(NYT Now)和"《纽约时报》观点"(NYT Opinion)。这两个程序虽然由于没有达到预期而被关闭,但相关的负责人员却不认为这是一次失败的尝试。相反,这为《纽约时报》抓取用户阅读数据和网络行为逻辑提供了很好的平台,是一次应时而发的传播尝试。

第六章 "渠道是金"到底有无道理/主流媒体正在"多轮驱动"

在移动互联时代,传统主流媒体失声失语,到底是内容出了问题,还是渠道成了制约信息传播的瓶颈?有人指出,优质内容缺少了传播通路,再有价值都不会具有传播力,更不要提引导力和影响力了。渠道在媒体发展过程中扮演着极为重要的角色,毋庸置疑。一边是"渠道是金"的传统媒体转型发展号角,一边是"渠道颓势"的发展困境。渠道在媒体发展过程中究竟起到什么样的作用?如何面对渠道融合中遇到的问题,成为我们当下研究的重要课题。

第一节 "合纵连横"的集群化渠道建设

对于渠道的定义,已经发生了很大变化,完全不同于传统媒体意义上的"传播管道"。原来的一张报纸、一台广播、一个电视,与信息内容固定搭配。现在,一条新闻可能在报纸上看到,也有可能出现在电视播报里,同时可能已经在互联网上大范围传播开来。因此,渠道更加强调其非内容生产属性。渠道不再是定制式的,多样的传播渠道分散了媒体的影响力,新兴媒体的发展增速远远超过了传统媒体。在这样的背景下,渠道融合成为主流媒体在舆论场中重新夺回话语主动权的关键一步。

1. 渠道融合的内涵

对于渠道融合,学界业界尚没有形成一个严格的学术概念。渠道,从技术和物理层次可以理解为"网络+终端",从这个概念上看,渠道融合就是网络融合和终端融合,包括网络与终端之间的融合,即将信息传播通道和内容产品呈现设备之间进行融合,适应互联网的传播需要。在实际运营层面,还包括连接双方的接入平台。

其中,网络融合指原来不同形态的媒介产品传播信道的融合与互联互通。具体来说,网络渠道主要是指电信网、广电网、互联网三个信息传输通路。各类文本、图片、影像、声音等依托数字技术和网络技术,以数字化的形态不仅可分别经由电信网、广电网和互联网渠道分发给使用不同数字终端的受众,而且三网可互联互通。[1]

媒介终端的融合,则是指将多种媒体的接收功能整合在一起,以一种开放的终端形式将信息和服务传递给使用者。从目前的运作情况看,媒体终端融合平台主要是指 3C 融合,指计算机、通信、电子消费终端产品的融合。具体的产品类型包括电脑、手机、电视、广播、电子终端设备、数字终端设备等。[2]

但随着互联网形态的不断发展和演变,对于渠道的认识越来越复杂,也变得越来越不清楚。像前文所提,渠道在早期主要指网络和终端介质,那时将门户网站、社交网站看作是平台,但现在情况不同,也有人将平台视为渠道。

为了规范研究和表述,本书将渠道融合定义为"网络+终端+互联网接入口"的融合。也就是说,渠道融合除了网络融合、终端

---

[1] 蔡雯,王学文:角度·视野·轨迹——试析有关"媒介融合"的研究[J].国际新闻界,2009(11).

[2] 同上。

设备融合,还包括终端设备融合所带来的信息平台和服务内容的融合。

渠道融合中最典型的代表是三网融合。三网融合主要是指通过光通信技术、数字技术和软件技术的升级改造,互联网、电信网、广播电视网在功能上逐渐达到资源共享、互相协作、相互联通,为用户提供更加简单便捷的服务。它既是一种物理意义上的融合,也是一种资源和业务上的融合,整合了三者优势。互联网可以大量容纳、传播信息,强调互动属性,并具备接收电话、广播电视节目的功能;电信网的发展历史时间长,具有深厚的技术和网络线路经验积累,宽带业务比较成熟,而手机也已经成为最普及的终端设备,可以用于接入互联网和接收广电节目;广播电视网的优势在于广电节目信号传输的能力,数字电视等终端设备也具备了接电话、联网的功能。最终,三网融合带来的是三网合一,手机终端、电视终端、计算机终端可以兼具接打电话、收放广电节目、联通互联网三大功能。

2. 渠道融合的特征

(1) 融合发展颠覆组织结构,产业链深度洗牌

渠道融合带来多种业务上的融合和变革,引发的是组织结构的颠覆性重构,以及产业链的洗牌。管道、网络和平台的互联互通,是一种全新的纵向连通,推动了产业链的更新升级,带来了新的媒介特征。同时它也是一种横向融合,在功能上突出了相互之间的联系与一致性。

由于渠道的贯通和交织,传统媒体的业务内涵发生了很大变化,组织结构上重构了数字化技术、新媒体通道和网络平台在系统中的地位,打破了原有的单一的、单向的组织方式,形成了一种网状的传播格局和组织形态。

比如,中央人民广播电台通过渠道扩张,丰富了组织结构,深耕了产业格局。经国家广播电影电视总局批准,中央人民广播电台于2004年、2010年分别开办CNR-17央广健康、CNR-18央广电视等数字电视频道,开始涉足除广播外的电视与手机等终端渠道。2011年11月,央广正式获得广电总局颁发的互联网电视牌照,进军互联网电视领域,并于2012年与江苏广播电视总台、北京爱奇艺科技有限公司合作,共同成立了银河互联网电视有限公司(GITV),形成了新的组织结构。然而在终端融合与组织架构搭建方面,这仅仅是一个开始。

银河互联网电视有限公司作为央广新的组织构成,开启了央广渠道推广、品牌搭建的征程。可以说,银河为央广的融合之路起到了巨大的推动作用,重塑了央广的产业链条。2013年5月,银河推出了国内首台自主研发的四核机顶盒产品"木星"。之后,银河与华为签订协议,共同开发手机终端市场,与TCL品牌签署合作协议,共同开发国内智能电视市场,并于2014年2月正式推出TV+电视。2013年8月20日,银河与1905电影网达成战略合作。2013年10月,银河联手机顶盒生产厂商创维、综合网络零售商京东开创家电行业、视频行业和电商行业跨界合作的全新模式,推出"超清盒子"。2014年5月,银河与杜比达成战略合作,推动家庭影院市场。2014年12月16日,银河与华为联合推出荣耀盒子。2015年1月15日,银河携手小米推出小米小盒子,并于3月24日发布40英寸、55英寸的小米电视。2015年2月,银河与大麦科技合作发布全球首款智能分体电视,突出云主机为用户带来的更加智能、便捷的操作体验,布局智能终端市场。2015年3月18日,银河携手康佳发布T60超级电视。2015年4月1日,银河联合酷开震撼发布重磅产品A43智慧屏幕,作为行业首款"三合一电视",对老人、儿童和年轻人三种不同专属体验进行了细分。

(2)渠道建设进入了成熟的稳定期,期待新的技术突破

数字化技术将互联网、电信网、广播电视网各自所传输的数据、语音和图像内容转化成了由"0"和"1"组成的二进制代码,在传播内容的形式上达到了一致,便于在不同的网络中进行传播,同时也满足了用户可以自由使用终端进行接收信息的需求。宽带通信技术大大地提高了网络的传输带宽,尤其是光纤通信技术的升级,提高了网络传输信道的传送能力。多种媒体形式的信息可以通畅高速地进行传输,满足了三网的业务需求。IP互联技术的出现和发展使得互联网得到了极大发展。它将原来独立的网络资源统一起来,为不同数据在异构网络中的顺畅传输提供了可能。

网络融合技术和业务上的不断进步和成熟,突破了"一种业务,一种网络"的格局,改变了复杂的多形态网络共存的窘境,为三网融合打下了坚实的基础。汇集多种不同功能的终端设备将逐渐代替单一、老化的媒介产品。另外,用户的使用习惯与终端产品的形态之间也在相互影响、相互促进。伴随着数字化技术的不断发展,数字内容代替了原来的模拟内容,越来越多的用户将目光投向了移动接收终端。这也就促使多功能一体化的智能移动终端和统一信息服务平台IPTV逐渐成为市场主流。

以三网融合为代表的网络融合在技术和业务上的成熟,以及终端设备上的稳定发展,使得渠道融合在经历了快速变革和不同的发展阶段后,进入了一个暂时的平缓发展期。

技术的突破是最终推动渠道融合不断向前、向深发展的催化剂,也是渠道融合进入到下一个阶段的重要因素。网络、终端、平台的融合,用户可以通过一个平台,满足上网、语音通信、看电视、听广播等多种需求,但在这个过程中,要想提升各个不同环节之间

的互联互通,整合资源,增强传播效果,还需要在技术上取得新的进步。以物联网技术为例,物联网是新一代信息技术的代表,也是信息技术取得发展的重要阶段。它在互联网的基础上进行功能和业务上的延展与扩张,同时将用户需求向物物相连转变。物品之间进行信息交换成为可能。在新闻传播领域,物联网技术促进了渠道的融合。但物联网的发展还处于初级阶段,还面临着统一技术标准、管理平台构建、形成安全体系等现实问题。可以预计,物联网技术的突破性发展,将会对媒介传播终端多样化、整合化起到巨大的推动作用。

(3) 媒体竞争由渠道建设转向争夺平台入口

网络带宽不断升级,终端设备不断丰富,媒体在渠道建设过程中从简单到复杂,从单一到多元,逐渐达到了一种平衡状态,渠道融合的竞争压力转向了平台入口。尤其是终端融合的进一步发展,一种初始的、简单的硬件和功能上的融合,已经逐渐向构建统一的业务平台方向发展。一方面,单一的业务内容已经无法满足用户需求;另一方面,随着竞争的加剧,终端建设出现了饱和状态,运营商需要构建一种聚合的业务平台,拓展更广泛统一的产品和业务途径。

目前,渠道融合搭建的是一种多样化、个性化的业务平台。通过个性化的终端设备相连,用户在平台上获取各自所需要的丰富多元的信息内容与服务。这种平台入口的构建与连接,其实就是对用户的争夺。平台建设就是需要进行规模化的信息集聚,信息内容从单一到多样,传播方式从单向到双向,接收方式从固定地点到可移动化接收,接收时间从特定时间到随时接收与回放。这种平台的搭建原则力图满足用户对信息交流效率和方便程度的要求。

1999年,IPTV业务在英国推出后,经历了20年的发展,目前已经有了很大的市场空间。它不是简单的在终端融合,而是将不同终端设备连接到统一的平台上,进行内容和服务的提供,是渠道融合中终端与平台融合的典型。IPTV是一种利用有线电视网,以电视机为主要终端的交互式数字媒体服务。它集合了互联网、宽带网、通信网、多媒体等多种技术,向用户提供电视节目、电影等多种内容交互式服务。传统电视节目播放最大的问题是单向的传播方式,不仅在时间、节目资源等方面是一种很大的浪费,同时消耗了用户的积极性,限制了用户参与节目互动的可能性。IPTV的出现改变了这一局面,实现了媒体与用户的互动,同时可以根据用户的个性化选择配置不同的服务功能,比如浏览互联网、接发电子邮件、进行在线信息咨询、网络购物等,处于一种平台入口的优势地位。

有别于IPTV作为一种以电视为端口的平台服务,互联网、手机、穿戴设备则是衍生于其他端口的平台服务。谷歌公司推出的谷歌眼镜具有拓展现实的平台功能,集智能手机、GPS功能等于一身,可以通过语音控制视频通话、拍照录像、处理文字信息和电子邮件等。智能手表也具有同样的平台接入特征,集合了健身应用、文章收藏、语音朗读、社交媒体信息分享、视频广播接收等功能,满足了用户一站式体验多种终端服务、多样化业务的需要。

当有人问"终端的终点到底在哪儿"时,我们的回答是"在平台"。

(4) 传播通路的优化逆向激发内容生产

从传统的媒体生产流程看,内容产品处于产业链上游,渠道建设处在下游部分。经过网络信息时代的不断发展,在渠道终端平台的争夺过程中,一些媒体抢占了先机,迅速铺设终端平台,占领了部分信息通路。这种竞争的出现,使得起步晚、对渠道的价值和意义不够重视的媒体经历了"酒香也怕巷子深"的阶段。内容产品无法接入顺畅的传播通路,很难到达用户。很多好的内容产品被埋没,在传播效果上更是大打折扣。而传统通路优化,不仅可以让内容更易到达用户,还可以逆向激发内容的生产。

一方面,传播通路优化后需要更多的内容来填充渠道,即终端平台需求引领内容生产,应了那句话"架子搭好要有人唱戏"。没有内容供给的传播通路只能是一副空壳。传播通路为了能够更加发挥作用,刺激了对内容产品的需求。这在电信领域表现得非常明显。电信运营商从原来的网络传输和服务业务的提供者转向内容生产领域。既有的媒介产品不能更有针对性地为电信新渠道服务,需要继续寻找或者自我开发能够满足电信用户需求的产品内容。目前最直接改变内容不足的两种方式,一是媒介行业中出现可以专门或者更针对电信运营的内容产品,另一种就是电信运营商自己直接参与内容生产,以此扩展内容产品的体量与种类。

另一方面,传播通路的完善,使用户自己具有了生产内容的机会。在本应是接受媒介产品的终端平台,用户生产出新的媒介产品、新的信息内容,并将这些增量内容通过已经不断形成和完善的融合渠道传输出去。这些用户制作的内容产品中,一些可以成为其他媒体二次生产的要素,再次产生传播作用。

从早期的Wiki百科,到现在的秒拍平台,一方面刺激内容规模化生产,另一方面成为用户进行内容生产的平台。Wiki百科是一种多人协作的内容生产平台,具有"用户参与、大众创新、开放创新、协同创新"的特点。针对同一主题,每个人都可以根据自己的知识背景进行浏览、添加、编辑内容,甚至进行进一步的主动信息搜寻和汇聚,在内容上相互证伪,去伪存真,形成一种动态的、交互的内容产品,具有极强的开放性和交互性。在移动时代下,用户对信息的接收习惯发生了巨大的改变,短视频成为内容市场上的"紧俏商品"。秒拍平台就是在这样的背景下应运而生,用户可以随时随地将拍摄的视频上传到网络上,为大规模、多样化、交互性的用户内容生产提供了平台。类似的视频平台还有映客、花椒、小咖秀等。

第二节 "渠道是金",一个开放的概念

主流媒体的渠道建设在互联网兴起之前,一直处于垄断性的地位。传统主流媒体将电信网、广播电视网、报纸等载体掌握在手中,具有绝对的主动权和话语权。随着互联网的发展,尤其是移动端的极速升级,主流媒体的渠道优势地位受到了冲击。近年来,通过不断加强渠道建设,发展终端平台,一些中央大型主流媒体做了很多努力,形成了一些比较成熟、传播广泛的渠道和平台,发展方向逐渐从单纯的渠道建设转回到内容优势与渠道建设融合发展,有的更加偏重渠道中的内容回归。

虽然中央主流媒体在渠道建设上取得了一些可喜的成绩,但一些地方省市的主流媒体目前还存在渠道建设不通畅、不完备,有了内容不知如何传递出去的困境,出现了渠道建设、渠道融合水平参差不齐的问题。为了主流媒体渠道融合的整体推进,进一步推动传统媒体与新兴媒体的深度融合,首先要对主流媒体渠道融合建设过程中的优势与劣势进行深刻的梳理与辨析。

1. 主流媒体渠道融合的优势

(1) 推进渠道融合,具备政策上的先导性优势

国家大力发展渠道融合建设,主流媒体是优先受益者。2010

年 6 月 30 日,国务院办公厅发布了《关于印发第一批三网融合试点地区(城市)名单的通知》,在自愿申报的基础上,按照相关条件要求,确定了第一批三网融合试点地区(城市):北京市、辽宁省大连市、黑龙江省哈尔滨市、上海市、江苏省南京市、浙江省杭州市等 12 个地区(城市)。经过半年的试点之后,国务院办公厅发布了《关于印发三网融合第二阶段试点地区(城市)名单的通知》,新增 42 个地区(城市)。通过科学的试点研究,在总结经验基础上,2015 年 8 月 25 日,国务院办公厅发布了《关于印发三网融合推广方案的通知》,在全国范围内全面推进"三网融合"。文件规定,广电企业在符合电信监管有关规定并满足相关安全条件的前提下,可经营增值电信业务、比照增值电信业务管理的基础电信业务、基于有线电视网的互联网接入业务、互联网数据传送增值业务、国内网络电话(IP 电话)业务,中国广播电视网络有限公司还可基于全国有线电视网络开展固定网的基础电信业务和增值电信业务。符合条件的电信企业在有关部门的监管下,可从事除时政类节目之外的广播电视节目生产制作、互联网视听节目信号传输、转播时政类新闻视听节目服务、除广播电台电视台形态以外的公共互联网视听节目服务、交互式网络电视(IPTV)传输、手机电视分发服务。国家和省级电信、广电行业主管部门按照相关政策要求和业务审批权限,受理广电、电信企业的申请,同步向符合条件的企业颁发经营许可证。企业取得许可证后,即可依法开展相关业务。同时,规定了宽带网络建设改造和统筹规划等未来的优化发展目标。

"宽带中国"工程的主要目的是加快推动电信宽带网络建设,全面提高我国网络技术水平和相关业务承载能力。城市实行新老技术更替,进行"光进铜退"改造,新建地区直接采用光纤到户模式,建设光纤接入网。同时,努力扩大农村地区的宽带网络覆盖范围,提高行政村通宽带、通光纤比例。加快互联网骨干节点升级,提升网络流量疏通能力,骨干网全面支持 IPv6。加快业务应用平台建设,提高支持三网融合业务的能力。

"数字中国""互联网+"计划、《推动传统媒体与新兴媒体融合发展》等国家政策上的安排,为主流媒体进行多渠道业务发展提供了根本的政策保障和基础条件。在国家的支持和主导下,中国广播电视网络有限公司可以开展固定网的基础电信业务和增值电信业务,电信企业可以从事除时政类节目之外的广播电视节目生产制作、进行互联网视听节目信号传输等业务,纸媒进军互联网、广播电视业。至此,传统媒体之间的渠道融合通路被打开。

由于主流媒体在国家发展中历来具有的特殊地位和职责使命,它们最先享受到国家关于渠道建设以及融合发展等方面的政策优势。国家还进行了一些政策上的倾斜和扶持,有针对性地帮助主流媒体完善、提升相关基础设施建设,保证其在渠道融合发展中始终具有一定的优势地位,减少主流媒体在舆论场中的地位所受到的冲击,更加充分发挥主流媒体对舆论的影响力和引导力。

(2)主流媒体的渠道建设,聚合更多社会资源

媒体格局的多元化发展,形成了开放、多元的渠道市场。新兴媒体对传统媒体行业和互联网平台的介入,为新闻行业带来了革命性的冲击和变革,主要体现在两个方面。一方面,新兴媒体激发了主流媒体的存量竞争;另一方面,主流媒体面对来自增量市场的生存竞争。

传媒业作为一个与社会各方面联系紧密的行业,具有协调统合各方面资源、谋求共同发展的条件。实践证明,对社会资源调动的深度和广度往往决定了媒体的生存空间。而资源的分布往往是

不均衡的,不同属性、不同体量的媒体手中拥有的资源是不一样的,甚至相差很大。在中国媒体发展史上,主流媒体一直都具有比较高的社会地位和统筹资源的优势,在调动社会资源、分配资源方面具有更强大的号召力。

具体到渠道建设方面,渠道建设需要做好顶层设计,利用已有渠道,开拓新渠道,增进传统媒体渠道与新兴媒体渠道之间的互通与互补,更好地满足媒介通路建设的资源需求供应,最终达到媒体转型升级、信息资源供给与需求平衡,以及整个信息生产链条上资源的合理优化配置。主流媒体掌握的社会资源可以发挥更加积极主动的作用,促进协调传统媒体和新兴媒体在渠道融合方面的发展,对现有的产业结构进行重新组合,促进传播形态和传播形式上的转变,保证硬件、软件上的升级转型。

以传统报业为例,一些媒体利用既有优势资源,已经建设成为具有一定规模的大型媒体集团。人民日报社拥有29种社属报刊、31家网站、111个微博机构账号、110个微信公众号和20个手机客户端,成为拥有报纸、杂志、网站、电视、广播、电子屏、手机报、微博、微信、客户端等10多种载体、400多个终端载体的媒体集团,覆盖总用户超过8.2亿人的全媒体形态的"人民日报媒体方阵"。人民日报具有内容、政策、人才、品牌等天然优势,承载了大量资源和无形资产。利用这些社会资源,可以帮助人民日报提升、扩大传播通道、传播平台、人力、技术等多方面的优势,与一些各自经营的自媒体、网络媒体、地方级媒体拉开差距。

另外,主流媒体具有的资本力量在渠道建设中发挥了很大作用,推动了传播渠道的跨越式发展。传媒业一直以来都是一种高投资、低回报、慢回报的资本产业。尤其是新兴媒体行业,往往需要巨大的投入成本和准入门槛。新媒体在建设初期多是一种不计成本的投资,铺设管道,搭建平台,增强品牌。无论是政府的财政支持,还是广告、赞助、合作等方式的社会资本注入,主流媒体的资本优势对其渠道建设起到了非常重要的支撑和推动作用。一方面,资本力量可以支持媒体发展,为扩大媒体传播渠道提供资金保证;另一方面,资本力量的加入可以激发媒体活力,提升创新力,促进媒体更好、更快、更有效地发展。资本总是要求回报的。主流媒体借助社会资本的发展,也要遵守资本市场的逻辑。这有助于突破传统的固化思维和模式,创新灵活发展,敏锐地发现有潜力的渠道,以及渠道传播新的增长点。

总之,主流媒体在调动劳动力、技术、资本、内容等资源上更具优势,具备更加充分的整合资源、调度配置资源的能力。

2. 主流媒体渠道融合的挑战

(1) 单纯物理捆绑遭遇规模经济瓶颈

虽然主流媒体在渠道建设上进行了很多尝试,取得了一些好的效果,但目前在渠道融合上还是以简单的物理组合、物理捆绑为主,对通道的抢占还处于比较粗放的阶段。在媒体融合过程中,纸媒、广播电台、电视台等传统媒体很多时候做的还仅仅是"+互联网"的模式,而没有达到一种真正的有机结合状态。以纸媒为例,从开始的手机报、电子报,再到后来的微博、微信公众号,以及一些移动端的客户端应用,很多时候媒体所做的是把所有能用的端口聚合起来,再将报纸上的内容原封不动地放到不同端口和载体上,最后变成"一张报纸+多个端口"的组合方式。这样的做法可以大规模地推广内容产品,但却很难在传播效果上取得真正的提升。

在原有的市场占有逻辑和价值标准下,这种单纯物理捆绑的传播组合方式使传统媒体遇到了规模经济发展的瓶颈。规模经济主要指大规模的生产比单独或少量生产聚合产生更大的利润,反映了生产要素集中程度同经济利益之间的关系。媒体生产的同一件内容产品,在传统媒体上推出后,可以同时分发到其他不同的渠道端口平台中,传递给不同的媒介用户,大大降低了传播内容的生产总成本。但是,一方面,规模经济虽然可以帮助媒体追求最佳利润,但达到一定规模临界点时,边际效益就会逐渐下降,最后甚至趋向、跌破成本,变得"规模不经济";另一方面,在遵守经济学一般规律的前提下,媒体的规模经济带有自身的特点。比如,不同渠道的用户属性不同,用同一套话语体系、完全一样的内容并不能满足所有人的需求。这样的同质化规模生产,反而会对传播效果产生负面影响,大大降低终端、平台的"传播收益"。相关数据显示,上海报业集团旗下各媒体和部门推出的客户端、微信公众号、微博、手机报四类新媒体项目覆盖活跃用户数仅有4900,这还没有计算重复用户有多少。[1] 因此,类似"+互联网"形式的简单的渠道加法转型并不能真正拯救传统媒体的渠道融合发展。

(2) 多方力量对互联网平台的抢夺带来巨大压力

迅速发展的新兴媒体和网络新技术的不断应用,对我国传媒业的资本格局进行了重新洗牌。在传统主流媒体仍旧占据一方江山的同时,民间资本的力量不容小觑。从互联网兴起初期的网易、新浪、搜狐等门户网站,到人人网、开心网等社交网站,再到微博、微信、客户端等移动平台,以及随之而来的各类自媒体,都是民间资本与民间传播力量的体现。民间资本由于其自身的多重天然优势,在移动互联时代赢得了越来越多的关注度和用户的参与,在媒体发展格局中占据了越来越重要的位置,社会影响力与日俱增。

以移动端现行的媒体格局为例,国内数据分析机构艾瑞的数

---

[1] 喻国明,焦建,张鑫,弋利佳,梁霄.从传媒"渠道失灵"的破局到"平台型媒体"的建构——兼论传统媒体转型的路径与关键[J].北方传媒研究,2017(4).

据显示,2017年2月,日均活跃度排名前五位的新闻资讯客户端为腾讯新闻、今日头条、网易新闻、天天快报、搜狐新闻,这些都属于民营新媒体。可以看出,在手机端即使一些中央级媒体的APP,也很难取得像民营新媒体一样的传播效果,用户活跃度普遍不高,缺少影响因子。

另外,BAT三巨头正在利用各自优势,在传统媒体和新兴媒体领域积极布局,以不同的方式进军媒体行业,形成了一种"倒融合"趋势。以阿里巴巴为例,目前为止共入股、收购20余家媒体,涉及传统媒体、社交媒体、影视传媒、科技媒体等多个领域。阿里巴巴对于媒体行业的并购和入股对其自身的商业发展和话语权输出起到了重要作用。2015年6月,阿里向第一财经传媒投资12亿元,成为其第二大股东。第一财经拥有电视、杂志、报纸等全媒体牌照。这次合作后,阿里巴巴下属公司蚂蚁金融,开始有能力为用户提供新闻资讯内容,扩大了讯息服务范围。

这些民营企业,无论在政府监管层面,还是在企业制度层面,都与传统媒体有着明显的差别。具有民间属性的媒体往往具有一定的资本优势、占有先进的技术经验、更加灵活的企业管理制度和用人机制,创新性强。与传统媒体既要注重经济效益,更要注重社会效益不同,民营媒体在资本的驱动作用下,以获得利润最大化为追求,更加注重迎合用户的口味和需求。这种以资本为核心的运作方式,对传统媒体古板守旧的传播理念和运行模式产生了巨大冲击,挤占了传统主流媒体的发展空间,与传统媒体的渠道发展形成强烈的对比和竞争关系。

(3) 渠道势弱,传统媒体险沦为"内容提供商"

互联网的快速发展彻底改写了传统媒体为主导的媒介生态,多媒体平台的出现,以及PGC与UGC生产方式的融合,模糊了不同媒介的边界。社交媒体、新闻聚合网站对用户的占领,以及对用户主动性的赋权,让传统媒体在渠道上的优势逐渐减弱。

有学者分析脸谱(Facebook)进军新闻业的举措后认为,社交媒体依靠庞大的用户技术和高度的用户黏性,控制了新闻信息流向受众的主要渠道。以脸谱网为代表的技术寡头将取代传统媒体成为新的"信息把关人"和"议程设置者",成为控制公共生活和媒介生态的决定性力量,从而颠覆了新闻业传统的利益格局,并使互联网公共领域呈现出"再封建化"的趋势。①

在这些"再封建化"后的"领土"上,大量的文字、图片、视频等信息被无限次转发、评论、再加工,纷繁复杂的信息内容让人们已经慢慢地忽略了信息的来源。信息源渐渐地失去了自己的号召力,人们在接触信息的时候也不会去刻意关注到底是谁发布了信息,消息背后到底是哪一家媒体。只有当重大突发事件、敏感时政类新闻等特殊情况发生时,人们才会去找到传统媒体信源核实新闻内容、查找真相、一探究竟。另外,越来越少的用户会仅仅以单一主流媒体平台为信息获取渠道,而更加关注的是一种信息的汇总。

种种情况表明,在渠道占领的厮杀中,传统媒体呈现出了一种弱势,并且带来了一系列的恶性循环。传统媒体内容产品的"自产自销"时代已经悄然离去,优质内容逐渐成为"再封建化"后"主流"渠道平台的供给品,而自己则将沦为"内容提供商"。

在自由、灵活、多样化的互联网平台上,更加需要的是一种能够和用户产生直接联系,并可以植入用户关系网的渠道建设。阿里巴巴曾经一度想进军社交媒体领域,为自己的产品增加社交属

---

① 李良荣,袁鸣徽:中国新闻传媒业的新生态、新业态[J].新闻大学,2017(3).

性,也是相同的道理。少了传播通路,失去了用户,缺失了关系网,传统媒体的内容就算再优质、再有吸引力,也很难形成一条完整的媒体传播意义链。

第三节 渠道依赖的"自我救赎"

移动互联网飞速发展,为本来就存在危机的主流媒体又出了一道难题。移动媒体时代的媒体规则出现了很大的变化。回想网络出现的初期,QQ聊天软件所构架起的人与人之间的关联,为腾讯公司的发展奠定了坚实的基础,对整个公司的"帝国化"起到了决定性的影响。现在,微信作为一种QQ软件的手机升级版,更加适应移动互联网的发展,同时,它强化了人与人之间的联系,在单纯的聊天软件基础上,增加了随时随地进行社交、分享、在线支付等功能。而公众订阅号的开放,则为微信平台赋予了传播信息的功能,一大批自媒体账号应运而生。通过一段时间的摸索和发展,微信的渠道优势越来越明显,众多传统媒体也都开始积极布局公众订阅号,想在这个平台上分一杯羹。

在他人灶台上生火做饭,并不是长久之计。传统主流媒体在移动传播时代改造旧渠道,创建、利用新渠道,优化各终端平台的信息承载水平,提升渠道融合的效果,迫在眉睫。

1. 利用新的移动技术,加快进入渠道融合的下一阶段

科技的日新月异使得世界不再是麦克卢汉眼中的地球村那么简单,也不是"媒介即人的延伸"的单向度思考模式,更像是一种有机的结合体,将人们的生活与媒介技术融为一体。它不仅是对人们阅读、接收信息习惯的挑战和改变,还将带来新的生活规则,人们将更进一步感受到由新兴科技引发的媒介变革对生活的影响。

现有技术下的渠道融合已经进入了一个发展的瓶颈期。随着移动技术的飞速发展,主流媒体进行符合技术发展趋势的渠道融合成为进一步推动传统媒体与新兴媒体深度融合的关键。

三网融合的进一步发展直接影响到主流媒体渠道融合的效果。整体来看,三网融合主要会经历三个发展阶段,从电信网、互联网、广播电视网的通道融合发展,到"三屏"终端的联通互动,再到移动互联网、NGB、物联网等下一阶段的网络融合。三网融合的发展一直是一个动态变化的过程。主流媒体利用移动技术,不断将三网融合推向更深、更远处。有学者认为,移动互联网的出现是电信网与互联网融合的产物,也是三网融合升级的起点。[①] "互联网女皇"玛丽·米克尔在2017年《互联网趋势报告》中提到,2016年,全球互联网用户数已超34亿,同比增长10%,互联网全球渗透率达到46%。全球网络广告支出达370亿美元,移动广告增速已经超越PC广告。中国移动互联网用户数已破7亿,同比增长12%。互联网已经占据中国用户55%的媒体时间,移动互联网使用时长超过电视。可以看到,移动端在中国网民的生活中占据了越来越重要的地位,逐渐代替电脑终端成为接入互联网的主要入口。

努力将移动端口与传统业务相结合,创造出更加符合用户使用需求的渠道融合形态。通过基础设施和技术的完善,未来的广播电视网、电信网、互联网的融合可能转向更高层次的渠道融合方式,形成以移动互联网和NGB网络为核心的传播通路和业务平台。NGB,即中国下一代广播电视网(Next Generation Broadcasting Network),是在国家主导下,由科技部和广电总局联合组织开发建

---

① 彭兰:从老三网融合到新三网融合:新技术推动下三网融合的重定向[J].国际新闻界,2014(12).

设,在有线电视网数字化和移动多媒体广播电视的成果上,运用"高性能宽带信息网"等核心技术,构建的以"三网融合"为基本特征的新一代广播电视网络。

移动技术的发展总是快得出人意料,科技浪潮直接推进了渠道融合与进阶。在移动互联网背景下,大规模用户对视频、图像、音频等内容产品需求的急剧增长,网络流量的爆炸式增长成为必然趋势。如何有效增加内容产品的大流量、高质量分发,提高用户访问互联网时的服务业务质量,降低用户在获取信息时所碰到的延时概率等问题,直接催生了第五代移动通信技术,即5G网络的研发和应用。2016年11月,在中国乌镇举办的第三届世界互联网大会上,美国高通公司向人们展示了可以实现"万物互联"的5G技术,并入选网络发展"黑科技"榜单。2017年11月15日,工信部发布《关于第五代移动通信系统使用3300—3600MHz和4800—5000MHz频段相关事宜的通知》,确定了5G中频频谱。同时也正式启动了5G技术研发试验的第三阶段工作,"意味着5G网络已具备在现实情况中进行运行测试的条件,是5G网络走向商业化的最后一步"。

5G网络时代的到来意味着物联网时代、智慧家庭时代的加速到来。它与物联网、云计算、移动媒体等各项新媒体技术将形成一个泛化的媒介网络。传统主流媒体在新"三网融合"基础上,利用这个泛化的媒介网络形态,推动媒体渠道融合进一步发展,进入到一个新的阶段,站上一个新的起点。

2. 拓展物联网发展,推动媒介使用的生活场景化

可以说每一次渠道融合,或者说新媒体技术的进步,都会带来人与周围环境关系的改变。纸张、电视、计算机、手机以及各种移动终端,改变着人与世界的连接方式。当移动互联网发展到一定阶段，互联网就进入了更深层次的发展逻辑——物联网。可以说，物联网是互联网的一次延伸，也是移动互联网的延伸，是一次技术上的巨大跨越。在物联网世界中，一切物体都将进入互联网络之中。物联网技术可以让生活中的所有具备物理形态的物品联网，进而让物品具有接收和传输信息的功能，达到物物相连的状态。这对信息传播设备和平台的生活情景化产生了重大影响。

追求情景化构建，与用户的生活场景相联，成为推进渠道融合进一步发展的重要方向。首先，在网络基础设施搭建、平台入口连接到了平稳成熟发展的阶段，传播主体应该开始分析和思考如何能够在准确分析用户特征和需求的基础上，将渠道与人们的生活紧密相连，匹配用户的情景化需求，推动媒介的生活化和传播的无处不在、无所不及，随时对用户的信息消费体验进行优化和渠道占领。

其次，移动化便携式设备深刻地改变着人们接收信息的习惯，为物联网的进一步发展和应用提供了催化剂。其中，可穿戴设备发挥了重要作用，是对传统的移动手机进行的一种硬件升级，通过云服务、数据交换等技术来发挥强大的移动信息收受功能。可穿戴设备的产品形态主要包括手表和腕带等 Watch 类，鞋、袜子等 Shoes 类，眼镜、头盔等 Glass 类以及其他一些产品形态。种类丰富的可穿戴设备作为对环境和人体可以进行感知的情景适配器、人体传感器，使人们日常生活中的物物相连成为可能。

谷歌公司推出了一款"拓展现实"的眼镜，希望将这种终端方式植入到人们的生活中，成为场景中的便利因素，以培养用户的使用习惯。它在眼镜的前方安置了一台具有 500 万像素的摄像头和一个微型电脑处理器，镜片上则有一个头戴式的显示屏幕，显示效果如同 2.4 米外的 25 英寸高清屏幕，可以像智能手机一样，进行语音通话、拍照、视频、GPS定位、处理文字信息、收发电子邮件等。接收到的数据和信息可以随时通过互联网和信息分析处理，投射到用户眼镜上方的屏幕上或者传输出去。2014年7月，谷歌眼镜开放了直播功能，谷歌眼镜佩戴者只需说一句，"OK,Google Glass 开始直播吧"，用户就可以把现场看到的内容同步上传到网上，与朋友互动分享。

谷歌眼镜打造出的情景需求，可以满足人们对周围信息的获取、扫描、搜索、分析、处理等。周围环境中新鲜要素出现了，对未知事物的探索让谷歌眼镜的优势凸显。它解放了双手，给了人们极大的自由，不再受场景和场景下对身体语言的制约，将随时随地接收发送信息的终端模式镶嵌在人们的生活中，使得信息流通存在于生活的各种场景成为可能。

除了可穿戴设备外，还有很多可以通过物联网形式，将信息传播渠道嵌入到人们生活中的方式。Qleek 是法国 Ozenge Studio 公司设计的一款将渠道情景化的产品，力图"让你的数字生活实体化"。Qleek 包括一个个六边形的木板"Tapp"和播放底座。木板"Tapp"具有支持 NFC 的功能，即近距离高频无线通信，可以允许电子设备之间进行非接触式的数据传输。这种数据在实体上的呈现方式，不受时间和地点的约束，让信息渠道真正地随时随地融入到人们的生活中。

3. 移动渠道＋服务，培养用户对媒体的深度依赖

传统媒体的垄断地位来自对渠道和信息的占有。通过互联网、移动互联时代里的厮杀，传统媒体的渠道优势减弱，内容优势也变得力不从心。在移动世界里打"服务牌"，或许可以成为继社交之后主流媒体未来发展的"王牌"。

运用移动渠道、移动平台为人们提供服务，是一个需要大开脑

洞的过程。主流媒体提供服务既要注重运用新的技术,也要把握传统形态的渠道优势,多方配合,为用户提供多方位、多类型的服务组合。有句话说得特别好,"媒体光保持专业主义还远远不够,因为读者,是会长大的"。为了保住"百年老店"的牌子,媒体为用户提供的服务需要不断升级,符合移动需求,更加深入到人们的生活之中,甚至成为一种消费平台。在这方面,美国的一些主流媒体做了很多努力和尝试。

《纽约时报》移动应用 APP 的数字订阅共有三种不同的选择:第一种是一个月 15 美元的基础版;第二种是一个月 25 美元的完全版,包括 NTY Cooking 美食烹饪和 Crossword 填字游戏;第三种是一个月 35 美元的升级版,可与《纽约时报》编辑记者有更深入的交流。根据其 2017 年第三季度的相关数据显示,美食烹饪 APP 一共有 2.3 万名订阅用户,填字游戏一共有 33.2 万名订阅用户,而这两个 APP 的收入与 2016 年同期相比,增长了 50%。根据《纽约时报》的新产品和投资部主管麦克卡勒姆的介绍,《纽约时报》未来数字产品设计将会涉及包括亲子教育、健康、美妆、时尚等在内的 10—15 个生活领域,并且每个领域都有可能推出独立的产品。

就《纽约时报》生活类服务应用的开发和应用情况来看,传统媒体在移动互联网上开发新领地和提供多种服务还是大有前景的。传统媒体利用移动端,联手服务业,在品牌构建、内容权威性等方面具有先天优势。2016 年 5 月,《纽约时报》同外卖品牌 Chef'd 达成合作,构建了一条完整的生活方式服务链。用户通过链接跳转,可以在 Chef'd 网站上订购美食烹饪 APP 推荐的外卖食品。

这种移动媒体生活化的背后其实是一种传统媒体品牌的升级

管理。一方面,是传统媒体为应对日益下滑的发行量和广告额,寻找留住用户的新出路,对品牌营销和构建进行革新;另一方面,满足用户通过更加便捷的方式、随时随地地进行可靠内容消费的需求。优质的食谱和内容设计甚至是优质的消费推荐,都是用户在信息过载的环境中迫切需要的。

在线支付、远程医疗、电子金融都是传统媒体向人们生活领域进军的方向。BAT三巨头在这些方面已经开始了深入的布局。腾讯公司近年来开通了微信支付、理财通,布局了搜狗地图、大众点评、滴滴打车、QQ物联等领域,开启了"生活+"的媒体服务格局。

这种"移动+服务"的产业平台,营造了一种对用户生活的全面浸入,用户随时可看、可评、可玩、可买、可用,多功能一体化的使用逻辑加深了用户对媒体渠道的依赖。

主流媒体在开发媒体移动端的服务属性时,应该更有针对性、前瞻性,突出有机化的渠道融合方式;不仅要利用移动传播时代的传播特点和用户对媒体移动端的使用习惯,而且要以一种更加贴近用户生活的形式来构建媒体与服务的结合。

第七章 是貌合神离，还是血浓于水/平台支撑的嬗变与重塑

2018年6月，人民日报与百度百家号合作，上线全国移动新媒体聚合平台"人民号"，充分运用人工智能技术，为媒体、党政机关和自媒体提供移动端内容生产和分发全流程服务，共同构建兼具主流价值和创新活力的内容生态。此前，湖北省新闻出版广电局和今日头条签署战略合作框架协议，湖北省400余家报纸、400余家杂志入驻今日头条"头条号"平台；上海报业集团拓展平台资源，拥有网站、客户端、微博、微信、手机报、移动端内置聚合分发平台等近10种新媒体形态、236个终端载体。

随着媒体融合实践向纵深推进，媒体融合发展的深耕期也随之到来。大量主流媒体开始进行内容类平台、渠道型平台、服务型平台的搭建与布局。经过了初期一系列的平台扩张之后，主流媒体开始整合平台内容与资源。同时，很多大型的互联网公司也已经通过涉猎不同类型的平台业务，对市场中存在的各种资源进行深入挖掘，借力发展。目前来看，平台融合已经成为当下媒体融合发展的关键战略。

第一节 平台不断升级

媒体平台经过了野蛮成长的初级发展阶段，正在不断向纵深升级，形成了融合发展的一种新现象、新方向。

1. 平台融合的概念

在我国,平台发展的不同阶段出现了不同形态的平台类型。有学者将我国媒体平台进行了分类,主要包括生态级媒体平台、内容类平台、渠道型平台、服务型平台和管理类平台。其中,生态级的媒体平台是一种综合型的媒体平台,融合了内容类平台、渠道型平台、服务型平台和管理类平台;它是一种基于互联网的连接与开放所造就的新型媒体传播形态,也是媒体平台融合的下一步发展方向。

所谓平台融合,就是要将由不同用户入口形成的用户平台有效地连接起来。也就是说,将不同的用户数据库有效地打通,形成一个更大的、普遍联系的平台。[①]

在生态级的媒体平台中,用户、媒体、第三方以及它们之间产生的相互联系和影响,共同形成了一整套生态系统,激发了一个平台型媒体的发展模式。"平台型媒体"这个概念,由美国人乔纳森·格里克在《平台型媒体的崛起》一文中首次提出。经过不断的总结与概括,学界认为,平台型媒体是指既拥有媒体的专业编辑权威性,又拥有面向用户平台所特有开放性的数字内容实体。简言之,这种平台性的媒介不是单靠自己的力量做内容和传播,而是打造一个良性的平台,平台上有各种规则、服务和平衡的力量,并且向所有的内容提供者、服务提供者开放,无论是大机构还是个人,其各自的独到价值都能够在上面尽情地发挥。[②]

平台型媒体营造了一个具有内部循环功能的传播"生态圈",

[①] 人民日报社:融合坐标——中国媒体融合发展年度报告(2015)[M].人民日报出版社,2016.

[②] 喻国明,焦建,张鑫,弋利佳,梁霄:从传媒"渠道失灵"的破局到"平台型媒体"的建构——兼论传统媒体转型的路径与关键[J].北方传媒研究,2017(4).

但它同时又是一个半开放的、与社会紧密相连的组织结构,充分地利用着这个社会的各种资源。用户在媒体平台上的活动已经不仅仅局限于信息的获取,可以与生活的各个维度相连,解决一系列的生活需求,同时也可以在平台上贡献力量,成为这个平台的一部分。在这个过程中,用户发现自己是整个生态圈的主角,并促成着这个生态圈的不断发展与升级。媒体也不仅仅是内容的生产和分发者,更是一种组织协调、统筹安排生态圈功能化发展的角色。利用多技术手段,媒体增强生态圈的用户黏性,吸引第三方与用户的直接对接与沟通,创造了多元的社会价值。

比如浙江日报报业集团建构了以用户为核心,集新闻报道、数字娱乐、智慧服务为一体的"枢纽型媒体平台",成为平台型媒体的一个经典案例。浙报集团为用户提供多样服务,对用户的使用轨迹进行大数据分析,以期充分地了解用户,调动集团各平台的资源,满足用户的多种需求。在这个平台型媒体集群中,大数据和云计算等新媒体技术成为协调各个平台、各个环节之间的关键要素,也是能够保证整个生态系统有机运转的重要环节。整个生态系统在尽量以最便捷的方式,全方位地满足用户需求。

2. 平台融合的特征

(1)"新闻众筹"时代到来,聚合功能超过原创内容

互联网中的海量信息对专业新闻机构提出了严峻的挑战。一方面,在人力、资源、时间等有限的情况下,如何能够最大化地进行新闻生产,困扰了很多媒体人。媒体纷纷开始进行平台搭建、平台连接,推进平台之间的相互融合,将平台上的信息进行整合。

另一方面,随着内容聚合平台的兴起,新兴的互联网平台对传统的、专业的新闻生产带来了冲击。有的内容聚合平台本身不以生产原创内容为主要功能,而是通过一系列的精准算法和新技术

应用,将专业组织、个人用户的内容生产汇集在一起,然后再进行相应的分类与推送。因此,"新闻众筹"时代已经到来。

目前,在这方面做得比较突出的是一些聚合类新闻网站。它们利用"内容红利",逐渐地与用户建立起某种联系,形成一个信息流通的网络,并具有一些鲜明的共同特点。首先,网站没有独立的新闻采编权,信息来源受到很大限制,将门户网站、传统媒体、自媒体的信息内容进行转载和聚合发布是其做大内容的重要方法。其次,具有少量编辑人员,负责对文章内容进行简单的编辑、审核、发布。再次,与其他网站的合作主要基于购买版权和流量合作。之间具有一些灰色地带,网站面临侵权之扰。最后,用户与信息之间的关系是一种主动与被动相结合的状态。主动的信息状态是指用户通过信息订阅功能,主动挑选自己感兴趣的话题和内容进行订阅;被动的信息状态是指聚合类网站会根据用户既往的阅读习惯和浏览内容,进行有针对性的推送。

凭借对信息平台的创新,今日头条客户端逐渐形成了一种成熟的信息聚合模式。有人对今日头条的评价为"不做新闻生产者,只做新闻搬运工"。首先,今日头条享受着来自多方的"内容红利",将传统媒体和自媒体的内容进行聚合,在平台上进行呈现。共同合作的媒体主要包括中央/地方媒体、门户网站、行业网站、自媒体平台等,内容上基本囊括了政治、军事、文化、财经、科技、生活、游戏等多个领域。其次,开创了"头条号"这种新的内容生产模式,激励媒体、政府和个人通过这个平台进行信息生产和发布。一方面是为自己创造一个完整多样的内容生态,推动海量信息的生产和消费;另一方面是帮助媒体、政府、机构、个人在移动端创建属于自己的"信息领地",扩大影响力和曝光度。再次,今日头条放弃了直接进行内容生产的功能,而是为用户提供一种内容输出、内容获取的渠道和平台,成为一种半开放式的信息循环流动模式。正因为如此,今日头条的团队中没有内容生产者,只有少量的编辑,大部分都是产品技术人员。最后,就如今日头条创办者张一鸣所说,目前信息整合的趋势属于一种"机器学习"方式,即通过大数据计算对用户的检索过程进行观察、记忆、理解三个方面的处理。用户对某一条信息的浏览时间、对内容的评论、对某类主题的关注频率,都可以在大数据海洋中留下印记,有助于平台了解分析用户的使用习惯,根据用户画像推送或调整信息的推送。

(2)内容+服务+产品,平台融合深入发展的雏形

传统媒体面对新兴媒体的崛起,开始进行内容、渠道等方面的融合。但这种融合并不仅限于传统媒体。很多新兴媒体、具有媒体属性的互联网企业等也都在不断进行扩大、兼并、融合。那么,这些媒体到底为什么要不断地推进媒体融合呢?

随着互联网的深入发展,移动端成为人们进入互联网的主要接入口,用户对传播内容和传播形式也有了更多的需求,单一平台已经不再能满足用户多元化的媒体使用需求。媒体必须通过转型或者融合,打破以往单一的媒介属性和特点,通过平台之间的融合,为用户提供更加丰富、多样的信息内容、产品和服务,将内容、产品和服务融于一身,以此在人们生活中扮演更加重要的角色,发挥更加充分的作用。

媒体平台融合发展从内容领域向产品领域、服务领域扩展,不单纯意味着内容产品化、服务产品化,而是代表着媒体未来的发展,将会以这三个元素为核心发展动力,统筹业务范畴,培育一种新型的融合发展模式。

作为平台"倒融合"的经典案例,阿里巴巴创立初期是一家互联网公司,最先开始提供的是一种服务平台。它为中小企业提供

了一个公平的竞争环境,也为消费者提供了一个便捷的购物平台。随着公司业务的不断发展壮大,业务上的需求逐渐增多,阿里巴巴开始向媒体领域、金融领域、医疗领域、影视业等方面进军。如此多样、庞大的业务体系,互相之间的业务开始出现交叉。在发展的过程中发现,业务之间的融合也可以为不同的主营业务或核心业务的效益提供帮助。比如,阿里巴巴的金融平台与媒体平台融合后,可以同时为用户提供政策、财经等方面的即时信息、重要分析文章。阿里巴巴金融平台的属性功能更加丰富,已经不仅仅是一个单纯的用户理财交易平台。它融合了内容、服务和产品多个不同的领域。这种一站式的、强相关的平台融合发展模式,为用户提供了更加多元、便捷的解决方案,尽可能地满足用户的多重需求。

比如,福建日报报业集团的平台发展融合了传统媒体的内容优势和本地服务的特殊资源。旗下的《海峡都市报》创办海都公众U我平台,凭借福建日报报业集团的公信力、权威性,以及本身在省内的广泛影响和号召力,深耕用户资源和线下社区服务能力,拥有网站、户外广告屏、手机移动APP等传播平台,跨界整合生活服务行业,为当地市民提供线上线下的本地服务,涉及家政保洁、商品定制等多项业务。海都公众U我平台的融合模式,反映出地方主流媒体具有很多不可替代的核心优势,将其整合利用后可以对人们的生活产生巨大的影响。这种模式本身也具有很大的推广潜力,已经在全国多个省、区、市进行了普及,取得了不错的反响,成为人们生活的好助手。

(3) 注重以用户为中心,连接各个平台功能

无论到什么时候,用户都是媒体发展的核心要素。平台融合的侧重点和实现方式可能各有不同,但各类媒体在发展过程中不变的宗旨都是以用户思维来面对各种问题。传统媒体的单一价值

取向在移动互联时代被彻底推翻，主要原因之一是因为需要最大可能地满足用户需求，才能赢得用户的关注。在融合功能化平台时，媒体在体现其用户核心价值取向的同时，一方面满足用户既有的需求，另一方面也激发与培养用户潜在的需要。

媒体各类平台的增多，为用户提供了更多可能的选择机会，争夺用户成为媒体发展的大战略。如何能够把握住用户的注意力，赢得可持续的经济动力，需要对用户的特质、思维模式和行动逻辑具有精准的认知。大数据时代的到来，为媒体对用户的精确了解提供了可能，也提出了更高的要求。众多媒体平台正在通过大数据、云计算等方式构建用户画像。所谓用户画像，是指一种对用户个人情况和媒体使用轨迹等用户信息的标签化、抽象化。它通过大量的网络数据分析，得到用户的姓名、性别、地域、个人偏好等信息，是一个在传播中化整为零的过程。之后对具有一定特征的人群进行归类、抽象化，通过一定规律将人物画像和相关数据进行组合，得到清晰准确的用户特征。这种用户画像的生成可以帮助媒体不同平台之间根据用户特征进行平台融合，有效利用用户需求，找到目标用户重合点，整合统筹，提高融合的效率和成功率，避免在平台融合过程中出现功能断裂，最终达到精准传播的目的。

如果在平台融合过程中对用户情况把握失准或没有正视用户需求，可能会导致融合的失败。谷歌尝试推出的社交平台Google Buzz就是一个典型例子。Google Buzz是Google为进军社交领域而开发的社交和通信工具，与自身的邮件服务Gmail相关联。通过Buzz，用户可以分享照片、视频、链接等，这些信息内容会出现在Gmail的界面中，与Gmail共同组成了一种社交生态，搭建一种基于Gmail用户的社交关系平台。Google的谢尔盖·布林表示，借助Buzz人们可以在工作和休闲之间创建桥梁、拉近距离。

但这个社交平台与 Gmail 的融合并没有成功。Buzz 被设计为一款依附 Gmail 的产品,Buzz 用户必须拥有 Gmail 邮箱。对于用户来说,这种使用方式太过局限,不具有开放性。谷歌允许 Gmail 用户查找、关注最常用联系人的状态更新以及相关分享,这超过了关注好友的范畴,引发了用户对个人隐私泄露的担心。

Buzz 在产品测试阶段就欠缺科学性,没有为产品推出做好准备。Buzz 据称曾经做过近两万人的大范围产品测试,大多数人对这款产品的好用度表示赞同,但产品真正问世时,却发现并没有得到实际用户的认可。原因竟然是 Buzz 的测试产品仅仅局限在谷歌员工中进行,样本存在很大的偏差。面对 Facebook、Twitter 等社交媒体带来的强大压力,Google 盲目地开创社交平台,但却缺乏对用户需求的准确把握,束缚了自身的发展,也牺牲了一个也许很有发展前景的项目。

以用户为中心,一方面强调以用户需求为导向,另一方面也强调正确地分析用户的使用行为和需求特征。只有兼顾这两个方面,协同推进,才能带来平台融合的成功。

第二节 主流媒体根基庞大兼容强大焕发生机

1. 主流媒体的平台优势

(1) 拥有平台种类多,内容产品专业性强

通过近几年的平台建设,主流媒体已经逐渐形成了比较成熟的平台架构,在平台的统合、协调能力上也具备了一定条件。目前,主流媒体重点建设覆盖面广泛、影响力大的移动媒体平台,在打通自有平台和社交平台的同时,体现了重构互联网时代用户连

接的特点。微博、微信、客户端、网站等多样化的媒体平台成为主流媒体的标配。通过平台之间的连接和重构融合，主流媒体利用不同平台的特点，积极推动内容与平台属性的匹配，科学提高信息的高效分发模式，增强了传播的针对性，实现用户个性化信息的接收，加固了用户与平台之间的黏性。

以人民日报社为例，共拥有29种社属报刊、31家网站、111个微博机构账号、110个微信公众号及20个手机客户端，涵盖报纸、杂志、网站、电视、广播、电子屏、手机报、微博、微信、客户端等10多种载体、400多个终端载体，形成了全媒体形态的"人民日报媒体方阵"，覆盖总用户超过8.2亿人。在单一平台内，还包含了不同具体的功能平台，如人民日报客户端推出"问政"平台、政务发布平台、公益服务平台。另外，还有平台与平台之间的贯通，比如人民网"地方领导留言板"和客户端"问政"板块之间建立起通路。

中央电视台加快建设"央视新闻移动网"，融合"记者信号回传平台""用户上传平台"、机构入驻矩阵号，对电视与新媒体等平台进行一体生产、资源共享、高效分发，推出央视新闻、央视影音、CCTV微视等一系列移动客户端产品平台，加速央视新闻向多样整合的平台级媒体进化。上海台、湖南台、浙江台、江苏台、安徽台等省级电视台也在融合各类客户端、微博、微信等平台，形成了频率频道、栏目、节目、主持人等多层次微博、微信账号，向规模化态势发展。根据相关统计，中央人民广播电台频率、节目、主持人等微博、微信账号已经超过700个。中央电视台建成包含23个移动客户端、263个官方微博账号、204个微信公众账号的品牌平台集群，形成全方位、多层次、多声部的主流舆论平台矩阵。中国国际广播电台共开设了微博账号52个、微信账号67个、境外社交媒体账号108个,共计227个。

主流媒体发挥自身优势,凭借着一支能力过硬、水平一流的新闻采编团队,报道有品质的新闻,发布高质量、具有深度的内容产品,体现了平台上内容产品极强的专业性。广电移动平台利用专业的优势和资源,推出权威、丰富的内容产品。如中央人民广播电台旗下"中国广播"客户端,集成17套频率的节目和部分地方电台节目,共计10万小时、22万条,发布到100多家不同的主流应用平台。上海台移动客户端"阿基米德"具有7000余档广播节目的直播收听、24小时回播等功能。中央电视台重点打造"央视影音"交互超级视频客户端平台,将"央视悦动"等互动平台融入其中,集纳了海量视频资源,策划了大量原创精品作品,直播具有高清品质的内容产品,增强互动体验,充分展现出了中央级平台的优质内容品质和融合特点。

(2) 具有强大的用户基础,涵盖传统媒体和新兴媒体

由于中国媒体发展的历史原因,主流媒体具有很多先天的优势与资源。虽然随着互联网的发展,新兴媒体赢得了越来越多的关注,在一定程度上转移了用户的部分注意力,但早先的垄断地位让传统主流媒体仍然具有发行优势和广大的用户基础。加上近两年来,主流媒体对不同平台的扩张和融合,可以轻松地生产出大量"10万+"的内容产品,在很大程度上能够满足用户的需求,因而积累了一定的用户规模。

传统媒体在向新兴媒体转型的过程中,仍然具有一定的订阅人群。《2018年新闻出版产业分析报告》显示,在2018年中国大陆共出版报纸达1871种,总印数为337.3亿份,总印张为927.9亿印张,定价总金额为393.5亿元,报纸出版实现营业收入为576.0亿元,利润总额为33.0亿元。

在传统媒体努力留住订阅用户的同时,主流媒体的融媒体实践聚集了庞大的网络用户,抢占了舆论阵地。内容生产的优势从传统媒体延伸到新媒体,造就了许多现象级产品和爆款产品。

比如,人民日报社全媒体平台中央厨房在全国两会期间推出的"傅莹邀请你加入群聊"H5产品,生动再现了新闻发言人答记者问的交互式场景,24小时内点击量超过300万次,形成现象级传播。人民日报微博针对"南海仲裁案"闹剧推出的"中国一点都不能少",创下63.9亿次的阅读纪录,单条阅读量创下超2.6亿次的纪录,成为一款经典爆款产品。

新华社在2015年"12·20深圳山体滑坡"事故报道中应用VR技术拍摄的视频报道当日在"新华社客户端"浏览量达到62万,在推特上的播放量超过6万次。利用全媒体平台推出的《四个全面》说唱动漫,用海内外网民喜闻乐见的方式,阐述"四个全面"战略布局的精神内涵,视频点击量和阅读量超过7300万人次。以微电影形式推出的可视化全媒体产品"红色气质",为建党九十五周年献礼,累计超过2亿人次观看,34家国内电视台进行了转播,成为现象级传播的全媒体产品。

光明日报在移动平台上开办"光明天下眼"公众号,截至2016年2月,"光明天下眼"在今日头条上的总阅读量达4400多万,平均阅读量达23万/篇。其在2016年全国两会报道中,制作的融媒体作品"政协新闻发布会VR实况"不到一小时,在微博、微信上就有了12万次浏览量。

广电系统融媒体产品的传播效果和用户规模也非常引人注目。中央电视台自2016年以来,共制作习近平总书记重要时政活动"V观"微视频240余条,总阅读量超过7.5亿。在G20杭州峰会报道期间，央视新闻新媒体部与央视网共同制作了76条"V观G20"系列微视频，同步推送传播，总阅读量达到2.71亿。截至2016年12月，央视影音客户端累计下载量达5.38亿，央视新闻客户端实际下载量达4214万，央视新闻微博粉丝数达1.2406亿，其中新浪微博达4714.7万、腾讯微博达2602.8万，秒拍达5089.4万，微信订阅数达680.7万。中国国际广播电台在习近平主席访美期间打造"金秋习来"系列"微"直播，移动端到达人数超过1000万。湖南卫视"芒果TV"移动端累计下载量达3.12亿次，湖南卫视新浪微博粉丝量达780万。浙江卫视"中国蓝"移动客户端下载量达772万。安徽卫视微博粉丝量为536万。

(3) 信息管控能力强，贯彻落实法律法规更彻底

主流媒体拥有一支受过职业培训的采编团队，把关人制度为信息传播失范现象套上了缰绳。因此，主流媒体对信息的规范和管控更加专业和有效。信息在主流媒体平台上进行传播更加具有可控性和安全性。

一方面，主流媒体根据国家的政策法规对传播内容的合法合规进行管控。新媒体平台的野蛮生长，带来的直接现象就是传播内容质量的参差不齐，甚至存在一些低俗、暴力、色情、虚假的信息内容，冲击了网络健康安全发展的环境。国家互联网信息办公室印发了《关于进一步加强管理制止虚假新闻的通知》《互联网信息搜索服务管理规定》《移动互联网应用程序信息服务管理规定》《互联网新闻信息服务管理规定》等，逐步加强对网络信息的治理和监管。主流媒体根据相关部门的管理要求，对媒体平台传播内容的监管不断完善，促进了媒体传播秩序的规范有序，尤其是促使新兴媒体的传播内容向规范化方向发展。

脱离了主流媒体对内容的严格、有力管控，一些新兴媒体在信

息管理方面会存在较大漏洞。仅 2016 年第二季度,被全国各级网信部门约谈的违法网站就达 146 家,被警告的违法网站共有 101 家 116 次,被取消网站许可或备案、被关闭的违法网站共 1475 家。2016 年发生的"魏则西事件"也给新兴媒体的内容规范疏忽敲响了警钟。同年 5 月,国家网信办会同国家工商总局、国家卫生计生委成立联合调查组进驻百度公司,对此事件和互联网企业依法经营事项进行调查并依法处理。另外,新浪、网易等门户网站也经常因为发布、传播虚假新闻而被相关部门进行约谈,或受到警告、罚款等行政处罚。

另一方面,主流媒体对新闻采编流程进行严格的审核和把关,具备规范性的管理资质。专业媒体对信息的采集、编辑、传播等各个流程都具有规范的操作办法。比如,在信源的核实上就非常谨慎,联系当事人对事件进行核实,有必要时会同时寻找两个及以上的信源对事件内容的客观性、真实性进行多次证实。另外,在与新兴媒体融合的过程中,传统媒体的平台数量急速增加,微博、微信、客户端等平台上的信息内容也需要经过严格的把关和审核。主流媒体的相关负责人作为这些平台的上级管理者,对平台内容进行统一管理和规范。针对新兴媒体快速发展中遇到的一些问题,很多主流媒体都建立了相应的、新的、符合媒体发展规律的稿件审核办法和管理规范,对各平台上的报道内容,尤其是重大突发事件等敏感信息内容实行严格把关,对记者、编辑的采编做出具体详细的要求,具有强烈的约束作用。主流媒体专业采编人员的自律意识,也要高于其他非职业的信息提供者,或高于具有媒体属性的新媒体平台上的相关从业者。专业采编人员在内容报道上坚持积极向上的格调品位,抵制内容过度低俗化、过度娱乐化,能够有效防止报道有宣扬拜金主义和崇尚奢华等倾向。

2. 主流媒体的平台挑战

（1）缺乏多平台统筹意识，信息聚合能力弱

主流媒体一直以权威、专业的内容生产见长，但运行模式多是自产自销的思路，与今日头条、ZAKER等信息聚合平台的模式存在本质上的区别。由于人力、资源等方面的限制，在互联网中海量信息的对比下，主流媒体平台上的内容量级较小，显出匮乏的现象，甚至很多时候会被用户忽略，只有在发生重大突发事件时，才会成为人们关注的焦点。

信息聚合能力的不足，改变了主流媒体在整个传播格局中的主导地位。传播权力的转移，一方面表现为主流媒体的平台话语权减弱。信息聚合类媒体凭借海量内容，更加能够获得用户的关注，在影响力上呈现出增长的趋势，有逐渐超过主流媒体的苗头。另一方面表现为主流媒体的信息把关人地位和议程设置者地位岌岌可危。社交媒体在向新闻进军的同时，获得了对大量信息进行筛选、推送的能力和权力，成为互联网时代中新的信息把关人。它们对用户的信息接触进行控制，在设定议题方面具有明显优势，成为新的传播格局中的决定性力量，颠覆了传统主流媒体与网络新兴媒体的关系和权力对比，重塑了互联网生态。

美国很多主流媒体，如《纽约时报》在聚合信息能力上与社交媒体相比也有很大差距。为了赢得用户关注，它们比较常见的做法是与脸谱、推特等社交媒体进行合作，将自身的内容植入主页或者推荐链接，取得更好的发布效果。但有学者指出，从长远看，当越来越多的用户从社交平台获取新闻，不再关注新闻内容的来源时，传统媒体可能会由于高度依赖社交媒体而失去对内容的主导权，逐渐丧失其长期建立起来的品牌效应，从而被彻底边缘化。[1]

---

[1] 史安斌，王沛楠:传播权力的转移与互联网公共领域的"再封建化"——脸谱网进军新闻业的思考[J].新闻记者，2017(1).

在移动互联时代,信息聚合和推送中一个非常关键的理论是长尾效应。海量的信息除了可以进行专业化、分组化的信息查找和信息推送以外,还可以为一些小众信息和小众需求提供服务。聚合类新闻网站就可以利用长尾理论为用户提供所需的信息,而它的成本非常低,甚至可以忽略不计。这主要包含两个方面,一方面是小众的兴趣领域,比如"90后""00后"关注的动漫、cosplay等领域的信息。bilibili网站(又称B站)是国内最大的年轻人潮流文化社区,上面聚集了大量番剧、国创、鬼畜等相关内容的信息。这些原本不受重视的内容在互联网上得到传播,成为一块非常大的信息消费领域。传统媒体在进行平台融合时,这些都是应该予以充分重视和考虑的。另一方面是在一个热点事件发生中或发生后,一些与事件本身关联性不大,但也具有一定价值的小众信息。比如,轰动全国的北京市朝阳区红黄蓝新天地幼儿园"虐童事件"。事件主题是孩子在园内受到侵害,家长进行举报,警方立案侦查等相关问题。主流媒体主要围绕这些内容进行采访与报道,一些网络媒体制作了教导家长如何帮助孩子防止侵犯的长图,梳理幼师职业道德规范等信息内容,而这些内容虽然关注热度没有事件本身那么高,但也吸引了很多用户的注意力。这种信息整合的方式丰富了报道内容,突破了传统报道的思想束缚,用户在关注事件本身时,也可以了解相关内容。由此看出,主流媒体在利用不同平台、发挥平台各自特点专长、对信息进行全方位挖掘和报道等方面,还处于一种劣势地位。

(2)仍以提供内容产品为主,平台功能过于单一

主流媒体虽然已经建构了多样平台,平台之间也有了一定的融合趋势,但整体上看,主流媒体平台的属性和功能比较单一,仍然以提供内容产品为主。这主要是受传统媒体的发展历史和生产

惯性影响。

长期以来,主流媒体一直以为用户提供内容服务为主要职责,其专业性和权威性难以被取代,但服务性和贴近性不够。尽管主流媒体纷纷进行微博、微信、客户端等新媒体平台建设,呈现出种类多、样式新等特点,但由于运行惯性,主流媒体的平台功能发展缺乏多样性,在服务等功能属性上还有一些欠缺。

随着互联网对人们生活影响的加深,人们对互联网的期待和需求已经与生活形成了密切的联系,涉及生活的方方面面。尤其是国家关于积极推进"互联网+"行动政策性方针的出台,正式拉开了"互联网+"战略的序幕。在十二届全国人大三次会议上,李克强总理做政府工作报告时,首次提出了"互联网+"的行动计划,强调要"制定'互联网+'行动计划,推动移动互联网、云计算、大数据、物联网等与现代制造业结合,促进电子商务、工业互联网和互联网金融(ITFIN)健康发展,引导互联网企业拓展国际市场"。2015年7月4日,国务院印发《关于积极推进"互联网+"行动的指导意见》,对"互联网+"的实行办法提出了具体指导。

面对"互联网+"行动计划的推行,主流媒体积极进行相应的功能布局,利用互联网渠道,尝试丰富其功能属性,但仍仅仅局限在简单的政务服务等功能。与商业媒体的互联网+金融、互联网+医疗、互联网+教育、互联网+农业等多轮驱动相比,还需要进行更加广泛、深入的拓展。借助"互联网+"的驱动,主流媒体应充分利用自身资源优势,激发平台活力,创新平台建设观念,突破平台简单融合、内容固化等局限,将平台、技术与传统行业相结合,为用户提供新的服务和产品,充分利用媒体价值、品牌价值,找到一种或多种适合媒体平台发展的业务种类,进而创造出新的社会价值和经济价值。

(3) 受体制机制限制,平台打通缺乏活力

近年来,传统媒体为了适应新媒体和舆论环境变化,纷纷采用新的传播形式与手段进行新闻报道。然而,由于新闻采编机制体制各有不同,新老媒体出现了"两张皮"的问题。传统媒体的新闻运作机制和经营管理模式以不同平台为分界,不同业务之间很少有交集,各自为政的现象明显。加上不同平台的属性不同、级别不同、绩效考核方式不同等,很难进行统一指挥协调,成为现在制约传统媒体与新兴媒体进行平台融合的瓶颈之一。

网络商业媒体的运作机制更加映衬出传统媒体面对新媒体平台发展时用人机制、考核标准不够灵活,制约了传统媒体人的积极性,抑制了生产力和创造力的提升。以报纸为例,记者的考核标准以稳定的版面稿件和绩效为基准,岗位晋升论资排辈,使得在工作环境中讲求平稳成为一种潜在规则。这样的工作缺乏竞争性,尤其对年轻的编辑记者来说,也就缺乏对新兴媒体和内容生产创新的激情和动力。

以人民日报社为代表的一批中央主流媒体,正在加速推进中央厨房建设,力图打破这种困境,取得了阶段性成效。中央厨房是新闻生产的大脑和神经中枢,打破了旧有体制机制的藩篱,融通采编发环节,促使传统媒体更加有效地统合新媒体,确保资源的有效流通与共享,推动形成从以报纸为中心转向报纸与新媒体并重的全媒体生产机制。

2017年的全国两会报道,人民日报中央厨房首次常规化运行,打破体制瓶颈,拆除部门藩篱,再造采编流程,重新配置资源,实现了三个"一体"。一是策划部署一体统筹。每天召开采前会,协调重大采访,研究新闻热点,组织采编协作,分析传播效果。二是采编力量一体指挥。"人民媒体"上会记者人数达160人,为历

年之最。首次成立采访统筹组,每天下午召开调度会,联席商量选题,三端一体发力,协作组织生产,出色完成了"总书记下团组""部长通道""开幕式开放日"等相关报道;首次成立"两会报道摄影组",一体调度社内各媒体摄影力量。三是传统媒体和新媒体一体发力。人民日报要闻版和特刊的重头稿件、独家议题、特色策划在新媒体上得到了充分展示,新媒体优秀产品也大量"倒灌"报纸,扩大了传播覆盖面。

第三节 用户"反哺"媒体,重度的用户依赖

1. 建设平台生态圈,实现有机化协同发展

主流媒体推动平台发展,从单一平台向多平台进行了融合转型,即从纸质媒体、电视、广播等单一平台,逐渐融合微信、微博、客户端等移动平台、电脑PC端平台,实现了平台介质融合,完成了初期的发展阶段。目前的平台融合阶段正处于各平台上内容、功能等方面的协调整合,向建成一个有机化协同发展的平台生态圈方向发展。

移动技术的出现,使得媒体的属性更加复杂,功能也更加多样。确保平台之间的协同发展,取得了有效的传播效果,显得愈发关键。实践表明,要想取得一种顺畅协调的发展模式,必须建构一个符合媒体发展逻辑的平台生态圈。建设平台生态圈,从广义上来说,就是要搭建一个综合性的媒体平台网络。这个平台网络涉及媒体的内容、技术、资金、人才、广告等各个方面,可以满足用户多方面、多层次的功能需求。

构建有机媒体生态圈,一方面是为了弥补和纠正媒介认知上的偏倚和不平衡。"由于不同的媒介在物质和符号形态以及随之

而来的理性或知识、感性、时间、空间、政治、社会、哲学思辨和内容偏倚上的种种不同,所以不同的媒介具有不同的认知论的偏倚。"① 不同种类的媒介平台需要互相补充、互相支持,共同营造一种可以使不同认知、不同功能并存,形成良性循环的媒介生态环境。

另一方面,媒体平台生态圈的构建是为了使不同平台上的功能可以协调发挥作用。过去主流媒体的平台功能建设以传递信息为主,在移动互联大背景下,用户对媒体发挥的作用产生了更多期待。主流媒体应该利用移动技术,分析传播特点,科学进行平台布局,激活、匹配和实现生态型媒体平台资源配置和功能整合,逐渐从过去的社会生活旁观者,转变成为社会生产和商业运作的直接参与者。

湖北广电集团在建设区域性生态级媒体平台上形成了一些经验。湖北广电集团适应新兴媒体发展,利用移动传播技术与特点,致力打造一个立足湖北省、辐射长江经济带的区域性媒体平台。在此基础上,湖北广电集团进一步明确了其媒体平台构建的路径,即以"长江云"新媒体云平台为起点,通过智慧政务服务吸引海量用户,通过多样化的城市O2O服务提升用户黏性,逐渐形成"媒体云-政务云-商务云-产业云-区域云"的生态圈。②

平台生态圈由媒体以及用户等方面共同组成,在促进其有机化发展时,忽视任何一方的意义和功能,都会带来严重的负面影响,尤其是用户在其中的作用。用户的参与和反馈激发了媒体生态圈的活力,犹如向一潭池水中投入了石子,激起波光涟涟,顿时

---

① 林文刚:媒介环境学在北美之学术起源简史[J].中国传媒报告(香港),2003(2).
② 人民日报社:融合平台——中国媒体融合发展年度报告(2016—2017)[M].人民日报出版社,2017.

充满了生气。完善用户入口、搭建用户数据库、增强用户服务是提高平台融合效果的重要保障。

2. 大数据、云计算完善移动互联，平台进入算法时代

随着大数据技术、云计算的出现和逐渐走向成熟，媒体利用海量数据对用户的使用行为进行分布式的挖掘和处理分析成为可能。大数据技术的意义不仅在于对大量相关数据的掌握，获得即时新闻热点、预测事件走向、提供内容生产的相关资料，而且在于对大量数据的专业化处理，提高对大数据的加工能力，激发数据的深层价值，突出算法的重要性。

大数据技术在媒体等领域的实践与云计算技术密切相关。云计算是一种基于互联网虚拟化的资源服务模式，为用户提供资料搜索、计算技术、数据分析等重要支持。云计算的功能保证了用户在互联网中输入简单指令就可得到大量的数据信息，满足了互联网平台利用用户搜索结果等网络使用路径，对用户的使用行为和特征进行规模化分析。

用户的每一次使用行为都在网络上留下了痕迹，互联网中大量数据的获取和分析成为平台融合过程中，对用户进行精准定位的关键技术。将这些网络痕迹聚集起来，进行数据化处理，可以得到大量关键的传播内容。媒体为了更好地通过分析用户使用行为，进而进行信息生产和分发，提升用户媒体使用效果，纷纷尝试开发、应用大数据技术。

另外，通过大数据分析技术，媒体可以为用户筛选重要的、符合用户需求和品位的新闻报道，过滤掉冗繁、无效的信息内容，提高人们获得适配信息的可能性，增加用户对平台使用的体验感。尤其是在传统媒体等专业新闻机构逐渐向网络平台转型融合后，互联网成为媒体争夺的主要阵地。以传播者为核心的传播理念已经逐渐被媒体发展的潮流所淘汰,用户成为传播过程的中心。如何满足用户的使用需求、使用习惯,提供个性化的信息服务,用精准的推送方式来提高信息传播效率,成为很多媒体的关注焦点,也是主流媒体进行平台融合后下一步的发展方向。

中央电视台中文国际频道创造性地打造了国内首档融媒体新闻评论节目"中国舆论场"。由技术部门提供全媒体演播室服务,节目直播过程中,引入"在线观众席",实现了大屏小屏的同频共振。同时,由央视网运用大数据舆情分析系统,对互联网海量数据进行抓取分析,推出"中国舆论场指数"。19期节目收视率破1%,互动总人次达9000多万,被誉为"在融媒体时代开启了电视新闻评论的全新模式"。

大数据、云计算等新媒体技术的发展,开启了算法时代的到来。面对移动传播的迅速发展,传播模式、媒介载体都发生了多重实质性的变化。移动端的特点之一就是其显示屏幕相比PC端、纸质媒体等平台载体更小,这使得用户逐渐减少了对信息的主动搜寻,更多的是以接收各类新闻客户端推送的方式来被动获取信息。在这样的背景下,各类媒体对信息进行精准推送就显得更重要,这可以直接提升信息的到达率和点击率。

类似今日头条、一点资讯等聚合类新闻平台在这方面的做法具有参考借鉴价值。今日头条借助网络爬虫技术对传统媒体生产的内容、自媒体内容和其他有价值的信息进行全面抓取,将大量网络资源聚集到平台之上,通过大数据手段对用户之前的信息浏览行为进行分析后,利用机器算法对信息进行精准分发。这种精准地将内容与潜在用户进行匹配的做法,可以加固粉丝与平台之间的关联,使得算法推送越来越精准。今日头条的新闻生产主体已经是机器算法,取代了一般传统主流媒体中记者、编辑的地位。资料显示,在今日头条的团队中,编辑的人数很少,但有约1500名工程师,其中过半数工程师专门进行算法程序设计和用户相关资料分析。目前,这种利用算法对新闻信息进行推送的模式取得了一定的效果。

3. 探索新的盈利模式,实现用户价值变现

移动技术的出现为媒体发展提供了新的模式和重要支持。平台融合后,用户地位得到了重新审视,逐渐从信息传递过程中的被动接收者,转变为对信息进行主动搜寻的、具有平等地位的参与者。现在,用户已经超越传播者的媒体地位,成为整个融合平台传播生态的中心。

移动传播给予用户更加个性化的选择需求,同时也可以更好地满足用户的多元化期待,让用户成为传播过程中不可或缺的参与者。这种对用户的重视程度,以及信息、服务获取的便利性,让媒体和用户之间产生了强烈的黏性。正是这种黏性关系让用户价值变现成为可能。

传统媒体与新兴媒体之间的平台融合虽然取得了很大的进展,但是到目前为止,平台的盈利模式还是以广告和订阅为主。移动技术下的新闻客户端也没有脱离以广告为主的盈利模式,仍然采用二次售卖的逻辑,即以免费的形式为人们提供新闻内容,吸引人们的注意,将获取的流量和影响力售卖给广告主。一些新闻客户端会通过加载广告、推送焦点头条、介入从客户端启动到进入主页的中间时间段、策划视频广告等方式在移动平台上投放广告。经过一段时间的发展来看,以上这些投放广告的方式和盈利模式,很难维持媒体的正常运行。从近几年来传统媒体的倒闭潮,就可以一窥究竟。

今日头条的创始人张一鸣对移动聚合终端的用户价值变现提

出了"流量-粉丝-付费用户"的概念。用户的内容发布会直接产生流量,其中潜藏着一些对作者价值观、内容发布具有比较强烈认同感的粉丝,这些粉丝将有可能成为付费的订阅者。"我们认为这是最直接的,不需要通过广告主,是粉丝对作者的直接认可,虽然从流量到粉丝再到付费,用户的数量依次递减,但付费用户才是内容变现环节中最有价值的部分。"张一鸣说。

但要想在短时间内通过下载收费和付费阅读来调整盈利模式,仍然存在一定困难。很多媒体开始转换思路,既然向用户售卖新闻信息获取利润具有难度,就干脆采用与第三方合作的方式,通过一定的需求对接,将用户价值变现。

移动平台在这一点上具有天然优势。比如,手机已经成为人们生活中几乎每时每刻都不能分开的一部分,与人们的衣食住行都产生了强烈的关联性。移动客户端可以与电子商务平台合作,针对用户需求提供有针对性的服务。《温州都市报》的"掌上温州"客户端设置"本土论坛""行宿查询""吃在温州"等专栏,为用户提供本地的景点信息、餐饮信息、公交车次等内容,将生活消费与资讯相结合,用户可以直接下单订餐或者预订宾馆等。《重庆商报》则与相关汽车售卖商、汽车厂家合作,通过旗下的"掌上车市"客户端为用户提供促销信息、新车展示等内容,帮助有购车意愿的用户了解相关情况,解答疑问,在平台上即可直接进行车辆购买。

第八章 环境剧变,主流媒体如何发展/善于经营的媒体更有影响力

习近平同志在党的十九大报告中指出,要"高度重视传播手段建设和创新,提高新闻舆论传播力、引导力、影响力、公信力"。在移动互联网大环境下,随着传播形态的改变,新闻逐渐"产品化"、受众逐渐"用户化",竞争已经成为时代的关键词。主流媒体面临来自新兴媒体的竞争压力,主流媒体内部竞争也逐渐加剧。在全面深化改革的背景下,在市场对于资源分配起决定性作用的环境中,经营对于媒体的重要性凸显,它直接决定了媒体"传播力、引导力、影响力、公信力"的"经济基础"。

第一节 经营融合,主流媒体生存发展的重要一环

在传统媒体时代,不论是报纸、广播还是电视,主流媒体都拥有着传播渠道上的控制权,媒体经营模式也相对固定。随着媒体领域市场化不断深入,很多传统媒体尚未完成转型,已经面临生存危机,经营融合成为解决当前问题的一大有效途径。那么,究竟什么是主流媒体的经营融合?

1. 经营融合与管理融合的区别

在媒体融合发展语境中,"经营""管理"是经常连在一起使用

的概念，很少有人细分两者的区别，并认为这两个词合指一个意思。实际上，二者并不一样，在界定经营融合概念之前，有必要先搞清楚经营融合和管理融合的区别。

经营与管理这一组概念，可以从宏观和微观两个层面来理解。对一个国家和社会的管理是宏观层面的经营与管理，如我们常说的行政管理、公共政策等；对一个具体的市场组织进行经营管理，就是微观层面的经营与管理，这也是我们最常说的经营与管理，即包含管理学所指的各要素的经营与管理行为。

(1) 管理学范畴中经营与管理的区别

在现代管理学中，一般认为，经营与管理都是由计划、组织、指挥、协调、控制等要素构成的经济活动行为，二者意义相近。但是，严格来看，"经营""管理"是不同概念，二者既相互联系又相对独立。

首先，二者具有逻辑上的从属关系。最早提出经营思想的是法国古典管理学家亨利·法约尔。他在1925年出版的《一般管理与工业管理》一书中提出，要经营好企业，不仅要改善生产现场的管理，而且应当注意改善有关企业经营的六个方面的职能，即技术职能、经营职能、财务职能、安全职能、会计职能、管理职能。对于管理职能，法约尔认为有五项基本内容，它们是计划、组织、指挥、协调、控制；而对经营职能，法约尔认为主要是采购、销售和交换。从经营与管理的二者关系来看，管理是保证企业生产和经营活动顺利进行的基本手段，是企业中层和基层的管理人员主要从事的工作。因此，管理具有一定的内向性质，对于企业生产和经营活动来说管理是基础，而经营是企业高层管理人员所要考虑的问题。管理是实现经营目标的手段，它从属于经营。

其次，二者具有内涵上的明显区别。从内容上看，经营是市场功,它包括市场行为、商品经济和资本经营;而管理是内功,主要涉及制度、机制、组织文化等。从产生根源上看,管理是集体劳动的产物,有组织的地方就必须管理;经营是市场经济的产物,与市场活动密切相关,没有市场竞争就没有经营。从功能上看,经营的核心是"变化",企业要围绕市场不断变化;而管理的核心是"制度",管理制度是为适应经营发展的一定阶段而制定的规则体系,必须相对稳定。从解决的问题上看,经营主要解决效益方面的问题,评价一个企业经营好坏的标准就是企业的效益高不高,尤其是经济效益;管理解决的是秩序、效率、纪律问题,评价管理好坏的指标是效率,主要看是否达到了既定目标以及在达到目标过程中资源消耗的多少。

(2) 媒体融合范畴中经营融合与管理融合的区别

2014年8月,在中央全面深化改革领导小组第四次会议上,习近平总书记指出,"推动传统媒体和新兴媒体融合发展,要遵循新闻传播规律和新兴媒体发展规律,强化互联网思维,坚持传统媒体和新兴媒体优势互补、一体发展,坚持先进技术为支撑、内容建设为根本,推动传统媒体和新兴媒体在内容、渠道、平台、经营、管理等方面的深度融合,要着力打造一批形态多样、手段先进、具有竞争力的新型主流媒体,建成几家拥有强大实力和传播力、公信力、影响力的新型媒体集团,形成立体多样、融合发展的现代传播体系。要一手抓融合,一手抓管理,确保融合发展沿着正确方向推进"。

这段话为媒体融合发展指出了方向。从习近平总书记讲话精神出发,结合当前国内媒体行业情况来看,这里指的经营融合与管理融合分处不同层面。即经营融合应该从微观层面进行理解和界定,而管理融合这一概念更应从宏观层面去理解。

媒体经营融合,从微观层面来看,指的是作为微观市场主体的媒体组织的经营行为,且此处的"经营行为"是一个泛指的概念,它既包括媒体的对外经营,也包括媒体的内部管理。而媒体管理融合,从宏观层面来看,指的是国家如何管理好媒体这个行业,如何推动国家整体层面对新兴媒体进行融合管理,如何促使政府相关部门在媒体融合时代更好地管理新兴媒体。

(3) 如何理解管理融合

相比经营融合,管理融合更加注重制度设计。因此,管理融合应该是一个宏观层面的针对媒体融合发展而做出的制度设计,其目的是使媒体融合在发展过程中,不管是传统媒体还是新兴媒体都能正确履行其职责使命。这不仅要求主流媒体进一步增强新媒体环境下的新闻信息生产、传播、服务能力,而且要求其更好地发挥舆论引导功能,更好地满足公众的信息需求;更要求相关部门在实践中坚持融合、发展、管理并进,尝试建立科学有效的媒体管理体制,从新闻本质规律与新媒体特征要素出发,培育良好的舆论环境,有效构建舆论传播新格局。正如习近平总书记所指出的,"融合发展关键在融为一体、合而为一""要推动融合发展,主动借助新媒体传播优势。要抓住时机、把握节奏、讲究策略,从时度效着力,体现时度效要求"。

2. 经营融合的两层含义

界定了管理融合,并厘清经营融合与管理融合在逻辑上的关系和内容上的异同之后,界定经营融合的概念就相对容易了。从前文论述可看出,媒体融合发展范畴中的经营融合,主要是从微观层面来理解"经营"二字的语义。经营融合这一概念所表述的对象,就是市场上的一个个具体的媒体组织。

媒体经营融合,就是媒体融合时代,市场上的媒体组织通过更适应时代要求的运营方式,促进传统媒体与新兴媒体融合发展的行为。主流媒体经营融合,就是指主流媒体通过市场运作方式,促进媒体融合发展的行为。

结合管理学范畴中的经营与管理的内涵,我们可以认为,媒体经营融合有两层含义:一是用经营手段促进融合,二是用融合手段促进经营。

所谓用经营手段促进融合,就是构建适应融合发展的经营体系。它是媒体内部的变革,包括组织变革、新闻生产流程再造等。用融合手段促进经营,就是通过融合化的经营手段推动传统媒体与新兴媒体融合发展,主要针对企业外部,包括变更企业定位、优化竞争战略、变革商业模式等。

3. 经营融合的重要意义

(1) 市场逻辑的内在要求

主流媒体移动转型是由政治逻辑、技术逻辑和市场逻辑三者共同决定的。其中,政治逻辑的基础是主流媒体的意识形态属性及其应承担的职责与使命,应该挺在最前面;技术逻辑决定了现阶段信息、人、财、物之间的特定关联方式,这种关联方式决定了传播形式,进而决定了媒体形态;而市场逻辑则决定了资本等市场资源的集聚方向,决定了媒体企业在市场中的生存与毁灭。如何找到市场逻辑,并利用市场逻辑推进媒体融合发展,是主流媒体经营融合所要解决的问题。

(2) 媒体转型的时代呼唤

在传统媒体时代,主流媒体对传播渠道拥有近乎垄断的控制权。彼时,主流媒体只要坚持正确的导向,并且适时进行技术更新,就可以轻松赢得受众、收获效益。从互联网兴起,尤其是进入移动互联网时代以后,内容生产主体多元化,传播渠道逐渐拓宽,受众需求个性化,主流媒体的控制权被打破,竞争变得异常激烈。懂得经营的媒体更有竞争力,有竞争力才能在市场中生存下去。

(3) 价值追求的有力保障

与管理追求效率不同,经营的价值追求是效益。传统意义上讲,经营追求的效益主要指经济效益,经济效益对于每一个市场组织来说,都是其经营好坏的评价标准,但对于主流媒体来说,如果单纯用经济效益来衡量就过于单薄且易造成辜负职责使命的问题。

主流媒体的价值追求是实现经济效益和社会效益的有机统一,两个效益是相辅相成的。

人们的阅读总是从兴趣开始的,最终往往会追求更加深刻的内容。在市场经济环境中,受众的多少不但决定了媒体的经营效益,更客观反映了媒体的引导力和影响力。注重经营融合,创造经济效益,是主流媒体实现社会效益的有力保障。

第二节 媒体生态环境剧变带来的挑战

从宏观来看,媒体所面临的所有外部环境构成了融合赖以生存的生态系统,这个生态系统就是媒体生态环境。从微观来看,媒体经营融合是对整个媒体生态变化的反应。

对于媒体经营融合来说,其生态环境包括科技、经济、社会、政治等因素。在媒体融合时代,主流媒体要运用移动传播,推动媒体经营融合,首先要评估和分析这些生态环境,然后针对所处生态环境制定应对策略。

1. 理解媒体生态环境的重要性

组织生态环境是战略管理的一个重要概念,分为宏观环境和微观环境。宏观环境主要指组织外部环境,微观环境主要指组织内部环境。从战略管理诞生之日起,对于宏观环境的研究,就是主要课题之一,乃至战略管理有一个学派专门研究环境对组织战略的影响,即"环境学派"。

环境学派的代表人物是迈克尔·哈南(M. T. Hannan)与约翰·弗里曼(J. H. Freeman),他们认为战略管理就是企业通过观察和了解环境,以此保证自己对环境的完全适应。组织必须适应环境,并在适应环境的过程中寻找自己生存和发展的位置。战略管理就是组织对于环境的权变行为。

环境学派将注意力落在组织外部,重点研究组织所处外部环境对战略制定的影响。尽管环境学派将组织管理和领导看成是一种被动行为,将战略看成是组织受环境影响的被动反应,但是,该学派却指出了组织环境对于组织战略的一些重要影响。一是环境作为一种综合力量,是战略形成过程中的重要角色。二是组织必须适应这些力量,否则就会被淘汰。三是领导负责观察和了解环境,并使组织与之相适应。四是组织群集在原来所处独特的生态学意义活动范围内,直到资源变得稀少或条件恶化而最终消亡。

2. 当前主流媒体生态环境及其影响

著名战略管理学家迈克尔·波特曾提出"五力模型",从"供应商的议价能力、购买者的议价能力、新进入者的威胁、替代品的威胁、同业竞争者的竞争程度"来测量环境对组织的影响。"五力模型"相对于媒体经营融合来说,过于具体细致,我们更倾向于借用英国学者格里·约翰逊(G. Johnson)和凯迈·斯科尔斯(K. Scholes)提出的PEST分析法,来分析媒体经营融合的宏观环境影响。

PEST分析法通过政治(Politics)、经济(Economic)、社会

(Society)和技术(Technology)四个方面的因素分析从总体上把握宏观环境,并评价这些因素对企业战略目标和战略制定的影响(图8—1)。

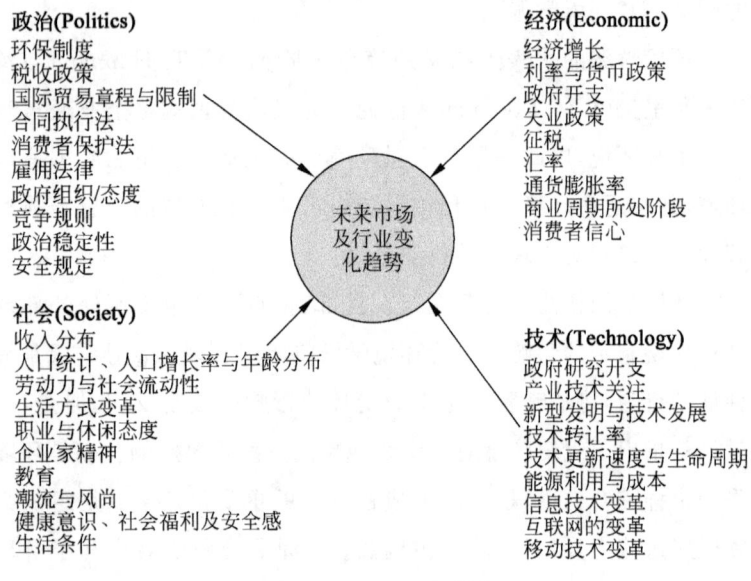

图8—1 PEST分析法

(1) 政治环境

从广义上讲,政治环境包括政策和法律环境,是指那些制约和影响企业的政治要素和法律系统及其运行状态。政治环境包括国家的政治制度、权力结构、政策方针、政治团体活动等因素。法律环境包括国家制定的法律、法规、法令以及国家的执法机构行为等因素。政治和法律因素是保障企业生产经营活动正常进行的基本条件。政府促进主流媒体运用移动传播、推动媒体融合发展的一项重要内容就是为其提供宽松、稳定、有序的政治环境。

从整体上看,我国已经形成主流媒体经营融合的良好环境。2014年8月18日,中央全面深化改革领导小组第四次会议审议通过了《关于推动传统媒体和新兴媒体融合发展的指导意见》,以该《意见》为总领,我国各级政府积极行动,出台多部促进主流媒体移动转型的政策、法规。这些政策也已经形成较为完善的体系。这个政策体系,既包括中央和全国层面的宏观引导,也包括行业和各地的具体规范细则;既为主流媒体运用移动传播、推进媒体融合发展提供了稳定的政策保障,也为其创造了自由宽松的发展空间。

但是,目前政治环境中仍然存在一定的不足。一是政策体系侧重宏观构建,细节规定相对较少。我国已经出台的政策多侧重宏观指导性,而支持、引导、规范移动新媒体发展的专门政策较少。主流媒体移动转型是一个庞大的系统工程,涉及内容、渠道、平台、经营、管理等方方面面,每一个领域的融合都需要出台具体详细的政策。二是政策制定滞后于市场变化。具体表现就是,我国已出台的政策仍存在一定的滞后性,尤其在监管性的规定上,政策制定滞后于形势发展的情况比较严重。例如,《互联网跟帖评论服务管理规定》《互联网论坛社区服务管理规定》《互联网群组信息服务管理规定》《互联网用户公众账号信息服务管理规定》等规定,均是在互联网发展过程中出现了新情况、遇到了新问题后,再针对这些问题作出的规范,这些规范都具有滞后性。

(2) 经济环境

一是当前移动传播领域的宏观经济形势。从整体来看,当前移动传播领域整体规模扩大,但增速放缓。在用户规模方面,随着科技的快速发展,移动互联网得到了极大的推广和普及,如今移动互联网已成为人们日常生活和社交不可或缺的一部分。中国网民规模已突破 8.54 亿,整体规模仍在扩大,但是增长速度相较 2016 年以前明显放缓。在营收规模方面,据数据显示,早在 2016 年中国网络经济营收规模中,PC 网络经济营收规模为 6799.5 亿元,营收贡献率为 46.2%,移动网络经济营收规模为 7907.4 亿元,营收贡献率为 53.8%。① 那时移动互联网的营收已超过 PC 端。随着流量向移动端的转移,移动网络经济将引领网络经济的整体发展。

此外,移动传播领域产业价值凸显,经济贡献率提升。2016 年我国移动互联网信息服务市场总收入已达 13786 亿元,同比增长了 12%,对 GDP 增长贡献约为 1.52%,带动就业岗位 306 万个。② 从整体上看,移动网络经济已经领先于 PC 网络经济的发展,对整体网络经济的营收贡献率进一步提升。

行业深层调整,投资回归理性。过去一年移动互联网被纳入国家信息产业发展网络强国的总体战略,发展与管理并重,法制化、规范化进程加快,随着行业监管的加强和行业竞争的加剧,移动金融、移动 O2O、移动出行、移动直播的行列都在进行深层次调整和结构性改革。

移动海外布局成效显现。2016 年以互联网企业为主的创新主体,依托技术和产品优势驱动市场,推动我国移动互联网生态与海外市场深度融合,持续提升我国在全球的影响力。目前,已有数千家中国互联网公司开发出针对海外市场的移动互联网应用产品,中国智能手机厂商在东南亚、印度、非洲、俄罗斯、巴西等新兴市场占据了一定份额,中国出海的 APP 已经覆盖了除中国大陆地区以外全球近 47% 的安卓用户。

二是经济形势的影响。首先,行业趋于成熟,主流媒体转型时机大好。根据行业生命周期理论(Industry Life Cycle),在现代社会,一般行业的发展主要经历四个发展阶段:幼稚期、成长期、成熟

---

① 中国产业信息网:2017 中国移动网络经济营收规模占比,营收规模及增长走势预测[J]. http://www.chyxx.com/industry/201706/535014.html.
② 李雪昆:国移动互联网发展报告(2017)[J]. 中国新闻出版广电报,2017-7-15.

期、衰退期。从当前形势来看,我国移动互联网领域已经度过幼稚期,虽然仍在缓慢增长,但是已经逐渐由成长期向成熟期过渡,离衰退期还很远。行业成熟期的最大特点是,市场增长率逐渐降低,需求增长相对缓慢,技术上已经成熟,行业特点、行业竞争状况和用户特点逐渐清楚且稳定,买方市场形成,行业整体利润率下降,行业进入壁垒高企。

从市场和用户规模增长情况、市场细分程度、市场成熟度等方面来看,目前我国移动互联网市场正在步入成熟期。成熟期的特点决定了进入移动互联网市场对于资金、技术、政策等方面的要求提高,因此主流媒体移动转型门槛升高。另一方面,由于市场成熟度逐渐上升,市场更加细分,规则更加完善,媒体生态环境更容易把握,主流媒体转型面临的不确定性风险降低。

其次,主流媒体移动转型仍面临诸多挑战。比如,产业发展更需要靠技术创新、应用创新带动,移动产品国际竞争话语权不足、走出去的中国产品缺乏利润优势,移动互联网安全问题日益复杂,市场集中的垄断问题日益突出,自媒体快速发展带来管理问题更加突出等。

(3) 社会环境

社会环境是由企业所处的社会结构、社会风俗和习惯、信仰和价值观念、行为规范、生活方式、文化传统、人口规模与地理分布等因素构成的。这些因素关系到企业确定投资方向、产品改进与革新等重大经营决策问题。

社会是由人构成的,社会环境体现了用户的基本特征。对于主流媒体经营融合来说,了解社会环境,最大的意义在于能够更精准地分析用户特征。

改革开放以来,我国社会发生了翻天覆地的变化。近年来,由于政治、经济、文化等方面的建设不断取得快速进步,社会变化也越来越大,从整体来看,当前我国社会有三个特征。

一是社会结构日益多元。所谓社会结构,就是社会中的群体在社会中的分布状况。改革开放以前,我国社会结构相对单一,通俗的说法是"两个阶级、一个阶层":工人阶级、农民阶级和知识分子阶层。除此之外,没有其他的社会阶层和社会利益群体。如今,我国社会一个明显的特点就是出现了大量新的社会阶层和社会群体,如民营企业家群体、职业经理人群体、科技工作者群体、农民工群体等。不同群体对于媒体的使用习惯迥异,对于新闻信息的需求也各不相同,这就构成了新闻内容多元化的基础。

二是社会需求逐渐提高。近年来,随着经济建设的长足进步,消费型社会逐步建立,人们对于物质文明的追求逐渐得到满足。与此同时,精神追求、政治追求、文化追求等更多元化的需求逐渐被激发。根据马斯洛的需求层次理论,人们没有吃饱穿暖之前,多倾向于物质追求,当温饱问题得到解决、生活质量进一步提升后,更高层次的追求就变成自然而然的需求了。

三是社会状态更加开放。经过改革开放40多年的发展,我国的社会越来越开放。具体体现在两个方面:一是当前社会人口流动规模、频率、范围都空前扩大;二是当前社会信息流动越来越自由,社会变得越来越透明、越来越公开。信息交流的无障碍一方面让我们享受到资讯的便利,另一方面也为社会宣传、舆论引导带来更大的挑战。

(4)技术环境

第一,是技术特点。长期以来,人们一直以为移动互联网仅仅是传统互联网的一个组成部分,是其延伸和补充。在这样的思路之下,移动互联网的媒体形态、商业模式都自然地从互联网中照搬过来。这种保守的思路限制了大部分传统媒体向移动新媒体转型的步伐。事实上,移动互联网有其自身的特性,很多技术特点对于传统互联网甚至具有颠覆性。因此,要进行移动转型,传统媒体必须了解移动互联网的技术特点。

一是自下而上的用户群体。传统互联网的用户群是自上而下的,其最早的用户多是具有互联网知识积累的精英人群,年龄构成也偏向年轻化。而移动互联网脱胎于手机这个更为人熟知的事物,用户门槛更低,不同学历、收入、年龄阶段的用户统统网罗其中,由一种更加自下而上的群体组成。

二是广域泛在性。社交是人类的基本需求,在社会生活的任何一个地方,都有一个双向交流的网络存在,移动互联网的广域泛在特点让随时随地、如影随形的社交成为可能,也让大量即时的业务和通信成为可能。今天几乎每一个新闻事件都可能被马上发到微博等社交媒体上,每一个事件都可以在第一时间传播,这就是广域泛在网络的作用。

三是实时在线。移动互联网的广域泛在性给用户提供了24小时在线的基础,24小时在线又决定了用户信息获取的即时性——随时说、随时听。

四是信息碎片化。传统媒体对于时段要求比较集中。移动互联网时代的用户随时随地携带着智能手机,也可以随时随地使用,大量碎片的闲暇时间变得更为重要。而这种碎片化的阅读时间构成,决定了移动互联网信息的碎片化特点。

五是病毒式传播。传统媒体时代以及互联网 Web1.0 时代的大众传播以一对多的传播形式为主,且多为一次传播。在移动互联网时代,多次传播逐渐成为主流,信息传播充满了"一传十,十传百"的病毒式传播特性。这种传播方式速度高、范围广、影响力大。

六是强制性。通常情况下,我们认为,人对于信息的接收具有控制力,看或不看、听或不听都由自己决定。但实际情况是,人们在接收信息方面经常处于被动状态。在移动互联网环境下人们习惯于随时随地带着手机,并处于联网状态,信息就会处于主动地位,只要铃声一响,我们不由自主地就要看手机。由此可见,在移动互联网环境下人们接收信息具有一定的强制性。

七是身份识别性。与电脑相比,手机和用户的距离更近、接触时间更长,使用痕迹也更加丰富、更加个性化。这意味着智能手机会产生更加精准的用户画像,形成一个准确的身份识别系统。因此,移动互联网时代的信息传播可以更精准、更有指向性。

第二,是技术预测。结合技术发展的逻辑以及移动互联网和计算机技术发展现状与趋势,我们可以大胆预测未来传播技术领域的发展趋势有以下四个方面。

一是人工智能将成为技术基础。人工智能经过算法时代、感知时代逐渐向认知时代过渡。超越了传统的基于规则算法和高级机器学习的人工智能可以创建理解、学习、预测、适应和潜在的自主操作系统。人工智能将应用于各个领域,不是作为高级应用,而是作为基础技术极大地辅助了人类工作,并彻底改变应用和服务。最直接的表现可能是智能 APP 的兴起。未来,随着人工智能的普及,诸如百度度秘、苹果 Siri 等,智能助手类的 APP 将会迎来一个爆发期。这些智能 APP 一方面会使新闻生产、分发、接收都变得更加方便,另一方面也会在移动终端形成渠道把控力。无疑,此类 APP 将对未来新闻发展产生极大的影响。

二是自然语言处理系统更加高效。随着计算机运算和处理技术的上升,人工智能+自然语言处理使传统意义上被专业的计算机工程师所垄断的编程渠道逐渐向普罗大众开放,每个人都可能通过自然语言向智能助手介绍自己的想法,在智能助手的帮助下生产自己的程序作品。未来,不只是用户生产内容,更是用户生产渠道的时代。

三是沉浸式传播技术成为主流。沉浸式传播技术,顾名思义,是指能够让人沉浸其中的传播媒体技术。目前来看,典型的沉浸式传播技术主要有虚拟现实(VR)、增强现实(AR)等。随着移动网络传输速率越来越高、智能终端运算速度越来越快、可穿戴设备越来越成熟,沉浸式传播技术将得到广泛的运用。据国外媒体预测,到2021年,沉浸式消费、商业内容和应用程序的格局将发生巨变,VR和AR功能将与数字网络合并,形成一个更加无缝的设备系统,能够协调来自用户的信息流作为超个性化的相关应用和服务,到那时,传统通过手机屏幕完成的人与人、人与软件系统交互的方式将被彻底改变。

四是区块链技术进一步发展。区块链(Blockchain)是一种按照时间顺序将数据区块以顺序相连的方式组合成的一种链式数据结构,并以密码学方式保证的不可篡改和不可伪造的分布式账本。区块链技术被认为是继蒸汽机、电力、互联网之后,下一代颠覆性的核心技术。目前,可以应用区块链技术的一些领域有智能合约、证券交易、电子商务、物联网、社交通信、文件存储、存在性证明、身份验证、股权众筹等。区块链技术最大的意义在于,作为构造信任的机器,它可能彻底改变整个人类社会价值传递的方式。因此,区块链技术未来势必对媒体运营方式产生重要的影响。

第三,是应对策略。一是认清移动互联网的技术特点。认清移动互联网技术特点的最大作用是理解移动互联网并非传统互联网的延伸,甚至与传统互联网有着天壤之别。正是由于这方面的原因,传统媒体与 Web 时代风生水起的以门户网站为代表的网络媒体,在移动时代处于同一起跑线上,这也是主流媒体在移动新媒体时代实现弯道超车的最好时机。

二是顺应技术变革的重大影响。技术变革的重大影响有两个方面。一方面,未来主流媒体经营融合要体现变革导向。主流媒体要适应变革,并且为变革而生,这就要求主流媒体内的所有人提高变革意识。不管员工职位如何,都需要对变革有预期、理解其影响,并通过增强和学习新技能来与时俱进。另一方面,主流媒体必须改变经营运作方式,以数字化企业的要求开发新技能、新流程、新产品和全新的工作方式。

三是掌握技术的发展逻辑。掌握技术的发展逻辑才能判断技术未来。人工智能会成为下一个发展阶段的技术前提,思考任何问题都要将人工智能的影响考虑在内。在这个基础之上,自然语言处理技术、沉浸式传播和区块链技术的应用将从信息生产方式、传播形态、媒体运营方式等方面改变媒体生态。

第三节 主流媒体怎样运用移动传播达到经营融合

1. 树立更加开放的媒体经营理念

很多人认为经营理念是一个虚无缥缈的东西,看不见也摸不着。但不可否认,每个企业都有自己的经营理念。那么,何谓经营理念?简单来说,经营理念就是系统的、根本的管理思想。企业的任何经营管理活动都要有这样一个思想,并围绕这个思想展开。经营理念决定了企业的经营方向、使命和愿景,是企业发展的基石。

从这个定义可以看出经营理念有三个特点。首先,经营理念是一个复合概念,它指的是一套系统的思想,而非单个经营管理理论。其次,相比经营管理理论和方法,经营理念更加根本、更加抽象、更加形而上。第三,经营理念具有重大意义和作用,它贯穿整个经营管理过程,影响企业经营管理的方方面面。

一般情况下,要形成一套良好的媒体经营理念,必须达到三个基本要求。一是对组织媒介有基本认识,包括对经济形势、政策导向、社会结构、科技发展等情况的认识和预见。二是对传媒使命有基本认识,包括价值追求和使命职责。三是对完成使命的核心竞争力有基本认识。

在当前的媒体环境下,主流媒体移动转型若要实现良好的经营融合,必须建立适应时代要求的经营理念。这个经营理念应该坚持两个基本原则,一是符合主流媒体移动转型的政治逻辑、技术逻辑、市场逻辑;二是能够应对瞬息万变的市场环境。

(1) 坚持社会价值变现和商业价值变现相结合的价值理念

新闻产品往往具有商业价值和社会价值双重价值。这种价值二重性源自新闻产品自身的二重性。

新闻产品的二重性是指,它既是商品又是宣传品。在市场经济体系中,新闻产品既是用于交换的具有使用价值和交换价值的商品,又是能够传达报纸生产者或者第三方想要表达的信息和观点的宣传品。因此,在新闻产品售卖的过程中,就产生了两个价值变现的问题,即商业价值变现和社会价值变现。

所谓商业价值变现,就是媒体通过售卖内容、广告、增值服务等方式获取利润,实现经济效益的过程。

所谓社会价值变现,就是媒体宣传报道内容在引导人们的思想观念、生产方式、生活行为等方面产生实际效果,实现社会效益的过程。

在传统媒体时代,主流媒体在经营理念上往往重社会价值变现而轻商业价值变现。在媒体融合发展时代,竞争已深入媒体行业的每一个角落,主流媒体的利润乃至生存空间不可避免地受到挤压,因此关注社会价值变现的同时,也应关注商业价值变现。

(2) 坚持以变革为基础的动态管理理念

动态管理来自于管理学中的动态适应原则。动态适应原则是指组织管理者不断变化管理行为与手段去能动地适应不断变化着的环境与情景,实现主客观之间的动态适应与协调。动态管理的关键是对环境变化进行了解和预判。主流媒体在积极适应环境的同时,也应主动发起自身变革,甚至引领环境变化,成为市场缔造者。

当今世界,经济周期效应明显,社会思潮涌动,科技发展日新月异,这些变化带来了很多以前没有的问题。这些新出现的问题从方法的层面挑战了传统媒体发展模式。因此,主流媒体必须坚持改革创新,让变革成为一种基因,内化于心,外化于行,通过动态管理掌握主动。

(3) 坚持以竞争为中心的生产理念

在传统媒体时代,主流媒体掌握渠道上的绝对优势,来自外部的竞争压力不大,而且由于统一指挥和协调,内部竞争也并不明显。在移动新媒体时代,主流媒体来自外部的竞争压力越来越大,同时,由于互联网打破了区域壁垒,主流媒体内部竞争也变得激烈。可以说,竞争已经成为移动新媒体时代的重要主题。

以往我们认为商业价值变现面临较大的竞争压力,但实际上,社会价值变现同样面临很大的竞争压力。如果无法在竞争中取胜,新闻产品则无法有效抵达受众,就更无从谈起社会价值变现。

可见，不管是商业价值变现，还是社会价值变现，都是以新闻产品的竞争力为基础的。那么，如何确立以竞争为中心的新闻产品生产理念？最重要的是准确地把握移动互联网环境下新闻生产、传播的特点，即新闻信息化、信息产品化、产品服务化。

一是新闻信息化。新闻信息化是指当前新闻报道越来越呈现出咨询信息的特点。在移动互联网中，咨询信息呈现出两个重要特点——海量和免费。谷歌前首席执行官埃里克·施密特曾经说过："我们现在创造出来的信息量相当于过去整个人类创造出来的文明数量。从数字时代开始到 2003 年我们只创造出 5 艾字节的信息。但是，我们现在每两天就能创造出 5 艾字节的信息，而且信息增长的速度在不断加快。"此外，移动互联网平台上 90％以上的信息都是免费提供的。在海量免费信息的裹挟之下，传统形式的新闻逐渐失去市场。为赢得用户，多数媒体只能顺应变化，其新闻内容也开始向咨询信息的形式转变。此外，在移动互联网环境下，媒介形式及其功能发生了重大变化。以主流媒体为例，媒体正逐渐向沟通平台转变，沟通平台最重要的功能之一就是提供信息咨询。

二是信息产品化。信息产品化是指媒体在经营模式上转变思维，将媒体生产的新闻信息看作是产品，将受众看作是用户，有目的分众化地生产信息，以满足市场和受众的需要，通过提供信息产品来创造价值、获得回报。

信息产品化的关键是，注重用户体验并实现产品生产和分发的精准化。具体方法就是：第一，基于目标用户生产新闻；第二，基于用户阅读习惯生产新闻；第三，基于分众化、差异化阅读需求生产新闻。

三是产品服务化。产品服务化最早是指制造业企业以产品生产为核心衍生出服务业务,它关心的是更好地满足顾客需求。在媒体融合环境下,尤其是分众化、差异化传播成为移动新媒体中的主流,主流媒体应该从单纯的提供新闻产品生产向提供"新闻产品＋新闻服务"转变。

"新闻产品＋新闻服务"的模式有两个关键:一是在产品和服务的生产理念上,坚持以用户为中心,即要有清晰的用户画像,明确用户需求和偏好,然后提供有针对性的产品和服务;二是在盈利模式上,变以产品为主的盈利模式为"产品＋服务"的盈利模式。例如,新闻客户端变提供新闻产品为提供新闻产品＋新闻信息服务,这种信息服务除新闻外,还可以包含天气、交通、饮食等生活信息服务。

2. 新闻生产流程再造

目前,移动新媒体市场正步入成熟期。可以初步判定,媒体融合发展的增量变革时代正在逐渐远去,即将迎来的是存量变革时代。在增量变革时代,主流媒体可以基本不触动传统业务,只需在原有基础上增加新媒体业务,就可以促进融合发展。但是在存量时代不同,新兴媒体业务成长放缓、竞争激烈,主流媒体必须整合新旧媒体,将有限资源合理分配,以期取得更好的经营融合效果。从政策和科技环境来看,当前政策体系日趋完善,管理科学、管理技术、管理工具不断发展,为经营融合的生产流程再造提供了良好的条件和基础,此时推动新闻生产流程再造正当其时。

流程再造这一概念由美国学者迈克尔·哈默(Michael Hammer)和詹姆斯·钱皮(Jame Champy)提出,指的是以业务流程为中心,摆脱传统组织分工理论的束缚,通过提倡用户导向、组织变革、员工授权和正确地运用信息技术,从根本上重新而彻底地去分析与设计企业程序,以追求绩效。

新闻生产流程再造,就是在媒体融合发展的大背景下,媒体组织根据当前新闻信息传播特点,以受众为导向,通过改变传统媒体策采编发程序,打造更加适合当前信息传播特点的新闻信息生产和分发流程。

主流媒体实现新闻生产流程再造要树立三大理念,实现五个整合。

(1)新闻生产流程再造应树立三大理念

一是用户导向。用户导向是指产品的计划、生产、销售、服务都以用户为中心展开,都为满足用户需求而设计。新闻生产流程再造的用户导向,就是主流媒体打造适应用户导向的新闻生产流程,即在新闻策采编发各个环节上,都体现以满足用户需求为目标,都要适应大数据时代的新闻精准生产、分发和分众化、差异化传播特色。

二是全媒体。媒体"单兵作战"的时代已经过去,如单靠新兴媒体,难以形成良好的公信力,但是抛开新兴媒体,单纯依靠传统的报纸、电视等主流媒体,则难以形成很好的传播力。因此,当前要通过内容整合、渠道整合,打通纸媒、电视、网络媒体、移动新媒体,构建传播矩阵,形成品牌合力,强化主流媒体的传播力、引导力、影响力、公信力。

三是内容为王。在移动新媒体时代,随着媒体融合发展的逐步推进,无论商业媒体还是主流媒体,传统媒体还是新兴媒体,都开始注重融合化发展。有实力的媒体几乎都建立了以传统媒体+"两微一端"为基础的融合传播矩阵。从这一点看,各类媒体在功能上开始趋同,基于媒介功能的差异化优势越来越弱,挖掘媒体核心竞争力尤为重要。主流媒体移动转型中,应该着重挖掘内容优势,尤其是在网络媒体新闻产品质量参差不齐的今天,传统媒体主打内容为王,生产高附加值的优质内容将成为核心竞争力。

(2)新闻生产流程再造应实现五大整合

一是业务整合。主流媒体流程再造要将传统上各自为政的多元化业务板块进行"解构-整合-再建构",使其成为统一协调、整体规划、协同运作的业务系统,打造完整的业务运作平台。此外,主流媒体还应积极拓展全媒体业务,建立起多媒体整合采编制作运营模式,推动内容融合;开发高性能的全媒体智能移动终端,推动终端融合,为受众提供全方位的声、像、图、文体验环境;推动品牌整合,制定品牌战略规划,打造旗舰品牌,形成多维、立体、协同的品牌系统,实现品牌增值。

二是管理整合。打破原有组织结构中各部门之间泾渭分明、职务固定的管理方式,按照内容生产方式建立若干事业团队,如新闻团队、视觉团队、音频与音乐团队、技术团队、市场与运营团队、行政后勤支持团队等。同时,建立跨部门的统一协调中心和采编平台,将各种形式的内容素材根据需要整合成不同形式,供多种媒体使用。

三是技术整合。着力在大数据、人工智能、自然语言处理、区块链等技术上有所突破。建立用户数据库,优化大数据技术下的用户画像,引入有把关人控制的算法推荐技术,进行精准分发。推动数字媒体资产管理系统建设,实现媒体内外内容资源的整合。

四是资源整合。整合人、财、物各方面资源,实现资源整体调配、协调规划。尤其是资本资源和人才资源。利用市场机制,引入市场资本,实现市场资本和国有资本的有机结合,为媒体融合发展注入持续动力。充分融合能写会采的传统媒体记者资源和熟练操作移动互联网设备的新兴媒体人才资源,建立起立体、多维的梯度人才培养战略。加强对员工新技术、全技能、多岗位培训。同时建立起科学的薪酬机制、奖惩机制、晋升机制、培训机制等,吸引并留住人才。

五是文化整合。在保留传统媒体严谨、细致、求真的优秀组织文化的同时,建立起以变革、学习、创新为核心的组织新文化;鼓励全员面向市场需求与未来发展趋势,在内容策划、营销推广、技术研发等方面提出新思路、新方法;鼓励各业务部门跨越组织边界,与国内外相关组织建立知识联盟,进行跨行业、跨区域、跨文化的学习交流。

3. 组织变革

组织变革是指对组织结构、部门关系、职权层次、指挥和信息系统所进行的调整和改变。组织变革关键是组织结构变革。组织结构是指组织内各要素的构成方式及其功能的总和,是表现组织各个部分排列顺序、空间位置、聚集状态、联系方式以及各要素之间相互关系的一种模式,它是执行管理和经营任务的体制。

组织结构的重点内容是组织内部各要素的聚合方式和相互关系,包括时间、空间和逻辑关系。因此,组织结构变革实际上就是由于组织的经营任务发生变化引起的组织管理变化,进而导致组织内部各个要素的聚合方式及其相互关系发生了变化。

在传统媒体时代,主流媒体多采用科层制的管理体制,并且按照策采编发的生产环节进行明确分工,建立相应的职能部门。这种分工机制带来管理便利的同时,也造成了组织僵化、效率低下、业务转型阻力大等问题。因此,有必要通过组织变革,打破固有的体制限制,建立一个更加灵活的组织结构,来配合以受众需求为起点的生产流程变革。实际上,组织结构变革最关键的就是根据再造的生产流程设立相互配合的职能部门,从而充分发挥组织人力资源,充分调动组织物质和资本资源,更好地实现经营目标。

以人民日报为例，人民日报在融合发展过程中，逐渐建立了以中央厨房为核心的新闻工作室制度，为媒体融合发展的组织变革提供了良好的借鉴和很好的经验积累。其做法主要如下。

实行编采分开，各专业采访部门将不承担报纸版面编辑任务；统筹采访力量，对报、网、端、微采访力量实行统筹管理，并按照专业对口原则，各专业部门统筹调度人民日报大报、人民日报"两微一端"、人民网对口专业的采访力量；统筹技术支持，由人民日报社技术部和人民日报媒体技术公司牵头，整合人民网、新媒体中心技术力量，组建日常技术运营维护、可视化制作、无人机航拍等服务团队；建立融媒体工作室，鼓励报、网、端、微各采编部门人员按照兴趣化组合、项目制施工原则，组建融媒体工作室，实施资源嫁接，组织跨界生产，为人民日报报、网、端、微提供优势产能、优质产品。

4. 建立更加适应时代的商业模式

商业模式是一种包含了一系列要素及其关系的概念性工具，用以阐明某个特定实体的商业逻辑。简单来说，商业模式就是公司通过什么途径或方式来赚钱。商业模式最重要的一个组成部分就是盈利模式。

在传统媒体时代，主流媒体盈利点主要是广告盈利、发行盈利、服务盈利，其中广告盈利又是最重要的盈利支点。在移动互联网环境之下，主流媒体渠道优势不再，导致两个后果，一是整体盈利能力下降，二是广告、发行和服务三者在媒体整体盈利中所占比重发生了变化。由于受到新兴媒体的挤压，受众阅读习惯发生了变化，传统主流媒体的盈利能力呈现整体下降趋势，甚至有些地方媒体出现经营困难的现象。

从整体来看，主流媒体建立更加适应时代的商业模式还需从三个方面入手，构建多元化商业模式。

一是以创新形式重塑广告盈利。主要是两个方面,一方面是变革广告理念。主流媒体在以优质内容吸引更多受众的同时,要提供更加有效的广告服务。例如,可以通过大数据技术进行精准广告投放。另一方面是创新广告形式。着力在知识性、趣味性、互动性的广告上增加投入,并积极利用 Banner 广告、插屏广告、开屏广告、积分墙、信息流广告、原生广告等移动互联网广告形式来创造利润。

二是以增值服务扩大内容盈利。在传统媒体时代,主流媒体内容价值生成主要是通过内容售卖的方式进行。内容售卖又分初次售卖和二次售卖,初次售卖是指直接售卖内容给读者,二次售卖是指售卖渠道资源给广告商。在移动互联网时代,主流媒体内容售卖获利逐渐降低。因此应该进一步挖掘内容附加值。例如,媒体通过新闻内容产生的数据获得附加值收益。媒体在进行新闻报道时也在记录时代,这些记录数据,变成了有价值的数据库资源,进而可以通过知识资源授权的方式,售卖这些数据库资源。

三是以灵活形式获得服务盈利。当前,主流媒体在广告盈利备受挤压、内容盈利增长有限的情况下,可以尝试通过提供服务的形式拓展盈利渠道。从实践层面讲,服务盈利是主流媒体应对当前收入困境的良策;从理论层面讲,服务盈利也是"新闻信息化、信息产品化、产品服务化"大趋势下的顺势而为。

主流媒体服务盈利有两种模式:平台型和资源型。

平台型服务盈利模式就是为受众线上、线下活动搭建平台,并通过收取服务费的方式实现盈利。平台型服务盈利模式的关键点是"关系"的搭建,服务的卖点是通过平台让每个人与自己想要交流的对象建立关系。例如,通过社交网络、视频网站、社区论坛等用户可以通过平台相互建立关系,通过学术论坛等线下活动平台用户可以与学界精英搭建关系。

　　资源型服务盈利模式就是主流媒体利用自身资源为移动互联网终端用户提供服务然后收取服务费的模式。资源型服务盈利模式关键在于资源的积累和实用化处理。例如，主流媒体采访资源丰富，可以获得第一手的天气、交通、饮食等生活信息，媒体可以通过有效的整合处理，推出生活指南类的服务，然后通过收取服务费的方式获得收益。

第九章　如何确保融合发展正确方向/一手抓融合，一手抓管理

随着媒体融合的推进，主流媒体移动端业务迅速发展，但是新兴媒体的迅猛增长和快速发展也带来了一些问题。例如，媒体社会效益与经济效益之间难以平衡，技术价值和道德价值争论不断，谣言乱象时有发生，媒体公信力大大下降等。在传统媒体与新媒体交织共振，官方和民间舆论场互动融合，公众网络参与度和参与热情不断提高的新环境下，如何引导和规范媒体融合发展，如何保障网络空间天朗气清、生态良好，成为值得思考的问题。

第一节　一手抓融合，一手抓管理

习近平同志在党的十九大报告中强调，"高度重视传播手段建设和创新，提高新闻舆论传播力、引导力、影响力、公信力。加强互联网内容建设，建立网络综合治理体系，营造清朗的网络空间。落实意识形态工作责任制，加强阵地建设和管理，注意区分政治原则问题、思想认识问题、学术观点问题，旗帜鲜明反对和抵制各种错误观点"。

媒体融合发展的核心原则强调的是融合要有正确方向，确保正确方向的一个手段就是一手抓融合、一手抓管理。

1. 党管媒体与管理融合

(1) 媒体融合要一手抓融合,一手抓管理

一手抓融合,一手抓管理是做好党的新闻舆论工作的重要内容,是实现党管媒体的有效途径和重要抓手。2016年2月19日,在党的新闻舆论工作座谈会上,习近平总书记强调,做好党的新闻舆论工作,事关旗帜和道路,事关贯彻落实党的理论和路线方针政策,事关顺利推进党和国家各项事业,事关全党全国各族人民凝聚力和向心力,事关党和国家前途命运。从总书记的论述中,我们可以充分理解新闻舆论工作的重要意义。在媒体融合发展时代,面对日新月异的经济、社会、技术环境,面对媒体格局和生态的变革,党的新闻舆论工作面临新挑战。其中一个关键问题,就是确保融合的正确方向。确保正确方向的手段之一就是一手抓融合,一手抓管理,这也是提高新闻舆论传播力、引导力、影响力、公信力的举措。一手抓融合,主要是抓传播力、影响力的建设;一手抓管理,主要是抓引导力和公信力的建设。

目前在实践过程中,媒体界尤其是新兴媒体仍然存在"一管就死,一放就乱"的现象。如何建立起既符合当前传播特色,又能沿着正确方向发展的新型主流媒体,也要求我们必须实现一手抓融合,一手抓管理。

(2) 一手抓融合,一手抓管理关键在管理融合

坚持党管媒体、党媒姓党是新闻舆论工作的根本原则,坚持一手抓融合,一手抓管理是新闻舆论工作适应媒体发展形势需要的应对之策,而管理融合是实现前两者的具体方法。

以前,我国主要通过法律手段和行政手段对媒体实施监管。在媒体融合时代,随着技术环境、传播环境、社会环境、经济环境的不断变化,传统的管理方式和管理思路已经不足以应对新的挑战。

因此，迫切需要对管理的思路、方法进行改革，以适应时代大背景。只有管理的方法和思路适应了融合要求，管理才能真正有效，才能最终实现一手抓融合，一手抓管理，确保媒体融合发展向正确的方向前进。

2. 理解管理融合

(1) 管理融合与经营融合

要理解"管理融合"这一概念，首先要理解经营融合与管理融合的区别。

上一章已经论述过，媒体的经营与管理这组概念分属不同的维度，可以从宏观和微观两个层面来理解。2014年8月，在中央全面深化改革领导小组第四次会议上，习近平总书记指出，"推动传统媒体和新兴媒体在内容、渠道、平台、经营、管理等方面的深度融合"。从习近平总书记的讲话精神出发，结合当前国内媒体行业的情况来看，这里指的经营融合与管理融合分处不同的层面。即经营融合可以从微观层面进行理解和界定，而管理融合这一概念更宜从宏观层面去理解。

对于媒体管理融合而言，从宏观层面来看，指的是国家如何治理好媒体这个行业，如何从国家整体层面推动新兴媒体融合治理，如何促使政府相关部门在媒体融合时代更好地管理新兴媒体。

(2) 管理融合的概念

相比经营，管理更加注重制度设计。管理融合侧重宏观层面针对媒体融合发展而做出的制度设计，其目的是使媒体在融合发展过程中都能正确履行职责使命，并遵循新闻传播规律和融合发展规律以促进媒体自身健康发展。这不仅要求主流媒体进一步提高新媒体环境下的新闻信息生产、传播、服务的能力，而且要求其更好地发挥舆论引导功能,更好地满足公众的信息需求;更要求相关部门在实践中坚持融合、发展、管理并进,尝试建立科学有效的媒体管理体制,从新闻本质规律与新媒体传播特点出发,培育良好的舆论环境,有效构建舆论传播新格局。正如习近平总书记指出的,"融合发展关键在融为一体、合而为一""要推动融合发展,主动借助新媒体传播优势。要抓住时机、把握节奏、讲究策略,从时度效着力,体现时度效要求"。

因此,可以这样定义管理融合,在媒体融合发展的环境下,相关部门运用制度设计等手段,将传统媒体和新兴媒体管理的内容及方法进行融合,以适应媒体融合发展的环境,确保媒体融合发展与转型向正确的方向前进。

(3) 管理融合的内容和特点

从宏观层面来看,媒体管理融合的内容可以体现在四个方面。一是管理理念融合,变党办媒体为党管媒体,实现从监管到治理的变革;二是管理对象融合,变管理传统主流媒体为管理传统主流媒体加新兴媒体;三是管理内容融合,从管内容转为管决策、管方向、管宏观、管导向;四是管理方法融合,从以行政手段为主转变为以法律和管理手段为主。

管理融合具有三个方面的特点。第一,是宏观性。管理融合是一种宏观的国家决策,包括行业层面的管理,而非针对某个企业进行的管理或治理行为。第二,是深刻性。管理融合是一种在媒体融合背景下的深刻变革,触及理念、对象、内容、方法等方面,是一种合力的效果,而非某一方面的单兵突进。第三,是时代性。管理融合是身处媒体融合发展的时代大背景下应对媒体融合管理时代的新挑战,并应用了最新的管理理念、管理方法和管理手段的一套方法体系,具有鲜明的时代特征。

（4）管理融合的意义

一是应对环境挑战。在新媒体时代，一对多传播转变为多对多传播，受众由被动接受变为主动选择、发布信息。这就带来了两个挑战，即对主流媒体传播力的挑战，对社会化媒体信息把关能力的挑战。相关部门对信息流动的控制难度加大，主流意识形态的传播体系受到影响。

新兴媒体的传播具有即时性、病毒性、交互性的特点，使得管控难度进一步加大。随着5G时代的到来，视频直播、语音直播、微电影、短视频成为互联网上更具特点的传播形式，它更具交互性、实时性，浸入感也更强。与传统的电视电影有相对成熟的监管体系不同，对直播平台等新兴媒体的监管体系还在探索中，目前并不完善。新兴媒体的传播内容鱼龙混杂，对网络安全和网络生态构成隐患。这对管理融合提出了更高的要求。

二是提高管理效率。对于传统的管理方法，往往投入大量人力物力，效果却不甚理想，因此有必要创新管理手段，提高管理效率。例如，引入大数据、人工智能等新的科技手段分析研判舆情走向，制定治理策略；利用经济手段和市场手段引导新兴媒体自觉向主流价值观靠拢；完善法律体系，引导新兴媒体自觉守法循规。

三是增强管理效果。伴随着互联网的迅速崛起，技术赋予了人们更多、更便捷的发布信息和发表观点的渠道，也造成了两个舆论场的分化境地。两个舆论场是指互联网新媒体主导的"民间舆论场"和传统媒体主导的"官方舆论场"。由于"民间舆论场"对"官方舆论场"的冲击和话语权的解构，处于幕后的"民间舆论场"逐渐进入管理者的视野，同时"民间舆论场"和"官方舆论场"的加速分化，对话机制也始终没有建立起来。传统的管理方式通常只能到达"官方舆论场"，而在"民间舆论场"中则日益显现疲态。通过管理融合，有效打通对"民间舆论场"的管理和引导，使传统主流媒体的公信力和影响力也能在"民间舆论场"发挥正向引导力，才能在错综复杂的舆论场中建立有效的引导机制，从而增强管理效果。

第二节 挑战与机遇并存

从当前情况来看，实现管理融合主要面临三个挑战：环境的挑战、技术的挑战和人才的挑战。这三个方面构成了管理融合的背景、动力和主体。但是，从不同的路径来看，当前媒体管理融合也有一些机遇，如机制体制优势、主流媒体的内容优势等。

1. 主流媒体管理融合面临的挑战

在移动新媒体时代，媒体管理面临很多新的挑战，它们来自新的技术、新的传播环境、新的社会形态以及经济形势。这些挑战构成了媒体管理融合的大环境和大背景。分析主流媒体融合管理，必须先理解这些挑战。

(1) 环境挑战

移动传播的兴起营造了新的传播环境，对媒体带来的新的挑战表现为以下四大特征。

一是主体上的用户主导型传播特征。移动传播的用户群体具有自下而上的特性，门槛低，参与度高，逐渐成为传播的参与者甚至是主导者。主管部门难以轻易地以行政命令的形式主导传播内容。

二是地域上的泛传播特征。在传统媒体时代，管理部门只要控制主流媒体传播渠道，就可以把控舆论走向。在移动传播时代，传播更加普遍和随时随地，监督管理范围进一步扩大。据不完全统计，在2016年我国新闻客户端数量已经超过1300个，其中高活跃度的在20%以上,超过260个。新闻APP每天发布海量信息,这些信息给监管部门带来极大的挑战。而大量UGC内容的存在更是增加了监管难度,这些UGC内容低门槛、碎片化,且内容丰富、门类繁杂,使得监管难度进一步加大。

三是时间上的延宕传播特征。"延宕"原是戏剧学的一个概念,指在尖锐的冲突和紧张的剧情进展中,作者利用矛盾诸方各种条件和因素,以副线上的某一情节或穿插性场面,使冲突和戏剧情势受到抑制或干扰,出现暂时的表面的缓和,实际上却更加强了冲突的尖锐性和情节的紧张性。在移动传播时代,只要是发布在媒体上的信息,就很难彻底清除。不良信息带来的负面舆情可能一时得到缓解和平复,但是很难彻底根除,有可能随时展开且反应更加剧烈。

四是形式上的碎片传播和病毒传播特征。在移动互联网时代,人们碎片化的阅读时间构成,决定了移动互联网信息的碎片化特点。人们更加倾向于阅读轻松的内容,而多数传递主流价值的内容相对深刻严肃,在传播力上显得较弱。此外,在移动传播时代,信息传播充满了"一传十,十传百"的病毒传播特性,这种传播方式速度高、范围广、影响力大,对有关部门把控的挑战自然也就更大。

(2) 技术挑战

传统的媒体管理主要通过两个途径进行,一个是来自媒体外部的有关部门对媒体进行的监督管理引导,可称之为外部管理;一个是媒体内部自己的把关人进行的宣传报道把关,可称之为媒体自我管理。随着技术的发展,这两个媒体管理途径都受到了严峻的挑战。

技术对媒体外部管理带来的挑战,主要缘于技术变化带来的不确定性和滞后性。

从 20 世纪 90 年代末起,网络媒体开始进入大众视野,技术在媒体发展转型过程中就扮演了重要的推动角色,也给媒体治理带来了很大的不确定性。例如,社交媒体的出现就带来了网络公知和意见领袖这些新兴产物。所谓的大 V 和意见领袖并不总输出正能量,有的甚至会带来网络谣言和网络暴力,给网络治理带来很大的难题。在移动新媒体时代,技术发展更是日新月异,5G、人工智能、大数据、云计算、算法推荐、AR、VR 等技术层出不穷。这就使得传播形式变化和媒体行为更加难以预测,加大了应对难度。

和技术突飞猛进相比,我国出台的媒体管理相关政策存在一定的滞后性,尤其是监管性的规定,多是在互联网发展过程中出现了新情况、遇到了新问题后,针对这些问题制定的新规定。新技术迭代越来越快,可能导致政策制定跟不上传播形势的进一步变化。

技术对媒体自我管理带来的挑战,主要表现为技术至上容易导致媒体自身价值缺失。

从算法推荐等新闻界的"黑科技"诞生之日起,关于技术与价值的争论就从来没有停息过。近两年,随着今日头条这些以技术见长的媒体逐渐取得巨大的商业成功,很多主流媒体也开始将技术看得越来越重。这就带来了一个问题:技术若凌驾于新闻道德和价值引导之上,且整个传媒业出现过度技术化的倾向,会使得技术取代"人"成为大数据时代媒体改革创新的主角。以算法为例,缺乏人的价值判断的算法推荐极有可能造成一个巨大的"信息茧房"。在这个"信息茧房"中,人们通过媒体接触到的信息的类型和范围越来越固化,人们无法突破这个固定的信息包围层去接触到更广阔的信息。不得不承认,目前媒体融合发展,必须借力于大数据、算法推荐、人工智能等新技术,但在应用新技术的过程中,也不能放弃对传统新闻价值的坚守。

(3) 人才挑战

在移动新媒体时代实现管理融合,还要重点解决人才难题。

首先是人才理念上的挑战。当前很多管理部门在人才理念上还停留在原来的水准上,没有根据环境变化及时调整。传统的人才管理理念存在以下几个问题:一是人才引进渠道单一,传统管理部门多为政府行政部门,通常通过公开选拔考试引进人才,且重视学历等基本条件,而将很多实践经验丰富的人才拒之门外;二是缺乏人才竞争意识,在传统的观念中,媒体管理部门多有一定优越感,认为身为体制内部门都能自然吸引到优秀人才。但是在市场经济时代,人才竞争逐渐加剧,很多商业公司高薪聘请人才,给管理部门带来的压力也越来越大。在政府部门工作,以前拥有很好的口碑,社会地位较高,随着政府体制的改革和人们思想的改变,这些已经不再是什么优势。政府部门发展急需的专业人才、实践人才等,由于政府部门吸引力不足而严重缺乏。

其次是管理机制上的挑战。应对鲜活的问题需要灵活的体制。从目前情况来看,大部分管理部门都是在严格的科层体制和制度分工下运行,出现的问题要层层上报,有的甚至要开会讨论进行决策。当决策制定出来,已经过了最佳应对时机。这种相对僵化的机制很难应对新媒体快速的变化。

最后是人才素质上的挑战。一是复合型人才需求增大。媒体管理融合阶段,需要大量既精通互联网,能熟练操作网络技能,又具备相关法律法规知识的人才。现实情况是,当前体制内技术型人才往往缺乏法律知识,而法律型人才对网络信息技术又并非精通。因此,只有加强复合型人才的培养,才是解决监管人才缺失的治本之策。二是人才知识更新任务艰巨。面对信息技术、新媒体技术日新月异的变化,人才知识必须时刻更新才能跟得上变化。但是从当前情况来看,各级管理部门干部的平均年龄偏大,且知识结构单一、培训学习乏力、管理未尽科学,从而导致知识脱节的现象,无法应对时代飞速变化。以人才培训为例,很多管理部门干部"充电"只在党校或聘请专家上课,而这些课程很难满足应对当前网络传播领域最新变化的需求,知识更新缓慢可想而知。

2. 三大路径看管理融合机遇

从以往实践来看,实施媒体管理有三条路径:第一条是国家和政府部门进行管理调控,第二条是主流媒体发挥引导作用,第三条是商业媒体自觉参与到管理中来。这三条路径并非相互矛盾,而是相互配合相互依存。国家在宏观层面的管理与调控是保证媒体发展整体方向正确的基石;主流媒体发挥引导力是推进媒体管理融合的主力军;商业化媒体拥有广泛受众,积极参与到媒体管理中来,是做好媒体管理融合的重要力量。从这三条路径来看,在移动互联网时代运用移动传播推进媒体管理融合也存在一些机遇。

(1) 政府部门发挥制度优势

根据我国宪法,我国是一个单一制国家。从中央人民政府即国务院到基层的乡镇人民政府,从国务院各部、委、行、署到市县的职能局、办,构成了一个完整统一的组织系统。我国的行政组织系统具有统一性的特点。一方面,行政机构的设置要根据履行职能的需要建立合理的分工协作机制,形成功能齐全、灵活高效的有机整体。另一方面,上下级的领导或指导关系明确,上级布置的行政任务,下级机关有相应的贯彻部门。

这样的顶层设计有利于形成中央统一领导、全国协调行动的工作局面。在移动互联网时代,媒体管理融合面临很多问题,如果不能相互协调,统一指挥,很容易导致政策走形、难以执行的问题,我国的行政体制为统一领导和协调提供了有利的条件和基础。

例如,2015年11月6日,国家网信办向央广网等首批符合资质的14家新闻网站共594名采编人员正式发放了网络记者证。2016年5月,国家网信办批准人民网、新华网等6家中央重点新闻网站开设157个地方频道。这两项举措的推出,不但是对以中央重点新闻网站为代表的网络媒体在服务党和国家工作大局、传播社会主义核心价值观、开展网上宣传、建设良好舆论环境方面发挥重要作用的肯定,而且对其未来应承担更多更大的信息传播和舆论引导责任提出了更高的要求。

(2) 主流媒体发挥内容优势

在移动互联网环境下,商业媒体以其资金雄厚、渠道成熟、形式灵活等方面的优势在竞争中抢得了先机,并获得了广大受众的青睐。但是商业媒体的发展也存在一些问题,如网络"信息茧房"、谣言乱象等。反观主流媒体,拥有强大的内容生产能力和完备的内容生产机制,优质、可信、具有权威性的新闻内容是其竞争的核心资源。

随着移动互联网的进一步发展和成熟,受众的互联网社会心态会逐渐从稚嫩走向成熟,一个突出表现就是信息反馈和网络行为的理性化。不可否认,人们喜欢猎奇的、有娱乐性的内容,但也有相当数量的人更倾向于有深度的、可以引发思考和共鸣的信息。例如,从2017年,人们逐渐开始反思以今日头条为代表的科技公司主推的"算法推荐"技术存在的弊端。

因此,主流媒体要抓住机遇,在保持生产高质量内容的同时,也要加大渠道建设,充分发挥主流媒体的传播力、引导力、影响力、公信力,双管齐下,双线发力,在媒体管理融合中承担更多的责任。

(3) 商业媒体增强看齐意识

目前,商业媒体依然是新闻信息传播的主力军,尤其是在"官方舆论场"和"民间舆论场"逐渐分化的情况下,商业媒体的作用更加凸显。因此,通过政策、法律、资本等手段,引导商业媒体主动向主流媒体看齐,积极配合相关部门的管理,与主流价值保持一致,形成宣传合力,是未来媒体管理融合的重要机遇,也是媒体管理融合的重点和难点所在。

第三节 变与不变,主流媒体运用移动传播推动管理融合的辩证法

不管是传统媒体时代还是移动传播时代,媒体管理可以从三大路径来实现,即政府路径、主流媒体路径和商业媒体路径。移动互联网等新的传播技术极大地改变了传播形态和传播环境,媒体管理要处理好变与不变。

1. 不变

(1) 始终坚持党管媒体

在移动互联网时代,媒体管理融合尽管面临的大环境发生了改变,但是始终坚持党管媒体的原则不会变,也不能变。

习近平总书记指出,党的新闻舆论工作坚持党性原则,最根本的是坚持党对新闻舆论工作的领导。党和政府主办的媒体是党和政府的宣传阵地,必须姓党。这一重要论述充分说明了新形势下做好党的新闻舆论工作,党管媒体的原则绝不能动摇。当前,随着形势发展,舆论环境、媒体格局、传播方式正在发生深刻的变化,新形势新任务对做好新闻舆论工作提出了新的更高的要求。我们必须坚持党管媒体的原则,创新方式方法,切实提高新闻舆论传播

力、引导力、影响力和公信力。

首先,坚持党管媒体是坚持党的领导这一基本原则的重要体现。党的十九大报告中,"新时代坚持和发展中国特色社会主义的基本方略"一共有十四条,即14个"坚持"。第一个"坚持"就是坚持党对一切工作的领导。可见,党的领导在各项"坚持"中有统帅地位。党的十九大报告指出,必须增强政治意识、大局意识、核心意识、看齐意识,自觉维护党中央权威和集中统一领导,自觉在思想上、政治上、行动上同党中央保持高度一致,完善坚持党的领导的体制机制,坚持稳中求进的工作总基调,统筹推进"五位一体"总体布局,协调推进"四个全面"战略布局,提高党把方向、谋大局、定政策、促改革的能力和定力,确保党始终总揽全局、协调各方。

坚持党的领导的一个重要支点就是坚持党掌控意识形态工作的领导权。无论在革命战争年代还是在和平建设时期,通过挖掘和丰富意识形态资源,塑造全民族的理想信念和价值追求都是党推动社会发展的重要支点。在社会阶层结构急剧变迁的情况下,意识形态的纯洁性和先进性仍将赋予执政党强大的行动能力,提升社会治理成效。

在媒体融合时代,以多种形式表达和传递党的意志和主流价值观,是牢牢掌握意识形态工作领导权和主导权的一条重要路径和基本要求。因此,媒体融合管理最重要的就是要坚持党管媒体不能变,尤其是对媒体融合发展来说,只能加强,不能放松。放弃了对新兴媒体的管理,就等于放弃了互联网上的舆论阵地。

其次,坚持党管媒体是媒体融合发展方向正确的重要保障。媒体融合发展中也存在很多问题,引发了人们的思考。一是对机制体制的思考,即现行机制体制束缚媒体融合发展;二是资金、人才的缺乏极大地限制了媒体融合发展;三是对技术和新闻价值的争论,如算法推荐带来的问题,更是引发人们的关注。这些问题如果处理不当,媒体融合发展极有可能误入歧途。这就更加凸显了党的领导和把控的重要性。面对众多的问题与争论,始终坚持党管媒体原则,保证媒体融合发展的方向正确。

最后,坚持党管媒体是把握正确舆论导向的重要基础。"舆论导向正确,利党利国利民;舆论导向错误,误党误国误民。"社会转型期各种深层次社会矛盾日益凸显,舆论环境特别是网络舆论环境变得更为复杂。只有坚持党管媒体原则,始终坚持正面宣传,才能维护好我们来之不易的稳定发展大局,才能在发展中解决好人民日益增长的美好生活需要和不平衡不充分的发展之间的矛盾。

(2) 始终坚持党媒姓党

始终坚持党管媒体原则是从宏观层面来看媒体管理融合,也是政府和有关部门进行媒体管理工作的基本原则。2016年2月19日,习近平总书记在党的新闻舆论工作座谈会上指出:"党和政府主办的媒体是党和政府的宣传阵地,必须姓党。""党媒姓党"这一论述,是指导做好新形势下党的新闻舆论工作的指南。对于主流媒体,尤其是党媒来说,则要始终坚持党媒姓党,勇担新闻舆论工作的职责和使命。

"党媒姓党"要求主流媒体自觉遵守和维护党的领导。强化党性意识,要加强党对新闻舆论工作的思想领导。党领导下的新闻媒体的所有工作都要恪守党性原则,充分体现党的意志、反映党的主张,维护党中央权威、维护党的团结,做到爱党、护党、为党。各级媒体在日常工作,尤其是在新闻报道和舆论宣传中要自觉做到讲政治、强党性、敢担当、勇创新、严律己,认真践行党管宣传、党管意识形态、党管媒体的根本原则,切实担负起巩固壮大主流思想舆论的责任。

"党媒姓党"还要求主流媒体牢记党的新闻舆论工作的职责和使命。习近平总书记指出,党的新闻舆论工作要"高举旗帜、引领导向,围绕中心、服务大局,团结人民、鼓舞士气,成风化人、凝心聚力,澄清谬误、明辨是非,联接中外、沟通世界"。这 48 字凝练出党的新闻舆论工作的职责和使命。作为新闻舆论工作的主要阵地,主流媒体要自觉履行职责和使命,把政治方向摆在第一位,从党的工作全局出发,以党和政府的工作中心为出发点和落脚点,服务国家社会经济发展的大局;要正确认识当前我们所面临的前所未有的挑战和困难,弘扬主旋律,激发全社会团结奋进的强大力量;要当好意识形态领域斗争的生力军,深入宣传阐释党的新理论,深入解读党的路线方针政策;要紧跟时代、放眼全球,形成全球化的采编和传播网络,讲好中国故事,传播好中国声音。

(3) 始终坚持主流价值导向

有些人认为,坚持党管媒体原则和坚持党媒姓党是管理部门和主流媒体的事情,作为商业媒体,尤其是新兴媒体,不需要成为党的喉舌,不需要强调导向。其实不然,讲导向是新闻舆论工作的通则,讲导向不应有例外。在党的新闻舆论工作座谈会上,习近平总书记强调,新闻舆论工作各个方面、各个环节都要坚持正确舆论导向。各级党报党刊、电台电视台要讲导向,都市类报刊、新媒体也要讲导向;新闻报道要讲导向,副刊、专题节目、广告宣传也要讲导向;时政新闻要讲导向,娱乐类、社会类新闻也要讲导向;国内新闻报道要讲导向,国际新闻报道也要讲导向。当前很多商业媒体和新兴媒体都是由党媒、党刊衍生出来的。在市场运作过程中,这些子媒、子刊逐渐适应市场规则,以追求利益为主要目标,更强调经济效益,对媒体的社会责任与使命不够重视。但是,作为党媒的延伸,要自觉向党媒看齐。一些互联网原生新媒体,也应该主动向主流媒体看齐，自觉承担起新闻舆论工作的职责和使命。新闻不同于普通消费品，它既有经济属性，又是承载事实、观点、思想、主张的文化产品，具有意识形态属性。媒体过度追求经济效益，会弱化社会效益，从而导致认识偏差和导向错误。

对于商业媒体和新兴媒体来说，不能认为要创收、要吸引眼球，就不需要正确报道党和国家的中心工作，而只注重社会新闻、娱乐新闻、花边新闻。在实践中，一些媒体正是因为不讲导向，导致内容低俗化、娱乐化，降低了受众的认同度，削弱了自身的影响力。所有媒体都应认识到，自己不仅是在生产新闻和信息产品，还是在"生产受众"，媒体的导向会深刻影响受众。因此，以正确的导向实现对受众的引导、培养和塑造，不仅是媒体的重要特性，也是媒体的重要责任。

2. 变革

（1）管理理念转变

媒体管理融合要树立与之相应的管理理念。管理理念的转变分为三个步骤。

首先，是从党办媒体到党管媒体。1949年新中国成立后很长一段时间，我们通常将党管媒体中"媒体"的适用对象默认为"党办媒体"，即隶属于各级党委机关的党报党刊，以及电台、电视台，是纯粹的事业单位形质。

改革开放以后，我国出现了一些市场化媒体，但是主流媒体依然多是党和政府主办。2003年我国实行新闻体制改革，中央级报刊只保留党中央机关报人民日报、光明日报、经济日报以及党中央的理论杂志《求是》，其他中央级报纸、杂志和各行业、各部委报刊，一律和原单位脱钩，另由政府监管成立的法人团体来管理。在各省、自治区和直辖市，只保留一份省（区、市）委机关报，其他报刊也一律和政府部门脱钩,由法人团体管理。

此后,在我国的宣传系统中,各级党报党刊仍是绝对主流媒体。各级党委对媒体的管理也主要是管"四权",即对重大事项的决策权、对资产配置的控制权、对新闻宣传业务的审核权、对主要领导干部的任免权。只要对"四权"有控制力,"党管媒体"可以说就实现了同"党办媒体"一样的控制。

在媒体融合发展时代,新兴媒体市场竞争更加激烈,媒体运营模式更加灵活多样,传统管"四权"的模式容易造成体制僵化,无法有效适应快速变化的市场环境。最好将党办媒体的形式,转变为更灵活的党管媒体的模式,尤其是在"四权"上,给主流媒体更多的自主空间。

其次,是从监管到治理。监管一词除了管理协调含义之外,更多表达的是通过强制性措施进行管制的含义。而治理不同,治理指的是一种由共同的目标支持的管理活动,这些管理活动的主体未必是政府,也不一定非得依靠国家的强制力量来实现。

目前,地方各级党委宣传部和政府的新闻办、网信办等部门,主要任务是管理体制内的官方媒体,而对非官方媒体尤其是网络媒体与自媒体则缺乏有效的管理措施。遇到问题不是消极应对,就是采取警告、删帖甚至封杀等做法。这种典型的监管思维,迫切需要转变为治理思维。

最后,是从治理到服务。党和政府部门的相关领导应该转变自身观念,从管理者变为服务者,从不良舆论的清理者变成良好舆论环境的提供者。宣传和管理部门应当意识到,在移动互联网时代,网络治理应该是为传媒尤其是新兴媒体和广大受众提供完善的公共性服务,尽最大的努力去开拓一个公开、健康、活跃的传播环境。具体做法体现在以下两个方面。

一是重视新闻规律。在媒体深度融合的大背景下,管理部门应该着力发现新闻价值、整合公众心理、认识传播规律、运用传播技巧,从而更科学地制定决策,引导舆论。但是,当前一些管理部门对新兴媒体新闻的筛选、过滤和解读能力有限,且往往只考虑宣传使命而不重视新闻价值,重视领导意见而非受众需求,造成主流媒体的新闻报道传播力、影响力不够,对市场化媒体的引导力也不足的尴尬局面。

二是加强对商业媒体的引导。对于商业媒体,尤其是以社交媒体为基础的自媒体,要以引导为主,引导其积极向主流舆论靠拢,引导其自觉弘扬正能量,传播正确的价值观,而非单纯的管制和取缔。有必要在社交媒体上,发掘一批思想积极向上、擅用社交网络平台的自媒体,通过教育和联系,使其在各类事件中同主流媒体积极配合,丰富信息的视角维度。此外,还要在平台型的商业媒体上挖掘有潜力的自媒体,例如,今日头条的头条号、搜狐新闻的搜狐号,对这些自媒体账号进行更具针对性的引导,让其在主流媒体的弱势领域,传播主流思想价值观。对于这类主体,在按照基本规范进行约束的同时,要主动联络,配合主流媒体进行内容输出的引导。同时,管理部门也要借助这些信息平台,获取受众信息,了解受众需求,建立容纳各类媒体的传播矩阵,增强主流价值的宣传效果。

(2) 管理对象转变

媒体管理是一个历史性概念,这一概念的内涵和外延随着时代的发展在不断变化。因此,在移动传播时代,管理的对象也随着传播形态和传播主体的变化在不断变化。

媒体管理的对象应从管理党媒变为管理一切媒体。在传统理念上,相关部门通常将媒体管理中"媒体"的适用对象默认为"党媒",针对的主要是体制内媒体,体制外的市场化媒体不包含在这一范围内。

尽管主流媒体在新闻舆论工作中起到了中流砥柱的作用,是媒体管理工作的核心,但随着传播形态的发展,受众逐渐分化为"官方舆论场"和"民间舆论场","民间舆论场"的主阵地是以市场化媒体为主的新兴媒体。坚持"党领导新闻舆论工作的根本原则",必须要对"官方舆论场"和"民间舆论场"都有领导力。提升对"民间舆论场"的领导力,要对体制外媒体加强管理。

此外,管理市场化媒体,也是媒体管理法治化建设的必然要求。"法律面前人人平等"是法治的基本原则。由此可见,不管是主流媒体还是市场化媒体,都应该纳入相关法律治理的范围,而不应该差别对待。

(3) 管理重点转变

在媒体深度融合时代,媒体管理应从重点管理传统主流媒体变为重点管理新兴媒体。在传统媒体时代,党管媒体主要是管理书籍、报纸、杂志、广播、电视等媒体。但是,随着技术发展,媒体的类型在不断丰富,规模大小、职能范畴、开设门槛等各种元素的变化,都在改变着"媒体"的内涵与外延。

体现在媒体管理的层面上,就是管理内容在不断调整扩大,而管理工作重心也随之发生变化。随着媒体融合的进一步深入,"传统媒体"和"新兴媒体"的界限正在逐渐模糊,因为很多传统媒体也在通过自建、入股等方式开展新兴媒体业务。从这个层面来看,传统媒体和新兴媒体的区别已经不能用单纯的媒体形态来区分。从未来趋势看,信息传播载体更是以新媒体为主,传统媒体优势则更体现在价值导向、内容定位、媒体品牌等方面。

对于媒体管理来说,其重点已不应该仅限于书籍、报纸、杂志、广播、电视,而是应该逐渐向社交媒体、移动新闻客户端等新兴媒体倾斜,这也是集中有限资源、提高管理效率的必然要求。

(4) 管理内容转变

管理内容转变是指媒体管理内容主要从管"四权"到管决策、管方向、管宏观、管导向。

改革开放以来,尽管有很多商业媒体出现,但是主流媒体依然是党办媒体,即使是行业媒体也都是国有产权,管理上同党办媒体并无多大区别。在此情况下,党管媒体可以管所有媒体,不仅管导向,还管人、财、物。20世纪80年代,随着媒体广告经营权的放开,媒体功能从单纯的宣传功能,变成了宣传功能加产业功能,逐步确立了"事业单位,企业化管理"体制。

后来,随着体制改革和传播形态变化,中国的媒体大体可以分为三类:一类是党办媒体("中央管理的三报一刊、省委管一报一刊、市委管一党报"),属于"事业单位性质";第二类,国有市场化媒体,不属于党直接管理的媒体,但资产性质大多是国有,实行企业化经营;第三类,非公有资本的媒体,包括外资、合资、民营等,主要是各类商业网站和市场化新兴媒体。这些网站不具有新闻采访权,但诸如即时通信、网络社区、博客、微博、微信公众号等发布平台,实际上也具有新闻发布功能。对于第一类媒体,党有权掌握对重大事项的决策权,对资产配置的控制权,对新闻宣传业务的审核权,对主要领导干部的任免权。对于第二类、第三类媒体,党无直接管理权,主要是政府主管部门依法进行管理。

然而,在激烈的市场竞争中,由于党媒一体、事无巨细,很多主流媒体在与市场媒体的竞争中,无法取得优势地位。而对于新兴市场化媒体,由于政府直接监管难度较大,导致新闻乱象丛生。

未来要想管活主流媒体、管住新兴媒体,使两者为宣传主流思想形成有效的合力,共同为承担新闻舆论的职责和使命努力,就要赋予两者相同的地位,并采取更有针对性的管理方式。具体到管理内容上就是,不仅要管宏观、管导向,巩固马克思主义意识形态的主导地位,支持和发展积极且健康的舆论,抵制和克服消极且有害的舆论,保持舆论总体的积极、健康、平衡、有序;而且管决策、管方向,发挥新闻媒体在宣传党的主张、弘扬社会正气、通达社情民意、引导社会热点、疏导公众情绪、搞好舆论监督等方面的作用。

(5) 管理方法转变

第一,引入融合化管理技术。传播技术和传播环境的变化使媒体管理面临着更加复杂的挑战。但是,从另一个侧面来看,新的技术也在推动媒体管理融合方面起到了积极作用。新技术的出现也可以在党管媒体的原则指导下服务于舆论引导、媒体管理的工作。例如,应用人工智能和大数据技术对网上舆论形式进行更准确的分析和预测,以形成更有针对性的治理、引导方案;云计算技术则可以有效弥补传统媒体在技术能力上的弱势,利用"阿里云"等云服务提供商的技术支持,传统媒体可以在硬件投资相对较小的基础上,更快推动媒体融合发展,更好地传播主流价值观。

具体来讲,用好融合化管理技术应该从三个方面着手。一是大胆拥抱新技术。用好融合化管理技术,相关部门首先要转变理念,要大胆拥抱技术,不能拒绝技术更新,更不能排斥新技术。二是增加管理技术投资。大数据、云计算、人工智能等技术往往投资巨大,媒体管理部门要加大技术方面投资,最好建立专项的研发资金,用于新技术的研发和应用。三是引进新技术人才。人才是技术创新和应用的关键。目前,我国媒体管理部门人才结构相对单一,多以文科类毕业生为主,应该多引进理工类和技术型人才,使人才结构更加完善。此外,在人才管理方面,也应该将技术类人才和管理类人才分开来管理,对技术类人才专才专用,使人才管理体系更加科学,更好盘活现有人力资源。

第二,健全融合化管理体制。融合化管理体制是指适应媒体融合发展特色的媒体管理体制。它包含两个方面内容,一是用融合化的手段进行管理,二是用有效的手段管理媒体融合发展。这两个方面是相辅相成的,且都是对管理体制本身提出了挑战。那么,如何健全融合化管理体制?

一是建立自下而上的管理制度。纵观当前的管理制度,对于主流媒体来说,依然是由各级党委宣传部门领导,而对于新兴媒体,则是由各级互联网信息办公室监管。这种"自上而下"的管理体制虽便于管理,但也存在一些问题。例如,市场上一些突发情况需层层上报,难以快速反应、有效应对。因此,要建立一种"自下而上"的管理体制,最好是"将组织建到基层"。例如,建立媒体内容检查小组,派驻到成规模的互联网公司,与该公司党委配合工作,一方面传达各级政府主管部门在舆论宣传方面的指导意见,另一方面定期报告进驻媒体的内容和宣传导向存在的问题。

二是建立负面清单制度。媒体管理融合可以借鉴经济管理方面的一些方法,如负面清单制度。依法建立媒体负面清单和媒体行为的负面清单。媒体行为负面清单列明大众媒体不得进入的领域和事项,以及不得从事的网络行为,明确规定媒体活动的禁区,除清单外的都对媒体开放;媒体负面清单,则将违规操作或者进行违法行为的媒体列上清单,禁止该媒体从事某些事项或者参与某些领域的报道。采用负面清单的管理方式,可以有效推进媒体管理尤其是对互联网等新兴媒体管理的公开透明,并促进法治政府建设。同时负面清单也为媒体划定了禁区和红线,为媒体提供了自检标准,有利于引导媒体开展自我管理。

第三，完善融合管理法律。一是完善媒体融合法律体系建设。在媒体融合时代，通信技术不断发展，传播环境日新月异，相应的法律法规也要做出改变和完善，以适应传播形态和传播方式的转变。最重要的是要做到，更新传媒法治理念，建立全媒体统一标准的法律体系；完善传媒法律体系，针对不同类型媒体和不同性质的行为制定专门而具体的细则，使媒体有法可依，有据可循；加强传媒执法能力，建设专门的融媒体执法队伍，对于不法行为进行实时监控，坚决打击；完善传媒司法能力，引导媒体通过司法途径解决相关争议。最终，力争做到立法科学、执法严格、司法公正、守法自觉。

二是充实媒体融合执法队伍的力量。目前，媒体融合执法的主体力量是各级互联网信息办公室。在我国，除国家网信办外，省级及以下互联网信息办公室往往不另设新的机构，多是在本级人民政府新闻办公室加挂互联网信息办公室牌子，这就造成了人员力量严重不足的问题。随着新兴媒体进一步发展，网络信息量呈几何级数增长。据估计，当前全球存储的数据总量以上万艾字节测量，该数据还在加速增长，大约每三年实现一次倍增。而且，这些数据大多是形式多样、内容芜杂，单靠各级网信办的力量已经难以应对。因此，要进一步充实媒体融合执法队伍的力量，以应对媒体融合带来的挑战。

三是强化媒体自身法律责任意识。媒体和媒体人的社会责任不仅包括政治责任、道德责任还应包括法律责任，这与全面依法治国的基本精神相吻合。因此，在媒体融合发展过程中，应当加强法律宣传，提高媒体自身的法律责任。提升行为主体自身法律意识，有助于从本源上防治造谣传谣、侵犯隐私、侵犯版权等违法行为的发生，对于促进媒体融合法治建设能够起到积极的作用。

第十章 如何冲破人才融合"天花板"/融合发展,关键在人

媒体融合发展,人才最为关键。在传统的媒体从业者向全媒型人才转变的过程中,存在人才编制、人才构成、激励考核、人才流动方面的种种问题,这些"天花板"阻碍了人才的真正融合。主流媒体从使用人才的体制机制、理念创新等方面开始了一次次尝试,一些经验值得学习推广。

第一节 人才融合,初见端倪

人是媒体发展的核心要素,主流媒体在运用移动传播、推动媒体融合发展的过程中,人才融合是根本,传统媒体与新兴媒体的融合归根到底是人的融合。主流媒体的人才融合是指主流媒体在融合发展过程中,传统的媒体从业者经过训练向全媒型人才转变的融合过程。

所谓全媒型人才,是指具有全媒型思维和理念,熟悉各种传播载体的传播规律、传播知识、传播技能,善用各种现代传播手段进行创造性、传播性的劳动,并对传播活动做出贡献的人。这里说的传播载体包括报刊、广播、电视、户外、网络、手机等。这里说的传播技能包括文字采访、出镜采访、文字写作、摄影、摄像、声音和视频编辑制作、网络和手机媒体等的数字传输技术等。

具体来说,这种转变的核心是全媒体思维和意识的形成,要知道选择什么样的新媒体形式呈现已有的内容、素材,用什么样的形式可以吸引到更多的受众。这种转变的重点是文字编辑、记者向全媒型编辑、记者转型,不仅要掌握原有的策采编发评等技能,还要具备全媒体、融新闻意识,对摄影、视频、新媒体制作等领域有所了解,照片能拍,音视频能做,出得了镜,上得了直播,"双枪将"已不能满足多元化传播的需求,"多面手"是未来人才需求的方向。

主流媒体人才的现状是,由于长期在体制内运行,人才的更替相对较慢,一些传统文字记者和编辑容易陷入路径依赖,产生本领恐慌但不敢突破,对新事物的接受能力较弱。新媒体编辑、记者往往缺乏传统媒体严谨的新闻训练,在舆论导向、新闻的整体把握等方面存在短板,容易片面追求"快、新、奇",忽视新闻的基本要素,在大局把握上还需要提升。

主流媒体的人才具有以下几个特点。一是人才的精英性和原生性。人民日报、新华社等中央级媒体单位每年的进人渠道,主要是北大、清华、人大、复旦等重点院校应届毕业生,经过层层选拔挑选出几十人,录取比例一般只有不到1%。它们特别强调"白纸一张",喜欢从头培养,从原来新闻传播专业学生居多逐步向不限专业、注重素质转变,当然也强调专业性要求,越来越多的"通才+专才"被引进主流媒体。由于人才的素质较高,他们成为编辑、记者后直接接触一线实务,熟悉新闻业务流程速度很快,可以快速熟悉主流媒体的运行规则和行文风格,一般通过3—5年的锻炼可以独当一面,10年左右可以成为某一领域的专家型新闻工作者。

二是人才的复合性和创新性。进入主流媒体的人才往往在学校时都有一技之长,或是影片剪辑,或是播音主持,或是H5制作等,在新媒体逐步成为新闻产品高产区后,他们可以在传统媒体工作之余承担更多的创新业务,具有较强的可塑性和灵活性。人民日报、新华社、央视、南方日报的新媒体团队平均年龄不到30岁,基本每人都有特长,一些类似"RAP说唱""快闪"等吸引年轻人的新媒体产品都是出自他们的创意。各主流媒体的工作室、孵化器也为这些复合型人才"施展拳脚"创造了舞台,任何想法都可能以较低的成本变成现实,有发布的渠道,更有获得关注的机会。

三是人才的相对稳定性。主流媒体虽然在薪酬方面没有明显优势,但职业安全和稳定的福利让其工作人员忠诚度较高、归属感较强。根据课题组的调研数据,人民日报正式事业编制员工每年离职15人以下,离职率为1‰左右,前几年每年只有2—3人离职,离职率很低。他们常年从事新闻工作,积累了较为丰富的经验,这无论在传统媒体时代还是现在的移动互联时代都是宝贵的财富,尤其在确保新媒体舆论导向、把握正确的立场方向方面很重要。稳定性还使主流媒体的承继性较好,有利于形成人才代代相传的梯次,在"传帮带"方面也会有明显的优势。

可以说,主流媒体人才的这些特点也反映了他们典型的人才优势,这些优势保证了主流媒体发展的高点定位和可持续性。随着媒体融合进入新时期,高水平人才和创意更加稀缺。如果主流媒体在新一轮竞争中还要保持领先优势,人才的自我提升和完善十分重要,人才融合的瓶颈必须突破,影响人才融合的"天花板"必须打碎。

第二节 人才融合,不破不立

主流媒体在运用移动传播、推进媒体融合发展的过程中,必须认识到存在的阻碍因素,从根本上加以解决。

一是人才的编制身份问题。目前仍有不少主流媒体是事业单位性质，沿用过去"身份管理"的编制管理方式。在一个单位中，存在不同编制身份的人。比如，中央电视台的员工就分为事业编制、台聘、企业聘用和劳务派遣几种类型，大家在一起工作，但是待遇和管理方式却有很大差别。这是典型的"双轨制"或是"多轨制"，他们不仅身份不一样，考核和退出机制也不相同，存在同工不同酬、同岗不同待遇的情况。

除此之外，编制内外员工在职业发展、福利待遇和养老、医疗保障等方面适用不同的制度体系，增加了管理成本和难度，这与劳动合同法的相关规定也有抵触。劳动合同法明文规定："用人单位不得设立劳务派遣单位向本单位或所属单位派遣劳动者。""劳务派遣一般在临时性、辅助性或者替代性的工作岗位上实施"。比如，部分主流媒体的编外人员绝大多数是下属的公司实施派遣并在采编播管等一线核心岗位上工作，而非"临时性、辅助性或者替代性的工作岗位"。

这个问题在主流媒体内部比较突出，直接的后果有以下几个方面。一是不利于组织管理和可持续发展。很多事业编制内的老职工存在明显惰性，如果再没有有效的绩效激励机制，会变成"养老院""休养所"，产生"温水煮青蛙"的效应。同时，编外人员成为干事创新的主力军，但是他们的待遇有的时候还不高，上升通道不明朗，造成流动性大、离职率高。以中央电视台为例，十年前离职率不到1%，而近几年离职率上升到约5%，人员稳定性变差。二是造成人员之间攀比严重，不利于调动全员工作的积极性。我们在调研中总会听到类似的抱怨，不干活的收入倒高，干活的都是"临时工"而且没有稳定的福利和保障。

二是人才的构成问题。在主流媒体中，存在人才结构不尽合理的情况,这可以从年龄结构和知识、能力结构两个方面来考量。

第一,目前看主流媒体从事新媒体和移动端产品制作与运营的人员有两个倾向。一方面年轻人很多,"90后"年轻采编人员占据较高比例。根据艾瑞咨询的调查,2016年新媒体从业者平均年龄只有28.3岁。有的负责把关的人没有经过传统媒体的历练,对舆论导向和敏感事件的把握还不成熟,没有老编辑坐镇容易出现差错和闪失,其中由于年轻编辑缺乏政治敏锐性而出现的错误最多。比如,有些新媒体作品把"内地和香港交流"简称为"中港交流",把港澳台地区说成国外而不是境外,经常用"小保姆""车夫"一些歧视性称呼或概念,这些表述都不严谨,甚至会被删帖,带来不必要的麻烦。

另一方面,很少有在一线负责具体挑选素材、进行具体编辑工作的老编辑。这样的后果是新媒体产品更多倾向年轻人的口味,产品的定位往往也忽视了中老年人的存在。比如,很多移动端新媒体产品充斥着"新词怪词""雷人雷语",有些中老年受众看不懂也就不爱看了,影响了产品更广泛的传播。

第二,主流媒体从事新媒体和移动端产品制作和运营的人员知识和能力结构也存在一定的问题。从知识结构上看,虽然现在编辑、记者的专业背景多元广泛,但是仍以文科生为主,尤其是新闻与传播专业的毕业生居多。据艾瑞咨询统计,新媒体工作的从业者有41.6%毕业于新闻与传播专业或曾从事过相关工作。这种知识结构虽然在一定程度上保证了新媒体生产的专业性,但是对产品的创新、向其他领域延伸扩散其实是不利的。尤其是在移动端,专家型记者、编辑更是稀缺,缺少专业领域文章的把关人。

有调查发现,专业文章在移动端出现差错的概率更大,比如常见的有经济概念和数据错误。这一方面是由于新媒体产品的时效性强忽视了学界业界专家审稿的环节,另一方面也体现出专业记者、编辑的缺乏。由于培养周期长,新媒体运营的高层和从业者往往对此不够重视。

从能力结构上看,主流媒体目前存在产品设计、具体制作和呈现等方面的人才稀缺问题,从业者能力结构上多样性、差异化不足,能写、能编的传统人才仍较多,会制作、懂设计、能出镜等具有专业能力的人才还亟待补充。

还需要提出的是,主流媒体在媒体融合发展的过程中,往往是抽调一些年轻人组成移动传播运营团队,而且主要是编辑居多,内容提供更多地依靠传统媒体。这就带来了一个突出问题,即编辑只能在呈现方式上对素材进行加工,既不能保证内容在移动端有特别的吸引力,也不能权威地对素材提出修改意见,沟通成本较高。同时,新媒体内容生产缺少原创、自采、深度的稿件,也不利于新媒体年轻编辑的持续发展,不利于他们的流动和轮岗。一些移动端年轻编辑反映,他们一般在3—5年后会遇到明显的彷徨期,存在转型的想法但又缺乏足够的准备,尤其是遇到生产、创意的瓶颈时。很多主流媒体缺乏必要的轮岗机制,限制了新媒体移动端编辑的成长和进步空间。

三是人才的激励问题。主流媒体在运用移动传播、推进媒体融合发展的过程中,人才的激励问题比较突出。目前,主流媒体普遍已经建立了在移动端制作新媒体产品的激励机制,有的比较完善,符合新媒体运营的基本规律,但是还有部分地方主流媒体在这方面的动作不大,对移动端新媒体产品的考核简单化,新媒体从业员工的收入低于传统媒体产品的绩效奖励水平。

同时,部分主流媒体的领导不重视移动端新媒体建设,找一些经验不足的年轻人负责,而且原创性不强,主要是纸质版的电子化。这些新媒体年轻编辑的收入水平普遍较低,积极性不强,基本承担了"守摊"的任务。在分配方面还是"大锅饭",没有明显差别,存在"干多干少一个样"的现象,造成较严重的人才浪费。

从对新媒体移动端从业者的个人激励上看,目前主流媒体采取的还是保证移动端编辑、记者和传统媒体编辑、记者相一致的办法,没有明显的倾斜或者差别对待。大部分移动端编辑享有加班费、夜班费,从整体上看补助水平低于市场化媒体,但工作强度并不低。

四是人才的转型问题。由于工作和思维惯性,传统媒体向移动传播形态的转型是非常艰难的。虽然有些文章通过移动端发布,但是内容和表达方式跟过去差别不大,有些只是个别语句变得"网络化"或者接近口语,仅是传播方式的扩展,这种变化远达不到真正意义上的转型。

人才的转型首要是意识上的,即具备全媒体思维,知道产品应该用什么样的方式呈现。这种转型关键是通才的培养和训练。新媒体移动端的人才必须触类旁通,对一切新鲜事物抱有好奇心,掌握更多的信息和新媒体技术,勇于尝试,敢于创新。每个人都有自己工作的舒适地带,新媒体人才必须勇于走出舒适圈,不断挑战自我,接触并认识新事物。比如,目前中央级的大部分主流媒体都有专业的动画设计师、无人机飞手、视频拍摄制作团队,都会定期组织相关培训,让大家有机会接触最新技术,把握新媒体"风口"和未来发展方向。对于负责移动端产品的媒体领导者,这种全媒体意识尤其重要。

其次是心态转型,必须从"无冕之王"的高高在上转变为"强调产品、服务、品牌"。过去主流媒体的记者习惯于别人"喂料",主动出击、向市场化媒体学习的意识不强。但在媒体融合发展时代,大家站在同一起跑线上,很多优秀产品只凭一家之力不足以完成,必须借助一些市场化媒体的优势共同完成,合力推广。比如,人民日报新媒体中心推出的"快看呐,这是我的军装照",借助了腾讯天天P图技术;人民日报中央厨房工作室的一些产品经常和阿里巴巴、大数据公司进行横向合作。主流媒体人才经过培养,训练出产品经理思维,把受众当"上帝",把服务当"责任",把品牌当"生命",这种转型才算成功。

五是产品和个人考核、评估问题。新媒体移动端的产品考核上也出现了一些难点。比如,很多移动端传播的只是传统媒体上稍加修改的内容,并不是为新媒体作品量身打造的,这和移动端的原创作品考核上不好区分。有些被移动端转载的只是枯燥的时政消息,转载率高但影响力未必大,这会干扰考评软件,影响考评效果。

对移动端编辑、记者的考核目前仍在探索中,市场化媒体进行了一些有益尝试。比如,360度的KPI考核,主要根据文章发布后的涨粉数、阅读量、转载率、点赞数等精确设置考核指标,并依据指标打分进而确定个人绩效。还有一些创业型新媒体通过目标考核、结果考核的方式,采取项目制管理模式,即使不出现在公司,只要能用爆款产品创造实际收益,就可以获得高薪酬。再比如,小型新媒体公司给编辑、记者很快的上升渠道,运营能力是最核心的指标,甚至可以用股权、期权等形式吸引优秀人才较长时间服务某一个媒体。

市场化媒体上海头条的人力资源总监介绍,考核应是一个不断变化的过程。比如,在初创时期应该更多考虑如何涨粉、吸引更多人关注;在发展时期更应该用综合考核,不能盲目追求"10万+",可以考虑设定绩效目标,用达成率考核;在成熟期可以更加关注员工的获得感、成就感和价值实现,福利体系建设更加重要,这时候要留住核心员工,持续给予激励。

对新媒体创作和运作的考核不能沿用传统媒体的方式,这对主流媒体而言是很大的挑战。主流媒体不像市场化媒体一样可以简单用结果考核或期权激励,应该在用考核保证人才的稳定性和创造力方面有自己独特的手段。

六是主流媒体人才的流失问题。目前,主流媒体人才流失问题比较严重,这方面表现有以下几个趋势。第一,从主流媒体向市场化媒体的流动。市场化媒体最大的优势是收入吸引。比如,腾讯新闻、快手几家市场化媒体或平台的年轻编辑入职起始月收入都在1万元以上,资深编辑能达到每月2万—3万元,根据个人表现每年发15—18个月的工资。中层以上员工采取年薪制或给予股票期权,年收入100万元左右。虽然近几年来主流媒体的编辑、记者在收入方面有所提高,尤其是初入职的收入提高较大,但随着工作年限增长的变化幅度不大,入职十年后的年收入水平普遍在30万元以下。因此,在主流媒体工作五年左右的员工离职率最高,到市场化媒体一般都能获得薪酬上的提升。

第二,从主流媒体向广告、公关、互联网公司等行业的流动。广告、公关、互联网公司除了薪酬上的优势,还有职业发展、自由发展空间方面的吸引力。在百度、阿里巴巴等公司,从主流媒体跳槽进入的人才数量不少,以新华社、央视等单位的人才居多,不乏刘建宏、郎永淳这样的知名主持人。这些公司收入普遍较高,尤其欢迎媒体界精英加盟,他们看重主流媒体从业者的人脉资源和综合素质。同时,主流媒体流出的人才喜欢这种公司的企业文化和宽松环境,又能获得较好职位,是优先的选择之一。

第三,从主流媒体向创业公司流动。创业公司成为主流媒体人才流动的一个聚集地不是偶然，类似摩拜、魅族、逻辑思维这类创业公司，在初创阶段不仅需要媒体的关注和报道，更需要深谙媒体运行规则的资深主流媒体从业者的直接加盟。他们可以提供非常有竞争力的薪酬，给主流媒体人才以高级职位和公司股份，这对原来在主流媒体按部就班工作、渴望挑战的人才有较大吸引力。

第三节　人才融合，大势所趋

近年来，面对人才融合过程中不可逾越的"卡夫丁峡谷"，主流媒体顺应趋势，从体制机制、理念创新等方面开始了一次次尝试，有些经验值得借鉴。

首先，人才融合必须打破体制机制的束缚，重新以新媒体传播标准设置机构，从根本上解决用人"多轨制"问题。

解放日报是主流媒体中推进人才融合比较成功的一个范例。2016年3月1日，解放日报在全国党报和上海主流媒体中先行一步，在采编组织架构、生产流程、人才考核方面启动了30多年来最大规模的一次改革，将全部采访力量转入新媒体产品"上海观察"（现改为"上观"），同时向解放日报供稿。这释放了一个重要信号，即解放日报已经让位给"上海观察"，新媒体优先，给"上海观察"供稿优先，"党报新媒体自贸区"横空出世。

解放日报的体制机制改革给人才融合提供了一片丰沃的土壤，解放日报原来的各专业部摇身变成了"上海观察"各频道，原来部门主任转型为频道总监，副主任以下的人员以竞争方式重新上岗，原来事业单位的身份已不再重要，能者上，庸者下，一批活跃在一线的"首席""主编"脱颖而出，这些想干事、能干事的编辑、记者舞台更加广阔了。

体制机制改革和人才融合的效果也可以用一些硬指标来衡量,比如发稿的速度、频率、数量和质量都明显增加了,原来第二天早上见报的稿件,现在前一天晚上就可以在"两微一端"呈现;原来由于版面的限制,一些有意思、有内涵、有深度的文章和大量精彩的图表、图片不能充分展现,而现在只要符合政治要求、能吸引受众阅读的篇幅不限、形式不限;因为每篇文章都有相应的数据考核、专家考核,编辑、记者不用担心稿子被埋没、被忽视,好的内容一定会得到相应评价和激励,并从稿费上直接体现出来。高产出、高水平的编辑、记者多劳多得,激发了整个团队的创作热情和工作激情,也提升了"上海观察"整体推送文章的质量和水平。

还有湖北"九派新闻"的例子。"九派新闻"的前身是武汉长江日报的移动端产品。2015年9月23日,"九派新闻"客户端和微信公众号上线,定位为全国性舆论平台,以"资讯奔流,激越中国"为口号,以数据新闻、深度报道、民生服务、智库风格为鲜明特色,是运用大数据技术构建的新媒体产业融合平台。"九派新闻"在人才融合方面的尝试也很大胆、很彻底。他们的团队以年轻人为主,原有长江日报事业身份的人员可以选择加入,但是必须遵循新的管理办法和考核办法,根据工作业绩重新竞聘领导岗位。这种模式统一了考核标准,不存在新人、老人之分,同工同酬,同样的福利和机会,真正以能力、产出、效果为导向。目前,"九派新闻"盈利较为稳定,在业界形成了自己的特色,一些产品在湖北甚至全国都有一定的影响。

其次,人才融合必须重新制定考核评价机制和绩效激励机制,最大限度地激发个人创造力。人民日报中央厨房和新媒体中心的例子能很好地说明考核评价机制和激励机制对人才融合的促进作用。人民日报中央厨房和新媒体中心采取了不同于传统采编部门的考核评价方式和绩效激励机制。比如,中央厨房的稿费水平较高,文字类稿件税前900元,视频类稿件税前1500元,这个标准比人民日报一些版面的稿费要高,可以吸引一些记者为新媒体供稿。

人民日报新媒体中心强调时效,首发的、有较高新闻价值的消息无论长短给予500元奖励。报社研究机构每天、每周会通过大数据和专家点评评选新媒体五强、十强,反馈给报社领导,新媒体作品参评报社好新闻奖、中国新闻奖,定期给予物质和精神奖励。这些举措让人才逐渐向新媒体移动端聚合,给新媒体投稿的积极性大增,推动了现象级产品的形成。这种新的考核和评价机制激发了一些编辑、记者的活力和创造力,挖掘了他们的潜力。比如,在人民日报中央厨房的40多个工作室里,麻辣财经和大江东工作室的负责人都是年过50岁的女同志,她们的产品数量多、质量高,领导评价她们参与新媒体的热情就像"打鸡血"一样,自觉地融入媒体融合发展大潮,自发地进行了人才融合尝试。

中国日报社在这方面也做了有益的尝试,他们分别对微信、微博、客户端等几种产品形式进行了量化评价,根据点击率、转载率、批示率等设定客观指标,按照这些硬指标对移动端产品进行打分并发放稿费。原来中国日报以对外传播为主,新媒体移动端拓展了其影响面,增加了其国内粉丝,有机地把内外宣结合起来,激发了人才的活力、动力,开辟了独特的报道视角和舆论阵地。

南方报业传媒集团在改进考核方式、建立用人新体制新机制方面也做了积极努力,探索建立综合考量传播力、影响力、专业评价等多种评价机制的加权考核办法,同时针对高端职位和一些技术、运营类的岗位需求,尝试引入猎头招聘方式,实行一人一薪,建立能进能出的用人体系,吸收新鲜血液,保持团队活力。

《人民论坛》、健康时报等专业媒体或行业媒体另辟蹊径,它们采取对人才的综合激励方式,不仅对员工的内容生产有绩效考核,而且鼓励员工参与发行工作、市场化推广和品牌建设,有的采取项目团队制管理方式。这种方式使人才不再只盯着原来的"大锅饭",有能力者可以有机会"开小灶",以对媒体的贡献度发放绩效,是一种很强的激励方式。

再次,人才融合要依托一些新理念,进行有效的项目创新,把人才放到媒体实践中进行融合锻炼。人才融合,必须"是骡子是马拉出来遛遛",以新的媒体运作理念作指导,把人才放到媒体融合发展的实践中锻炼。比如,人民日报和雄安新区合作了雄安媒体中心项目,是在雄安这张白纸上拔地而起建立了一个现代化、智能化、集成化的媒体中心。项目的核心在人,人才融合的最好舞台就是在基层、在实践中。根据对参与雄安媒体中心项目的几位人民日报记者的调查,大家普遍表示这是主流媒体运用移动传播、推进媒体融合发展的试验田。原来主流媒体的记者只需要做好文字工作,不需要设计新媒体文案,考虑视频、H5等产品的呈现效果。而在雄安,这一切必须打通,全媒体人才成为"标配"。"图片+文字"是最基本要求,由于还承担了雄安电台、电视台的职能,音频、视频也屡见不鲜。在运营过程中,媒体中心尝试制作"新时代遇见雄安"纪录片,探索服装节、马拉松比赛的现场直播。因为团队人员有限,内部的交流学习成为可能,记者的摄影、拍摄、剪辑技术都有普遍提高,设计师有时候也深入一线配合采访,人才深度融合成为常态。

人民日报新媒体中心和中央厨房鼓励融媒体工作室与社会上的市场化公司合作,比如"当民法总则遇上哪吒""今天,五国姑娘为金砖打call""水墨丝韵——绝美一带一路创意动画来了"。这些刷爆朋友圈的产品都由主流媒体和市场化公司合作完成,发挥主流媒体人才把握主旋律、创新创意方面的优势,结合市场化公司专业设计师、动画师集聚,熟知市场和受众规律的强项,产品不仅"三观"很正,而且符合商业化推广的形式,有广泛传播的潜质。这种合作也是人才融合和学习的良好机会,在反复沟通和磨合中,主流媒体的创作者理解了新媒体制作的全过程,对一些新媒体技术有了更直接、更深入的认识,尤其是培养了产品经理的思维,了解推广产品的关键节点和受众痛点,为今后的文案构思和产品设计积累了丰富的经验。

最后,促进人才融合的重要途径是培训,通过对标全媒体人才的全维度培训,实现人才融合和升级。人才融合是一个长期过程。如果说有什么法宝,培训也许是覆盖面最广、效果最好的方式之一。

全媒体人才的培训强调"三个全"。第一,是培训的内容全,是全维度的。一方面,全媒体人才的培训不是只注重新媒体业务培训,仍然以基本的媒体从业培训为基础,同时关注人才的快速转型。很多新媒体年轻编辑对基本的新闻理论、新闻规范了解不深,导致产品虽然不乏创意,但导向性和教育性不强。对这些年轻编辑的培训应当侧重于新闻的基本知识和新闻伦理。

另一方面,这种培训要强调与时俱进,一切新事物、新内容都要尝试和参与。以无人机训练为例,新华社在通州设立了无人机培训基地,保证每个分社、每个新华网频道都有1—2名专业飞手,还专门在新华网上开设无人机频道,展示新华社记者的作品。人民日报、央视也都建立了无人机培训模块,定期组织学员到培训基地体验实践,进行作品交流和讲评。

主流媒体已经形成了一个基本理念,一种媒体方面的新事物或者新技术出现,必须及时跟上,培养出一批训练有素的人才,快速找到"风口",占据融合发展的有利位置。人民日报新媒体中心主任丁伟曾指出,各家媒体都在绞尽脑汁地考虑如何实现内容产品从可读到可视、从静态到动态、从一维到多维的升级融合。目前看,移动直播和短视频能够有效地增加用户黏性,是公认的"风口"。因此,人民日报在这方面下了功夫,开发了"大咖有话"等视频直播节目,还对驻全国和世界各地的报社记者提出能多用直播和视频方式报道新闻的期望。在人才选用和培养上,人民日报的新媒体团队增加了视频制作、出镜主持等方面的专业人才,对原有人才的培训频率也显著增多,直播和短视频节目整体比例显著提高。

第二,是培训的覆盖面全,不只针对特定群体或者年轻人,必须是全员转型。中国新闻出版研究院在2016年所做的全国国民阅读调查结果显示,2015年报纸的年人均阅读量为54.76份,比2014年下降了约20%。还有一些研究表明,报纸、刊物的实际阅读率也是逐年降低,尤其是单位指令性订的报纸、杂志,订报不阅报的情况比较普遍。

在这种情况下,不能适应新媒体时代和融合发展大趋势的人员面临淘汰风险。湖北日报、陕西日报等省级党报都采取了无死角的全员培训模式。一位地方党报领导形象地说,就像当年全员学计算机、学打字一样,现在单位里最热门的就是新媒体技术。经过培训,传统文字记者也会用新媒体语言发布信息、表达观点,也开始在采访时尝试拍摄,积极探索内容呈现的新形态。

第三,是培训的效果全面。全媒体人才的培训不仅使大家收获了新媒体的知识和技能,从结果和效果看也比传统的人员培训更有亮点和特色,团队激励的效果更明显,对工作的实际促进作用也更直接。

贵州日报的新媒体团队定期进行大数据知识培训，依托贵州省大数据局、贵州移动公司提供的数据支持，通过人流热力地图等工具进行实战培训，特色鲜明、重点突出，能很快锻炼出一支在数据分析、舆情监测领域成为行家的队伍。像AR、VR、全息投影技术这些人工智能类的培训课程，在主流媒体的培训中已经很常见，但还有很大的拓展空间。"人工智能＋传媒"的趋势不仅新媒体移动端的内容生产者需要了解和尝试，主流媒体市场营销、品牌推广方面的人才也必须熟悉，因为这关系着下一步主流媒体的转型，关系着主流媒体是否能在媒体发展浪潮中继续占据引领地位。

第十一章 移动传播推进融合发展/路在何方?

第一节 总判断:未知大于已知

人类传播活动经历了口头传播、文字传播、印刷传播、电子传播、新媒体与数字化传播时代,每一次传播革命都对人类社会生活产生了深刻的影响。文字的产生使人类告别原始口头传播时代,进入文字传播。第二次传播革命源自18、19世纪欧洲工业革命带动的印刷机械化、生产的工业化,奠定了大众传播的雏形,推动廉价报纸面向更广大的受众。第三次传播革命源自20世纪电子技术的产生和发展运用,电报、电话技术实现了远距离点对点的信息传输;广播、电视通过文字、声音、图像延伸人体的感觉器官。而互联网的出现,则是人类传播史上的第四次革命。

从媒介自身的发展来看,这四次革命直接带来了人类社会发展质的飞跃。传播的发展极大地开拓了人类认知的维度和视野,反过来也极大地影响和改变了人们的生活。正是基于媒介技术强大的作用及其对传播活动乃至社会发展所带来的翻天覆地的变化,加拿大传播学者英尼斯和麦克卢汉把媒介作为社会发展和社会形态变化的决定因素。麦克卢汉说,媒介即讯息。"所谓媒介即讯息只不过是说,任何媒介对个人和社会的任何影响,都是由于新的尺度产生的,我们的任何一种延伸都要在我们的事物中引进一种新的尺度。"

近年来,互联网的发展给人类社会带来了翻天覆地的变化,已经远远超出了人们的预期。"互联网+"未知远大于已知,未来空间无限。唯有保持开放的心态,积极顺应时代的发展,才能在瞬息万变的历史长河中勇立潮头。认识到移动传播的发展未知大于已知,是从认识论的角度来看移动互联时代,这种总体判断,要求我们在移动传播的发展中始终保持以下四种意识。

一是积极意识。移动传播是大势所趋,主流媒体必须积极主动地参与到移动传播的发展中。在互联网发展的前期阶段,主流媒体由于认识不足,投入不够,导致发展滞后。近年来,主流媒体积极投入,在移动传播发展过程中因势利导,充分发挥了主流的作用。

二是规律意识。马克思主义哲学认为,世界上的事物和现象千差万别,它们都有各自的规律。规律是客观的,既不能创造,也不能消灭。传播活动的发展变化,始终都有传播规律在其中发挥作用。因此,在移动传播的发展过程中,要充分尊重传播规律,任何脱离和违背传播规律的所谓发展都注定会失败。

三是创新意识。习近平总书记强调,创新是一个民族进步的灵魂,是一个国家兴旺发达的不竭动力,惟创新者进,惟创新者强,惟创新者胜。创新同样是移动互联发展的引擎。互联网发展始终都是在技术创新的驱动下不断进步的过程,要始终保持创新意识,让创新在移动互联发展过程中发挥引领性作用。

四是前瞻意识。中国人常说满则损,凡事不能过,过犹不及。对于移动互联的发展也是如此,保罗·莱文森说:"任何媒介都有缺陷,还有待向更加人性化的方向发展。"媒介发展的任何一种状态和阶段其实都是过程,这个发展历程是没有终点的。应始终保持开放的心态,接纳新事物,并且对目前的发展保持足够的清醒和客观的体察,给未来预留发展的空间。

第二节 大方向:移动优先战略

我国已经进入了较高程度的互联网化时代,各种终端逐渐融合于移动端。根据艾瑞咨询公司的统计分析,新媒体用户的互联网电视拥有率高达48.9%,高于传统电视的47.3%,智能手机拥有率为91.1%,已经成为最受欢迎的新媒体终端。移动互联网经过多年的发展已经进入相对成熟的阶段,移动网民增长速度远远超过整体网民增速,微信、微博等已经成为受众获取新闻最主要的方式。

在各种资源向移动端高度集中的过程中,传统主流媒体面临的来自各个方面的竞争更加激烈,移动视频直播平台井喷发展,移动出行、支付和生活服务平台竞争日趋激烈,内容、资本和技术都在角逐手机屏幕这块方寸之地,入口级、平台级的互联网巨头占据越来越大的优势。对传统媒体而言这些是巨大的挑战,与此同时,这种局面也为进一步整合资源、做大做强传统主流媒体提供了难得的机遇。传统媒体与政府机关、公共机构、国有企业等社会各行业有着广泛联系,具有多年积累的线下资源和渠道,具有无可替代的权威性和公信力。因此,只有在移动发展过程中不断坚持解放思想,通过合作整合这些资源、用好这些渠道,才能在新平台、新模式的探索上发挥自己的优势,保持主流地位。

适应移动传播的发展趋势,中央明确提出,要把移动优先作为重要战略,把资源、技术、力量向移动端倾斜,突出强调了"移动优先"在推动媒体融合发展、提升媒体传播力、引导力、影响力等方面的重要意义。习近平总书记在"2·19"重要讲话中提出,要尽快从相"加"阶段迈向相"融"阶段,从"你是你、我是我"变成"你中有我、我中有你",进而变成"你就是我、我就是你",着力打造一批新型主流媒体。新型主流媒体就是以移动传播为主的媒体,只有适应了移动传播新态势的媒体,才称得上是新型主流媒体。

移动优先是顺应信息传播新态势的必然选择。2009年前后,雅虎公司用户体验总监卢克·罗伯莱夫斯基(Luke Wroblewski)就提出过"移动优先"理念,但没引起关注。随着智能终端的快速普及和移动应用的迅速落地,短短几年间移动互联网已成为个人或组织获取信息、与外界进行交互的主要方式。这一变化对媒体影响巨大,越来越多的受众把手机作为获取新闻信息的首要工具。失去移动传播这一阵地,报刊有可能"内刊化",广播电视的渠道优势也将不复存在,这是传统媒体的不能承受之重。要想不被受众或用户抛弃,移动传播是一道必须跨越的关口。

移动优先是回归本原更自然的信息传播方式。"终端随人走,信息围人转。"移动传播勃兴,在于它不但有互联网即时、多样、丰富、海量、互动等特点,又有移动端随时随地地接收和发布信息、永远在线和永远互联的优势,它代表了信息传播逐渐向人类最自然的交流方式回归的趋势。信息传播是人的本能需要。人要生存发展,就必须及时了解环境变化以与之相适应,与他人建立社会协作关系,满足精神和心理需求。在人类传播活动中,面对面口头传播是最基本、最省事、最灵活的传播手段,除了语言信息,还能传达许多非语言的神态、表情、语言情境等,并可即时得到反馈。这种传播属于一对一的传播,在大众传播时代,传播媒介作为一个信息发布的主要渠道,其传播模式是一对多的传播,传播缺少个性化和场景的贴近性。未来随着技术的发展,人类的终极信息交换与交流方式,是在千里之外,就有可能通过 AR、VR 以及更先进的技术,随时随地把相互有交流需求的人聚在一起,传播从面对面、一对一、一对众、众对众,回归到升级版的"面对面"。移动互联时代的传播特别需要具备场景化思维,这是目前移动互联发展的方向。相比而言,可随时随地、运用多媒体手段的移动传播,更接近于面对面交流的体验。因此,移动优先其实就是人需优先,以人的需要为传播发展的根本目的,是"以人为本"这一时代要求的体现,代表了媒体融合发展的方向。

移动优先是适应受众阅读习惯更有效的传播方式。电子信息技术下的信息传播速度征服了空间,单位时间内信息传递的频率加大,度量信息传播节奏的不再是自然时间,也不再是钟表所代表的机械时间,而是信息时间。大量的、密集的信息让人们时刻处在中断中,碎片化时间、碎片化阅读也成为这个时代人们接收信息的普遍状态,没有任何时间是信息真空,所有的时间都被"信息"填满,移动传播正是在这样的语境下不断发展壮大。除了碎片化阅读,网络时代的受众对信息阅读的方式也与过去不同,与过去正襟危坐地阅读报纸大块文章不同,互联网时代的阅读是浅的,参与方式是沉浸式的,人们希望对事件进行全方位的解读,同时选择自己的角度去阐释新闻,而不用受制于媒体规定好的视角和结论。因此,只有移动优先才能赢得用户,更好地适应用户的阅读习惯。

移动优先是推进媒体深度融合的"催化剂"。对媒体来说,坚持移动优先战略、提升移动传播能力,不是简单做一个或几个客户端、微博账号、微信公众号,它背后应连接着强大的具有科学高效体制机制的采编资源,连接着强大的新闻信息生产能力,包括能提升用户黏度的信息服务能力。可以说,移动优先战略是推进媒体特别是传统媒体深度融合的"催化剂"。通过移动传播可以有效地整合媒体采编资源,尤其是传统媒体策采编发集中到统一平台上,能够极大地促进传统媒体优化内部的资源结构;通过移动传播可以激发传统媒体的内容生产能力,过去受制于发布渠道和平台,传统媒体的内容生产能力并不能得到全面的施展。在移动传播时代,传统媒体的人才优势能够得到进一步的发挥,近年来以人民日报为代表的传统媒体在移动传播发展过程中大放异彩,过去"养在深闺"的人才优势得到了充分的施展。最后,移动传播的发展能够极大地增加用户的黏性,随时随地地提供高质量的信息,有利于增强用户对主流媒体的认可,对主流思想舆论的认同,凝聚社会的向心力。因此,针对移动传播提出的新要求,媒体只有加快推进理念、内容、体裁、形式、方法、手段、业态、体制、机制等方面的创新,重构策采编发网络、再造策采编发流程,移动优先战略才能取得预期效果。

第三节 推动力:技术引擎支撑

从人类社会发展的历史长河来看,人类传播的发展史就是一部人类在生产和交往活动中不断创造和使用新的传播媒介,使社会信息系统不断走向发达和完善的历史。从唯物史观出发看问题,科学技术是第一生产力,媒介工具和技术作为生产力的重要组成部分,无疑具有推动社会前进和变革的巨大力量。这一点已经为信息社会的发展所证实。

每一次传播革命的发生都是由新技术推动的。文字的产生、印刷术的广泛应用、电子信息技术的发展,直至今天互联网的普及,可以说一部媒介发展史就是一部媒介技术手段的进化史,媒介技术以其强大的作用给传播活动乃至社会发展都带来了翻天覆地的变化。加拿大传播学者英尼斯把媒介作为社会发展和社会形态变化的决定因素。英尼斯认为,一种新媒介的成长将导致一种新的文明的产生。媒介技术是人类历史发展的关键因素,媒介技术的演进促进了人类交往方式的变化,不断促进时空观念的嬗变,从而改变人类社会的存在形态。

大众传媒对人的影响是全方位的,体现在思想方法、价值观念、行为方式、生活习惯等各个方面。伴随着新技术条件下传媒信息传播速度的加快、信息量的不断加大、传媒覆盖率的提高、提供全方位服务的条件不断改善,人们的时空观、生活方式、思维方式发生了新的变化。可以说,一个由新技术推进的新传播时代正在加快步伐向我们走来。人们随时随地地接收信息,一切事物均可以在一块小屏幕里得以实现,虚拟和现实之间的差别进一步消失。

麦克卢汉认为:"新媒介不是人与自然的桥梁:它就是自然。""媒介塑造和控制人类交往和行动的规模和形式。"这一观点的核心思想是:"从人类社会的漫长发展过程来看,真正有价值的讯息不是各个时代的具体传播内容,而是这个时代所使用的传播工具的性质及其开创的可能性。因此,媒介是社会发展的基本动力,每一种新的媒介的产生都开创了人类交往和社会生活的新方式。如果我们把媒介和媒介技术理解为社会生产力的重要内容,那么媒介的进步对社会变革的巨大影响是无可否认的。"人类塑造了传播媒介,同时传播媒介也塑造了人类。

这几年的媒体融合发展可以说就是在技术推动下媒介加速发展的历程。在未来移动互联的发展过程中,媒体仍然需要继续强化技术的引领作用,努力让新技术在推动融合发展的过程中发挥更大更好的作用。

用技术创新移动传播载体,满足用户需求。面对移动媒体加速发展的大趋势和人们对信息传播回归本原的需求,一方面,要充分利用好已有的各类移动传播载体,比如新闻客户端、微博、微信公众号、手机报、移动电视、网络电台等。这些载体都是提升新闻信息抵达率的重要媒介,有利于消除传播障碍,要在现有基础上充分利用和挖掘其功能,包括强化用户意识,实现精准推送,扩大传统主流媒体的影响力。另一方面,还要利用先进技术创新移动传播载体,苟日新,日日新,又日新,进一步发展新型载体和新的平台渠道,争取在下一轮移动传播升级发展的过程中,占得先机。

用技术创新移动传播内容,提升用户体验。互联网技术的发展给媒体内容的生产流程、传播方式带来了极大的改变。近年来,主流媒体积极应用新设备、新技术,创新内容产品形态,改进内容生产流程,按照互联网传播的特点重新配置媒体资源,为互联网用户提供他们所需要的内容。在移动互联网时代,内容生产进一步变革,有人说虚拟现实正在创造互联网接下来的演变。"3R"等新技术极大地改变了新闻传播方式和接受方式,也极大地改变了人们对于新闻的认知方式,目前已经成为移动互联时代媒介争相追逐的发展方向。

要紧盯移动技术前沿,利用新技术着力打造更受用户欢迎的新闻产品。近年来,主流媒体主动探索将VR、无人机、视频直播、大数据等运用到内容生产中,努力适应用户阅听场景的新转换,适应移动传播社交化、个性化、视频化的新趋势,涌现出一批让用户自发转发、自主传播的"爆款"产品。2016年2月19日,习近平总书记视察人民日报社期间,人民日报客户端推出"总书记的元宵节问候"融媒体产品,全网点击量突破2.5亿。习近平主席访美期间,人民日报客户端进行24小时H5形态融媒体直播,人民日报中央厨房推出短视频"Who is Xi Dada?"在海内外社交媒体上传播，取得意想不到的效果。这些产品的推出，不仅聚拢了用户，同时也极大地提升了传统主流媒体的传播力和影响力。

以无人机报道新闻为例，通过无人机拍摄，媒体可以获取人力难及的画面，观众也可以满足对新闻场景既视感的需求，又能避免记者涉险进入不安全的拍摄现场。以 VR 报道为例，这些虚拟现实技术带来了一种"沉浸式体验"，让人们有亲临现场之感，这种传播技术的核心特征有人归纳为 3I，即沉浸（Immersion）、互动（Interaction）和想象（Imagination），这种传播方式对传播内容的改变是全方位的。

新技术使"新闻"的内涵和外延都发生了变化。新闻不再仅仅是一种"报道"，更多成为一个过程、一种体验。近些年来的交互式、体验式与沉浸式新闻不断发展。其主要发展方向就是受众以第一人称的视角"进入"新闻事件当中，他可以选择按照自己的角度和逻辑接收新闻事件，新闻的内容不再是被媒体规制好的。传统媒体时代的新闻内容基本是固定的，虽然每个受众都会对新闻传播的内容按照自己的"文化地图"进行解读，但是其提供的信息终究是有限的，互联网时代人们不仅可以通过超链接去了解事件本身和事件背后相关联的各种信息，同时也可以通过这种路径，全方位、无死角地进入新闻事件本身而重新解读新闻传播的内容。新技术使用户参与、体验成为现实，也给个性化的"文化地图"提供了可能的土壤。新媒体时代的内容已经无法"规定"，每个人都会根据自己进入的角度和选择的范围"生产出"自己的新闻内容。新闻不再是用来看的，而是用来体验和感知的。

用技术思维创新移动传播效果，提升传播实效。技术创新不是找几个会写代码的人就能轻松实现的，重要的是需要建立技术思维,观念引领行动。技术思维不仅是技术问题,而是要把技术的思维贯穿到整个传播过程中。在信息技术裂变式发展的大背景下,互联网领域创新不舍昼夜,涉及软件,也涉及硬件,既包括产品形态,也包括服务业态。对传统媒体而言,技术应用研发先人一步或许并不容易,但保持对技术的敏感并积极运用,却现实可期。

新媒体升级一刻也离不开技术。传统媒体在移动互联时代,必须从补齐技术短板到强化技术驱动。应牢固树立全员技术意识,无论从事哪类工作,都应从传播效果最大化的角度出发思考问题,充分用好技术提供的一切可能性,进一步完善产品和渠道的布局;抓紧建立媒体技术的孵化创新机制,把所有适合媒体传播的最新技术运用到融合发展中来;传统媒体要充分发挥其内容生产优势,借力互联网领域的资本运作和技术创新,不断推出新产品、新服务,实现以变求生存、以变求发展。要大力引进优秀技术人才,完善激励办法,打造一支视野广阔、能力一流、善于创新的技术队伍。总之,要把技术创新与应用作为融合发展的核心驱动力,加快推动技术由"支撑性保障"向"引领性保障"转变。

第四节 主旋律:主流思想舆论

每个社会都有其主流意识形态和思想舆论,反映社会的主流价值观,对于一个社会的发展起着至关重要的作用。党的历代领导人都非常重视舆论引导的作用,江泽民同志曾经提出"祸福论":舆论导向正确,是党和人民之福;舆论导向错误,是党和人民之祸。胡锦涛同志提出"利误论":舆论引导正确,利党利国利民;舆论引导错误,误党误国误民。党的十八大以来,以习近平同志为核心的党中央,多次强调舆论导向的重要性,并提出"全面导向论":新闻舆论工作各个方面、各个环节都要坚持正确舆论的导向。全面深化改革已经进入攻坚时期,舆论支持是各项改革的基础,做好舆论保障工作,对于意识形态安全具有重要意义。

在新媒体时代,主流舆论面临的挑战日益严峻。在移动传播碎片化趋势下,传统传播模式正在被多种形态的内容分发所取代,媒体类、关系类、算法类等模式构成了新的信息分发格局,深刻改变着传播的运营方式。现在,人们除使用新闻客户端和微博、微信等社交媒体获取新闻信息外,手机浏览器、垂直社交应用、直播平台、自媒体等都在提供获取新闻信息的渠道。信息渠道的多元化导致舆论环境日趋复杂,不同用户和社群对信息的需求、对事件的态度日渐分化,舆论生态面临内容失真、观点极化、语言低俗、情绪失控的挑战。

此外,传与受的界线淡化了,普通民众在舆论的形成和传播中的地位日益凸显,"一元主导"面临严峻挑战。在传统的舆论格局中,传统媒体能在第一时间了解收集到的各领域的舆论信息,可以快速对舆论做出反应,进行正面引导,能有效避免重大舆论事件的发生。新媒体的发展打破了原来只有一部分人可以支配和利用新闻媒体资源的限制,舆论生成主体极大地扩展了。主流媒体凝聚共识的工作变得更加艰巨。

广大受众,特别是年轻受众群体多以移动媒体为主渠道获取信息,社会舆论的形成和传播渠道日益复杂多元,舆论引导工作的难度也随之加大,传统媒体边缘化,面临着主流媒体难以真正掌控主流舆论,主流舆论难以有效传播主流声音等诸多问题。媒体格局和舆论生态正在重塑调整,新兴舆论阵地已经成为舆论斗争的主战场,在新闻舆论整体格局中的地位和重要性日益凸显。

综上,我们可以看出新媒体时代的舆论特点:舆论主体的匿名性和参与渠道的广泛性,传播空间的无界性和意见汇聚的实时性,议题生成的自发性和舆论发展的不确定性,价值观的多元性和价值取向的批判性,意见表达的失范性和群体行为的极化性等,使得传统主流媒体面临着说了没人听,说了听不到,听了没人信的复杂局面。众声喧哗之下,迫切期待可信的新闻、理性的观点,主流媒体应紧紧抓住这个实现网上正能量与负能量此消彼长的重大机遇,扩大影响,壮大主流思想舆论。

占领新兴舆论阵地已成为牢牢掌握舆论引导主动权的重中之重,是新条件下把握舆论引导工作的新常态。习近平总书记强调,过不了互联网这一关就过不了长期执政这一关。习近平总书记在主持召开中央网络安全和信息化领导小组第一次会议时曾提出,做好网上舆论工作是一项长期任务,要创新改进网上宣传,运用网络传播规律,弘扬主旋律,激发正能量,大力培育和践行社会主义核心价值观,把握好网上舆论引导的时、度、效,使网络空间清朗起来。在2018年网络安全和信息化工作会议上,习近平总书记又强调,要提高网络综合治理能力,形成党委领导、政府管理、企业履责、社会监督、网民自律等多主体参与,经济、法律、技术等多种手段相结合的综合治网格局。要压实互联网企业的主体责任,决不能让互联网成为传播有害信息、造谣生事的平台。

宣传思想工作就是要巩固马克思主义在意识形态领域的指导地位,巩固全党全国人民团结奋斗的共同思想基础。网络作为舆论斗争的主阵地,理应成为弘扬主流思想舆论的主阵地,有助于社会的团结稳定,有利于人民的幸福安康。

要做到两个巩固,传统主流媒体首先要强起来,积极利用各种渠道和平台,在纷繁复杂的舆论场中发出自己响亮的声音。近年来,主流媒体在社会上的影响力有所下降,究其原因,除了在移动传播过程中没有占据主动外,还有就是在一些重大事件的舆论生成过程中,主流媒体没有发挥其应有的作用。该说话的时候不说话,就是把舆论引导职能拱手相让。要树立权威,需要有公信力和影响力,重大节点上的立场态度是树立形象的重要关口,主流媒体必须牢牢把握。同时,在新媒体时代要学会说话,今天的舆论场已经没有人愿意听说教、听布道,要放下身段当好信息和观点的解说员,于润物无声中实现舆论引导。

近年来以人民日报为龙头的一批主流媒体积极投身移动传播建设,充分显示出我国传统主流媒体深度融合转型先锋的作用。中央厨房通过对云计算、大数据等新型媒体技术的应用,根据媒体融合发展和中央厨房业务运行机制实现的需求,重点打造解决媒体发展在内容生产、传播和运营方面面临的短板能力。中央厨房不但与人民日报社各子报刊、网站、新媒体加强沟通,而且与百度、新浪、凤凰、爱奇艺等商业门户网站、移动端、社交平台加强合作,形成全方位、立体化的传播矩阵,为内容推送扩展渠道。此外,中央厨房还与海外社交媒体账号作为海外推送的主阵地,双管齐下,取得了可观成果。

要做到两个巩固,传统主流媒体要发挥观点和评论优势,在纷繁复杂的舆论斗争中一锤定音。传统媒体时代的媒介竞争主要是时间的竞争,媒体争分夺秒地在第一时间抢发新闻,所谓首发效应。在新媒体时代,渠道和平台呈井喷式发展,时间上的优势已经不再是媒体争相追逐的对象。各种信息渠道的极大丰富,使得事件在第一时间就会大面积传播开来,与之相对的是信息的不确定性和内容的真假难辨,人们更渴望权威的信息和观点来消除不确定性,观点是这个时代媒体的必争之地。

在大数据时代,要想在竞争中胜出,必须依靠对信息和数据的处理能力。即通过筛选、过滤把大量无用、无价值、低价值的信息过滤掉、筛选掉,选出对用户有用、有价值的信息。然后对有价值的信息进行整合和分析,提炼出观点,告诉人们怎么看待这些新闻事实,怎么理解新闻背后的逻辑。在信息泛滥的时代,观点是大家都需要的高价值信息,没有评论和观点的媒体是没有竞争力的。这是新媒体时代党报竞争的优势所在。

近年来日益严重的网上舆论斗争,绝不是简单的口水仗,很多别有用心的人将这样的论战变成两种价值观和两种意识形态的交锋,通过围剿代表党内主流思想意识形态的媒体、笔杆子和思想家,进而围剿党内主流价值观。面对越来越严峻和复杂的网络舆论环境,主流媒体不能大意更不能天真,要及时纠偏网络舆论,切实做到"守土有责、守土负责、守土尽责"。

第五节 试金石:效果评估体系

在大众传播时代,一切传播活动都是为了在受者身上引起心理、态度和行为的变化。说到底一切传播活动都是为了产生积极的传播效果而发生,如果没有达到预期效果,那么传播活动就是无效的。

自传播学诞生以来,效果研究一直是一个关键领域。传播效果简单来说是指传播出去的信息受到了关注、留下了记忆、改变了态度,并且引起个人和社会某种行为的变化。从微观角度说,是受众身上引起了包括认知、情感、态度、行为等方面变化;从宏观角度说,是指信息传播活动对受众和整个社会产生的所有效果的总和,这种效果可能是长期的、潜在的综合结果。传播效果通常是以传播者为中心角度,以传播者的目的是否达到为判断是否产生效果的依据。

　　有关传播效果的研究也经历了几个阶段。在20世纪30年代末,传播效果研究的代表理论是"魔弹论",这是一种强效果理论,认为媒介是万能的,可以随心所欲地影响受众,从而产生巨大的传播效果。30年代到60年代初,随着媒体的发展和人们对传播效果认识的不断深入,人们逐渐意识到媒介的效果并没有那么显著,进而发展出"有限效果论"。这一理论认为,大众媒介并非是传播效果的必要条件或充分条件,传播效果的产生是基于一定的社会关系、社会结构和社会文化背景,媒介所能产生的效果是"有限的"。60年代的效果研究进入了一个转折点,研究的主要关注点从关注认知、态度和情感,转向对长期效果的研究和对环境、倾向和动机之间关系的研究,并且关注集体现象,如趋势、信念、意识形态等。60年代到80年代的效果研究,是重新认识了媒介的力量,研究者认为,媒介是通过意义的建构并把这一建构以一种系统的方式提供给受众。也就是说,媒介通过构造现实图景来构造社会信息进而影响历史本身,受众也是根据媒介提供的象征性的建构来建构自己对现实社会的认知。从90年代以后,传播效果的研究重点是关注媒介技术对社会发展的推动作用,及其对社会生活产生的影响。

　　传播效果的研究在新媒体时代发生了很大的变化,从传统传播学的观点来看,传播效果隐含一个传播主体,所谓效果是站在"传播主体"的角度希望达到的效果。在互联网时代,每个个体都成了一个传播主体,传播结构从过去的点、线、面的传播,变成了点对点,以点构成网,并且形成舆论。传播效果以大众传播媒介为中心的意义已经被极大地消解。传播不再是"有目的"的。在网络时代,聚众传播更加注重的是参与互动,人与人之间的交流相比大众传播而言,传统意义上的"传播效果"被极大地弱化。

今天关注传播效果,应该了解传统意义上的传播效果在移动互联时代的变化。主流媒体所希望获得的传播效果,显然是一种自上而下的目的和意义,将主流意识形态以潜移默化的方式传达给大众。对于大众而言,他们拥有了更多的选择权和表达权,在这张无数个原子构成的网上,有无数个小基站,每一个基站都会发出自己的声音,彼此影响。因此,主流媒体需要做的就是尽可能地影响他们,让众声喧哗的舆论场能够形成一个和谐的旋律,让社会的发展能够始终朝向我们期待的目标和方向。因此,主流媒体应该努力建立传播效果的评估体系,用效果监测来规范和引导移动传播的发展,为巩固壮大主流思想舆论提供智力支持。

大数据给传播效果研究带来了新的可能性。在现阶段,主流媒体应该充分利用大数据做好传播效果的监控。

要充分利用大数据的预测功能,做好舆情监测,做到精准传播。在大数据时代,想要了解人们的所思所想比过去更容易,利用大数据来了解网民所关注的话题,用事实和数据来抢占先机,避免网上过多的情绪化表达影响人们的判断。在自媒体时代,网络上充斥的大多是二手信息、观点和情绪。基于事实的调查和研究相对缺失,主流媒体应该在了解到舆情的关注点以后,及时提供有深度的调查研究,及时给予网络舆情以适时和适当的引导,防止其走偏,并走向负面。

中国目前已经进入了改革深水区,各种社会矛盾日益突出,在这种社会背景下,人们在网络上的发言往往容易流于情绪的表达和愤怒的宣泄,加之互联网的放大功能,很容易让网络成为负面情绪的集散地,进而影响人们对于现实社会的整体认知和判断。近年来社会出现的"老不信"等现象,已经充分说明了我们的主流思想舆论在新媒体格局下面临的严峻挑战,主流媒体如果一味地坚持过去的那种自说自话的"正面宣传",或者是掩耳盗铃的"置若罔闻",只能日益边缘化,甚至陷入"塔西佗陷阱"。因此,主流媒体应该充分利用自己的权威性和信息渠道上的资源,给出切实可信的事实,从而让人们能够客观理性地看待社会问题和中国今天面对的现实,而不是被网络流言裹挟着往前冲。

此外,大数据对传播效果研究应该能够反哺传播本身。应该积极利用大数据了解新媒体时代人们的媒介使用习惯,他们喜欢什么、关注什么、反对什么,通过对这些行为和习惯的研究来针对他们进行有效的宣传。

第十二章　移动传播推进融合发展任重道远

我国已经迈入"终端随人走、信息围人转"的移动互联时代。据工信部数据显示,2018年10月末,三家基础电信企业的移动电话用户总数达15.5亿户,其中1至10月累计净增1.36亿户。其中,移动宽带用户(即3G和4G用户)总数达13亿户,占移动电话用户的83.8%;4G用户总数达到11.6亿户,占移动电话用户的74.6%,较上年末提高了4.3个百分点。人们凭借一部智能手机就可以轻松获取所需要的信息和新闻资讯。可以预见,随着5G、人工智能、可穿戴设备等技术的不断演进,移动媒体必将进入大发展的新阶段。在这个大发展的阶段,政府是移动互联的领航者,始终引领着移动互联发展的方向;媒体是移动互联的践行者,努力夯实互联网发展的路径;受众是移动互联的积极参与者,努力把移动互联的发展显化为社会现实图景。在这场移动互联的大变局中,三驾马车缺一不可。

第一节　党和政府:推动融合发展的领航者

1983年,托夫勒预言:"信息是和权力并进,而和政治息息相关,随着我们进入信息政治的时代,这种关系会越来越深。"随着移动互联时代的到来,新媒体已经构筑了整个社会的底层架构。互联网在整个社会中所发挥的作用越来越大。基于此,党和政府高度重视互联网的发展,移动互联网的发展已经成为顶层设计的重要内容。

1. 党和政府已经成为移动传播的重要领航者

移动优先是国家战略,政府在其中扮演着重要角色。在移动传播发展的历史大势中,政府必须作为引领者,以确保移动传播始终沿着党和国家事业发展的大方向前进,同时也为实现中华民族伟大复兴营造良好的舆论氛围。

新闻舆论工作在党和国家事业发展中发挥着不可替代的重要作用。习近平总书记在党的新闻舆论工作座谈会上说:"党的新闻舆论工作是党的一项重要工作,是治国理政、定国安邦的大事。"新闻舆论工作是巩固执政之基的重要支撑,习近平总书记强调:"新闻舆论是上层建筑、意识形态的重要组成部分。新闻宣传一旦出了问题,舆论工具一旦不掌握在真正的马克思主义者手中,不按照党和人民的意志、利益进行导向,就会带来严重的危害和巨大的损失。"在新媒体时代,"宣传思想工作的环境、对象、范围、方式发生了很大变化,但宣传思想工作的根本任务没有变,也不能变。宣传思想工作就是要巩固马克思主义在意识形态领域的指导地位,巩固全党全国人民团结奋斗的共同思想基础"。新闻舆论工作是凝聚社会共识的重要途径。习近平同志在党的十九大报告中强调,要"建设具有强大凝聚力和引领力的社会主义意识形态,使全体人民在理想信念、价值理念,道德观念上紧紧团结在一起"。一个国家,一个民族,要同心同德迈向前进,必须有共同的理想信念作为支撑,"历史和现实都表明,核心价值观是一个国家的重要稳定器,能否构建具有强大感召力的核心价值观,关系社会的和谐稳定,关系国家的长治久安"。新闻舆论工作是实现伟大目标的重要保障,当前全国各族人民正在以习近平同志为核心的党中央坚强领导下,齐心协力为决胜全面建成小康社会、夺取新时代中国特色社会主义伟大胜利,实现中华民族伟大复兴的中国梦而不懈奋斗。前进道路不平坦,风险和挑战严峻复杂。因此,要实现伟大的目标就要引导好人民的思想,而要引导好人民的思想就要引导好社会舆论。

由此可见,做好新闻舆论工作的重要意义,党和政府必须大力扶持移动传播的发展,使主流思想舆论更好地传播,成为整合社会的重要思想基础,从而牢牢把握意识形态工作的领导权。

首先,要加大资金支持。在新媒体时代,完全商业化的媒体先发制人,在舆论格局中占据了重要的分量,在这种情况下,主流媒体要想弯道超车,需要政府的大力支持。党和政府作为坚强的后盾,提供必要的资金支持,是主流媒体成功转型的必要保证。

在中央出台《关于推动传统媒体和新兴媒体融合发展的指导意见》后,各地政府纷纷采取措施扶持主流媒体的发展。比如,上海市委宣传部就制定了《上海市主流媒体发展新媒体专项资金实施方法》,从2014年开始每年安排5000万元专项资金对新媒体项目进行重点扶持;广东省委、省政府对南方日报、羊城晚报、广东广播电视台给予每年总计1.5亿元的财政扶持;广州市财政局印发《关于支持党报媒体发展资金的通知》,对广州日报予以3.5亿元专项资金支持;深圳市决定连续六年每年给予深圳报业集团1亿元财政资助。2017年3月,贵州省新闻出版广电局印发《关于进一步推动传统媒体与新兴媒体融合发展指导意见》的通知,明确规定加大对媒体融合重大工程、重点项目的资金扶持力度。

随着移动互联网的发展,各地党委、政府还需给予移动发展更大力度的资金支持,以有效推动新闻单位加快改革发展。从2005年开始新闻媒体改革以后,媒体在市场化道路上一直摸索着前进,新媒体时代有效的盈利模式尚未实现,因此要想实现持续发展,顺利完成体制机制的转型,必要的资金支持是维持媒体发展的关键。

其次,要给予政策法规上的支持。近年来,移动互联网的发展可谓一日千里,与之相对应的是各种失范现象也时有发生,在社会上引起了很多不良后果。发展和规范治理必须同步进行,党和政府在政策法规上应予以更多的支持,使互联网能够始终沿着正确的方向发展,并对社会发展起到积极作用。

2015年7月,国务院出台《关于积极推进"互联网+"行动的指导意见》,将媒体融合发展纳入"互联网+"重大战略;2016年年初,推动传统媒体和新兴媒体融合发展列入国家"十三五"规划纲要;2016年7月,中共中央办公厅和国务院办公厅印发《国家信息化发展战略纲要》,提出"信息化驱动现代化"的新方针,明确要更替中国经济发展的发动机,以信息化为新的驱动力量,媒体融合发展作为国家信息化发展的重要方面,须同步培育自己的新引擎。

2016年6月,国家互联网信息办公室发布了《互联网信息搜索服务管理规定》;同年11月,国家互联网信息办公室发布了《互联网直播服务管理规定》。2017年1月,中办、国办印发《关于促进移动互联网健康有序发展的意见》;5月,国家互联网信息办公室发布《互联网新闻信息服务管理规定》,这两个文件为移动互联网健康、有序、创新发展创造了全方位促进的国家政策环境。2017年8月,国家互联网信息办公室出台《互联网跟帖评论服务管理规定》,该规定厘定了跟帖评论服务提供者的主体责任,明确国家和地方网信部门对于跟帖评论服务的监管权限,贯彻了网络安全法的制度规定,进一步完善了网络空间的规范治理。2017年8月,国家互联网信息办公室公布《互联网论坛社区服务管理规定》,旨在促进互联网论坛社区法治化进程、保护网民合法权益和维护网络安全。该规定既是网络安全法在互联网论坛社区领域的具体适用,也是互联网论坛社区服务提供者依法办网的指引。2017年9月,国家互联网信息办公室印发《互联网群组信息服务管理规定》和《互联网用户公众账号信息服务管理规定》,明确了互联网群组,"谁建群谁负责""谁管理谁负责"的责任制度。

  这些规章制度的出台,有力地规范了互联网的发展。随着移动传播发展的深入,各种新情况、新问题还会继续出现,仍需要政府部门加强管理和引导,在政策上予以规范。只有这样才能给主流媒体的移动发展创造良好的空间。

  最后,要给予主流媒体以信息发布优先的支持。在互联网时代,信息传播速度非常之快,一些商业化的媒体往往拥有更大的传播优势,因为他们在传播上所受到的制约和管理相对较少。尽管党管媒体没有"法外飞地",但是商业媒体所拥有的渠道优势、平台优势在短期内很难逆转。在这样的情况下,让传统主流媒体和他们站在同样的起跑线上竞争,传统主流媒体确实需要一个加速发展的时期,才能后发制人。政府要让主流媒体更好地承担起传播主流思想舆论和两个巩固的重要职责,就应该在信息发布上给予主流媒体一定的倾斜。一些重要信息可以在传统主流媒体上优先发布,帮助人们建立起大事看党媒的意识。这样做不仅可以树立传统主流媒体的权威地位,同时也可以让它们在后续报道中占据一定的优势。

  另一方面,在一些重大敏感问题的信息披露上,应该给主流媒体以优先权。近年来,在很多社会重大舆情事件中,新媒体充分发挥了其海量信息的作用,人们通过不断地转发、评论等功能,很容易引爆舆情热点。在这个过程中,主流媒体的舆论引导常陷于乏力,一是没有信息的速度优势,导致很多时候只能跟在新媒体后边跑；另一方面也是常常处于失语状态，谣言肆虐的时候也不置一词。这些情况的存在极大地损害了媒体的公信力，而没有公信力，引导力就无从谈起。在这种情况下，政府部门需要转变观念，主动披露信息，并通过主流媒体发出自己的声音。只有这样才能够有效地引领舆论，同时也只有这样，才能够让主流媒体树立起自己的威信。

2. 党和政府是移动传播的积极管理者

习近平总书记在全国宣传思想工作会议上强调："意识形态工作是一项极端重要的工作。"对做好新闻舆论工作，习近平总书记提出了五个事关："做好党的新闻舆论工作，事关旗帜和道路，事关贯彻落实党的理论和路线方针政策，事关顺利推进党和国家各项事业，事关全党全国各族人民凝聚力和向心力，事关党和国家前途命运。"总书记把做好新闻宣传工作，把意识形态工作上升到了关系党和国家前途命运的高度，强调过不了互联网这一关就过不了长期执政这一关。因此要管好互联网，用好互联网。

坚持党管媒体原则是宣传思想工作的历史经验，更是中国共产党在长期执政条件下加强对意识形态领域领导权的重要遵循，特别在移动互联时代，更要努力找准执政党与大众传媒的关系定位。媒体是执政资源，更是执政手段。毛主席说过，笔杆子枪杆子，革命就靠这两杆子。枪杆子夺取政权、笔杆子守好政权。和革命年代一样，今天的媒体依然是不可或缺的"笔杆子"。中国媒体具有非常独特的基因，不能盲目拿西方媒体和我们的媒体进行比较。马克思主义新闻观始终认为，媒体具有意识形态属性，不存在脱离意识形态的完全客观中立的媒体。因此，党管媒体是新时期做好新闻舆论工作的必然选择。应该明确，党管谁，管什么，怎么管。

(1)党管谁？

党管媒体是一个历史性概念，这一概念的内涵和外延都在随时代的发展而变化。在党的新闻舆论工作座谈会上，习近平总书记强调，要管好舆论阵地，把党管媒体原则切实贯彻到全媒体领域，既要管好传统媒体，也要管好互联网等新媒体，决不能有"特殊成员"，决不允许有"舆论飞地"。一直以来，党管媒体的基本对象都是体制内的媒体，但是随着市场化媒体的崛起和不断发展，尤其是在互联网时代，市场经济对媒体社会责任的影响，都使得这些"非主流"媒体因约束的缺失而给社会带来诸多不良影响。因此，要实现有效的舆论引导，就需要破除"传统媒体"与"新媒体"的二元对立。这种二元对立的划分，是在互联网刚刚介入传媒行业时对媒体类型的一种划分，随着媒介融合不断走向深入，传统媒体也在不断地转型变迁，这种简单的划分方式已经无法适应今天的媒体格局。

信息生产权的下移，媒体本身的职能扩散到个人和其他组织身上，同时信息生产传播的形式也在随着主体的丰富而发生变化。具体表现为，在当下新闻报道不是一个媒体的必然要素，凡是提供信息服务的个人和组织，都应该是媒体的一部分，都是受众获取信息的一种渠道。因此，党管媒体的范围应该是一切广义上具有信息生产和传播能力的"媒体"。

有人认为，当下中国存在两个舆论场，一个是以党报、党刊、党台、通讯社为主体的传统媒体舆论场，一个是以互联网为基础的新媒体舆论场。党管媒体主要针对的是党和政府主办的重点新闻媒体，不适用于"资本为王"的商业媒体，也不适用于自媒体。这种观点是极其错误和有害的。新闻舆论阵地在哪里，党管媒体就应该落实到哪里。对于网络媒体的具体管理方式可以不同于传统媒体,但是党管媒体的原则决不能动摇,更不能被架空。

(2) 党管什么?

党管媒体最重要的是要管好导向。新闻舆论工作是在人的头脑里搞建设,通过信息传递影响人,说到底是为了凝聚人心;它处于意识形态斗争的最前沿,通过价值判断引导人,实质上是为了赢得人心。可以说,舆论是左右人心的关键力量,正确的舆论会鼓舞人心、汇聚力量,错误的舆论会涣散人心、瓦解斗志。今天,随着媒体技术的进步,新闻传播呈现人人传播、多向传播、海量传播的特征,线上与线下、虚拟与现实、国际与国内共同构成了一个日益复杂的大舆论场,人人都处于舆论场中,舆论的力量也与日俱增,守好舆论阵地的重要性更加凸显。如果做不好新闻舆论工作、守不好新闻舆论阵地,我们在思想上的防线就会崩溃,就可能犯颠覆性的错误。

习近平总书记多次强调,坚持正确舆论导向就是要敢抓敢管。一个前进的时代总有一种向上的精神,一个发展的社会总有一种积极的主流。新闻舆论工作要充分发挥正面宣传鼓舞人、激励人的作用,大力宣传昂扬向上的社会主流和光明进步的社会本质,大力宣传党领导人民创造美好生活的伟大实践,同时对社会上存在的思想认识问题,要敢抓敢管,敢于亮剑,着眼于团结和争取大多数,有理有利有节地开展舆论斗争,帮助干部群众划清是非界限、澄清模糊认识。

(3) 怎么管?

党管媒体不是一句空话,更不能像过去那样只依靠行政命令。在大众传播时代,党管媒体主要靠行政命令,这样的管理方式在今天已经很难奏效,围堵已经难以管住移动互联时代的信息传播。因此,党管媒体在管理模式上必须有新的突破。

党管媒体首先要尊重传播规律。在新媒体时代,传播工具的易得、传播行为的随意导致谣言盛行。在很多热点舆论事件中可以看出,一方面民怨已经沸反盈天,另一方面是主流媒体集体失语。在这种舆论生态下,传统媒体的公信力会受到极大的损害。媒体要顺利实现舆论引导,首先应该通过舆论监督来建立自己的公信力,没有公信力,所谓的舆论引导就是一句空话。因此,在重大舆情事件中,政府需要及时做出反应,并且通过主流渠道把声音传递出去。不能像过去那样,以为不说事情就会自动平息。在新媒体时代,没有真相谣言就会"三人成虎",不能让真理还在穿鞋的时候谣言已经跑遍全世界。在很多情况下,当政府开始发声时,被说了一千遍的谎言早已经成了"真理",这个时候想要扭转乾坤,往往回天无力。

此外,党管媒体还需要舆论引导工作的领导权牢牢掌握在忠于党和人民的人手里。坚持政治家办报的原则,把德才兼备、真正"有两把刷子"的干部选好、用好。当前,我们正处于全面建成小康社会的决胜阶段,中国特色社会主义进入新时代的关键时期,各种挑战、考验纷繁复杂,各种矛盾、问题叠加呈现,人们思想活动的独立性、选择性、多变性、差异性明显增强。在这种复杂的环境下,一些媒体从业人员本身就缺乏坚定的政治信仰,更易受到各种社会思潮的影响。因此,党管媒体应从加强新闻单位的领导班子入手。2017年1月13日,《宣传思想文化系统事业单位领导人员管理暂行办法》正式实施。办法突出强调了坚持政治家办报,把具有坚定的政治信念和党性原则作为系统内事业单位领导人员任职的首要条件。坚决落实政治家办报原则,加强和改善党对新闻舆论工作的制度保证。

此外,也要加强传媒体系的法律建设。长期以来党管媒体都是行政层面的管理,各级部门开展工作时往往缺乏统一的标准和行之有效的依据。随着全面依法治国的推进,党管媒体的实际工作也要逐渐转向以法律规范为主的管理模式。

主流媒体是否需要扶持？这个问题曾经引起很多人争论,反对者认为,媒体竞争是市场行为,对某一竞争参与者的扶持有违市场公平原则。但是以我国新闻体制来看,这种说法并不准确。全国政协委员、中国编辑学会会长郝振省曾在接受采访时表示,必须对主流媒体进行扶持:"主流媒体之所以叫主流媒体,是历史形成的,从革命斗争时期一直到社会主义建设和改革开放时期,新华社、人民日报、中央广播电视总台等伴随着党的历史,伴随着人民军队的历史。我们党从无到有、从小到大、从弱到强都离不开主流媒体的动员、武装、指导、支撑作用。主流媒体既是党和国家事业发展的推进器,又是党的事业的有机组成。当前,在新媒体冲击和舆论格局重塑的背景下,主流媒体遇到了困难,如果不加以扶持,它就会处于极度困难中,有些就会影响生存,进而影响到我们事业的健康发展。因此,对主流媒体必须进行扶持,而且这种扶持还应该成为一种责任和使命。"

当然扶持并不能代替主流媒体自身的努力成长,政府的支持是为了增强其造血功能,归根结底主流媒体想要发展还是需要靠自身的造血功能。因此,主流媒体在有了政府强大支持的背景下,同样不能坐等靠,而是需要有"好风凭借力,送我上青云"的志气和努力。说到底,政府的扶持只是媒体发展的外因和外力,究其根本,主流媒体想在激烈复杂的舆论斗争中和舆论格局中站稳自己的主流位置,还需要主流媒体自身通过体制机制的改革真正地站稳脚跟,稳居主流。

第二节　媒体:推动融合发展的践行者

媒体是融合发展的实践者。在移动互联时代,随着3G、4G和智能手机的普及,人们阅读新闻、获取信息的方式和渠道都发生了天翻地覆的变化,媒体形态和竞争格局也随之根本改变。面对生存和发展的严峻形势,主流媒体在党和政府的支持下,坚守阵地积极应对,变压力为动力,化挑战为机遇,逆势上扬,走出了一条积极探索转型的突破之路,力争在与新媒体的融合发展中重树主流地位。

由于发展基础、思想观念、体制机制等方面的束缚,主流媒体的融合发展之路依旧任重道远,要想在移动传播时代,在融合发展中保持主流,必须在以下三个方面有所突破。

1. 积极转变思想观念

在传统媒体时代,由于渠道稀缺,媒体因为掌握了传播渠道而代表政府、企业和公众行使传播权,党报、党刊在舆论传播格局中居于主导地位。

在互联网时代,传统媒体的生存逻辑受到了严重挑战。一是渠道不再稀缺,传统媒体的话语权被削弱;二是内容不再稀缺,信息的极大丰富稀释了传统媒体的话语价值;三是用户参与到传播内容的生产中,拥有了更多的话语权,传播主体的变化和受众兴趣的迁移使得传统媒体的垄断地位被打破。从主导者变为平等的参与者甚或追赶者,传统媒体需要转变观念。积极主动地学习新媒体,融入新媒体,用"互联网思维"再造传统媒体,在互联网框架下重新寻找传统媒体的社会价值。

观念决定思路,思路决定出路。观念的形成是一个漫长的过程,其转变同样不会一蹴而就,但是观念不转一切无从谈起。很多传统媒体时代的惯性思维在今天依旧存在,比如简单地将融合等同于改版扩版,或者将传统内容的电子版上传到互联网上发布。这些都不是真正的互联网思维,真正的转变是要全方位向新媒体领域拓展,充分利用互联网技术手段对传统媒体进行再造。媒体融合不能把互联网当作传统媒体价值的简单延伸,要尊重互联网传播规律,以满足用户需求为目标组织媒体的内容生产,以平等姿态面向用户,摒弃高高在上的说教和自说自话的迂腐,提高舆论引导的艺术和水平;树立互联网思维,要学习互联网互动性强的优势,充分尊重受众参与、表达的权力,变"我说你听"的单向传播为交流互动式的双向或多项传播,增强媒体的吸引力和感染力,实现好、发挥好传统媒体的传播价值。

2. 努力克服技术障碍

长期以来,传统媒体都把"内容为王"作为立身之本,重内容建设而轻技术建设。互联网带来了第三次工业革命和第四次传播革命,业已成为整个社会的底层架构和操作系统。时至今日,各种新技术如大数据、云计算、虚拟现实等已经成为媒体竞争和革命的原动力,未来的媒体一定是技术媒体。传统媒体移动传播的发展,一定要发挥技术的驱动和引领作用,不能重内容而轻技术,而是要内容和技术双轮驱动。要重视运用技术型人才,敢于在新技术运用上投入,全力打造技术先进、特色鲜明的新媒体平台,将传统媒体的内容优势转为传播优势,不断扩大传统媒体的传播力、竞争力和影响力。树立"用户在哪里,我们就覆盖到哪里"的思想,改造、升级新闻采编体系,把新闻生产从传统采编方式转变为符合移动互联网传播规律的生产方式。

另一方面也要避免陷入技术决定论的迷思。媒体的每一次更迭都是新技术驱动的,技术在媒体发展中始终发挥着重要作用,但是技术不应成为媒体形态变迁的主导力量,媒体融合也不能止步于花样翻新的新技术。技术膜拜者往往忽视媒体融合的文化社会情景和媒体在社会发展过程中的重要作用,而对传统媒体的固有价值和前景一味唱衰,加拿大学者文森特·莫斯可把这种现象称之为"互联网迷思"与"数字化崇拜"。媒体融合并不等同于新技术应用,失去了有价值的传播内容和主流价值观的支撑,技术的发展很有可能也会带来负面效果。我们说,技术本身并没有"原罪",关键是用技术做什么。技术终究是要负载价值和为人类服务的。同时,对于价值的追求也要有相应的效果意识,有些媒体盲目迷信新技术带来的新渠道,认为有了"两微一端"就是融合发展,只追求渠道扩张却不关心实际传播效果,让融合发展流于形式。还有一些媒体迷信数字,算法至上,追求下载量,却并不关心激活率和活跃度。这样的媒体融合往往陷入技术至上的怪圈,歪曲了技术作为工具的本义。

3. 突破体制机制障碍

"移动优先"能否实现,体制机制是关键。体制机制的改革是传统主流媒体面临的首要任务。这些年来媒体转型一直在说,但是传统媒体转型更多的是集中于机制方面的转型。例如,薪酬分配机制的调整、采编流程等机制的优化等,相对而言,体制方面的转型成功的较少,这也是传统媒体转型成效不显著的重要原因。

在传媒体制的改革方式上,一直存在着存量改革和增量改革两种思路。增量改革就是改革不触动现存利益格局、功能角色等,通过新的增量来改变媒体现状。存量改革是以对现存利益格局、核心问题等的解决来改善媒体的现存状况。大部分的媒体在融合发展之初都从增量改革开始,建立新媒体部门,成立新媒体公司,在旧有体制结构之外另起炉灶。这种改革的弊端已经暴露无遗,客观上造成了行政与市场互相对峙又互相渗透、双重体制胶着并存的局面。另起炉灶的逻辑并不符合互联网思维,传统媒体内部的现有利益格局不打破,真正的媒体融合就难以实现。

移动传播不仅给传统媒体的内容传播提供了新途径,也为传统媒体的管理制度创新提供了新机遇。实施"移动优先",要相应地调整媒体机构的体制机制包括组织形态等,打破媒体内部既有利益格局,按照移动互联网的规律布局并匹配资源。由于国情不同,我国主流媒体的融合发展,多数是"产品融",而不是"人员融"。但也有一些主流媒体,正在探索"人员融"的深度融合之路。2016年3月,上海报业集团旗下的上海市委机关报解放日报,对内部组织架构、运作机制、工作重心做出重大调整。采访力量全部迁入"上观(新闻)"网站与客户端。原先的党群政法部、经济部、国内新闻部等新闻专业采编部门,全部改为政情、财经、天下、区情等八个频道,原部门主任改为频道总监。原先的解放日报只保留要闻编辑部、新闻编辑部和专刊编辑部,负责报纸编辑。体制整体转换后,记者稿量增加,新闻时效更快,报道内容更全。报纸因稿量增多,可以优中选优,质量也有明显提升。

增量改革已经很难突破目前融合发展的瓶颈,传统主流媒体的改革,还应该努力在存量改革上下功夫。只有通过存量改革才能使融合后的媒体既有传统媒体的内容优势,又有新媒体的技术和平台优势,成为传播力强、引导力强、影响力强的新型主流媒体。

第三节 受众：推动融合发展的参与者

1. 受众概念的演化：从受众到用户

在大众传播时代，受众是指大众传播所面对的无名个体与群体，它不仅仅是大众传播效果的核心概念和考察效果的基点，而且在由媒介、社会与人的复杂关系建构起来的大众传播理论中，受众是一切问题的交叉点，理解受众就是理解大众传播学的核心问题。

早期的受众作为构成传播过程两极中的一极，被命名的初衷就是指一群完全没有主体性的群体或群集。芝加哥学派的布鲁默更是把受众纳入到大众的概念框架进行分析。此时的受众被认为在有着强大组织性和目的性的大众媒体面前是孤立的、无根的，就像一盘散沙，他们是被传输、被改造、被认知的"信息接收器"。传播效果理论中的"魔弹论"表达的正是这一观点。

自大众传播学成为一门学科以来，谁是新闻传播活动的中心，一直是众多学者研究和讨论的焦点之一。早期的传播学者从传者角度出发，先后提出了"枪弹论""强效果论"等理论，其实质就是把受众看作是被动的信息的接收者，在这些理论中传者是居于中心地位的。随着研究的发展，传播学者们发现受众并不是单纯的、被动的接收者，也不是同质的千人一面的集合体，不同的受众对于同一信息会产生不同的反应，受众在传播过程中的作用开始受到重视。20世纪70年代以后，一批经典传播学研究者开始强调受众在传播中的重要地位，他们认为传播是一个双向过程，受众不是被动的接收者，他们通过反馈影响传播者，没有反馈传播就无法有效地进行。但在当时，不管学者们怎么强调受众反馈的重要性，在传播的过程中传播者还是占有极大优势的，受众的作用是非常有限的。

随着移动互联网的高速发展,技术门槛降低,传播平台的井喷式发展,受众的参与和反馈变得比以往任何一个时代都要便捷。在传播过程中,受众发挥的作用和所处的地位正在悄然发生变化。他们参与到传播过程中,并且成为传播过程中日益重要的一极。"受众"作为传播学的核心概念,其内涵、外延都在发生深刻的变化。传统大众传播模式被打破,线性化、技术化、消费型受众模式,逐渐转变成非线性、社会化、生产与消费融合的用户模式,媒介产品生产从以"受众"为中心也转向以"用户"为核心。

受众概念的转换与过去传播媒体对受众主动性的重视不尽相同。在早期的受众研究中,也有学者提出过受众的选择权,并且提出"积极受众"的概念。比如,施拉姆曾这样解释受众对于传播媒体信息的选择:受众参与传播就好像在自助餐厅就餐,媒介在这种传播环境中的作用只是为受众服务,提供尽可能让受众满意的饭菜。至于受众吃什么,吃多少,吃还是不吃,全在于受众自身的意愿和喜好,媒介是无能为力的。这些说法都强调受传者的行为在很大程度上是由个人的需求和兴趣来决定的,人们使用媒介是为了满足个人的需求和愿望。但是这些观点显然只强调了受众拥有"解码"的自由,而并没有在"编码"环节参与其中。

在新媒体时代,过去以接收为主的沉默受众集体"哗变",他们不再是单纯地接收信息,而业已成为信息的个性选择者、无缝复原者、能动生产者和议程设置的分权者。

关于信息的个性选择者。传统的大众传播媒体传播模式是相对固定的,受众想要获得信息只能在媒体规定的范围内进行选择,其范围是有限的。在新媒体时代,受众可以通过搜索引擎获得自己想要知道的信息,同时,自媒体也让用户可以根据自己的需求来进行私人定制,传统媒体垄断信息的时代已经一去不复还了。

关于信息的能动生产者。在大众传播时代受众也可以通过读者来信选登栏目参与到报纸的信息生产中去，但是这些话语权是非常有限的，通常也是"被策划"的。在新媒体时代，随着传播技术的发展，低门槛准入制度、零成本、零时差、零许可、零编辑的个人出版方式，使得受众积极参与到新闻生产中，并且通过平台产生自己的粉丝。受众已经可以和专业化媒体分庭抗礼。

关于议程设置的分权者。议程设置理论认为大众传播往往不能决定人们对某一事件或意见的具体看法，但可以通过提供给信息和安排相关的议题来有效地左右人们关注哪些事实和意见及他们谈论的先后顺序。大众传播可能无法影响人们怎么想，却可以影响人们去想什么。议程设置是大众传播媒介影响社会的重要方式。在新媒体时代，这一"特权"也被打破。网民可以把一个看似普通的媒介事件通过网络议程设置闹得沸沸扬扬，还能裹挟着传统的大众媒体一路追随网络议题。

从受众到用户的转变，极大地改变了新闻媒体的实践。在自主选择、话语权转变的用户模式中人人都可以是信息的发布者，人人都有了一定的话语权，媒介的信息发布职能被降低。尤其是在移动互联时代，一个小小的终端就可以随时随地地发布信息，舆论的形成往往瞬间就可以完成。纵观近年来很多重大的社会热点话题，都是在新媒体上产生的，如"李刚门""钱云会""红黄蓝""范跑跑"等，这些热点事件的传播路径可以看出网络舆情在社会舆论形成过程中的重要作用。

2. 正确看待受众理念

"用户"概念的提出一方面反映了新媒体时代新闻传播格局的改变，另一方面也可以看出大众传播媒体所面临的困境。很多人在欢呼受众变成用户带来的积极影响的同时，也需要看到用户大规模参与到新闻传播过程中所带来的问题和挑战。

在大众传播时代,受众的积极性和主动性是被极大束缚的。正像詹姆斯·凯瑞所说:"新闻工作以公众的名义证明自己的正当性,但是另一方面公众除了充当看客外在其中不起任何作用。"在新媒体时代,受众被"赋权",他们不需要有人高高在上地告诉他们该看什么、信什么、想什么,他们自主选择新闻的权利获得了极大的释放。同时,他们自己也加入到新闻生产的过程中,通过发布、转发、点赞等表明自己的立场和态度。他们发布的新闻大多源自日常生活,内容更具贴近性,传统媒体在这一点上很难与之抗衡。在舆论的生成过程中,自媒体扮演的角色已经完全可以和传统媒体一争高下。

但是另一方面,也要认清"用户"在新闻生产过程中的局限性。新闻业作为一种专业领域,有其自身的职业规范和职业素养要求。传统新闻从业人员一直被认为是具有社会意义和社会功能的,正是基于这种意义和功能,新闻行业才有自己的职业门槛,以区别于其他专业。在新媒体时代,另一种论调产生了,即新闻专业是没有门槛的,人们只要具备了可以使用的信息采集设备和信息发布平台,专业的新闻记者就会失去其存在的独特性。

显然事实并非如此。新闻行业的职业门槛不仅仅是理念和技能方面的专业性问题,而是规模化的组织和社会角色扮演的社会性问题。"一些自媒体的倡导者相信,没有必要控制信息,因此我们不再需要新闻工作者。……必须提出一连串问题:公民们是否有时间、动机和能力完成上述任务?"很显然,像中共十九大、美国大选、世界杯等重大新闻事件,绝对不可能存在低成本的信息采集方式。如果没有大型的营利性专业机构有组织地参与,个体是不可能胜任的。

菲克斯曾经指出："文化商品与其他商品的区别在于其相对高昂的最初生产成本和非常低廉的再生产成本,所以销售比生产更能保证投资的收回。"专业的新闻或文化生产需要建立在一个极其复杂和术业有专攻的机构体系之上,而且初始投入庞大。规模化采集、组织化运作、科层化管理是现代新闻行业不可逆转的趋势。因此,用户在新闻行业中所能发挥的作用,只能是人类日常新闻运作的一种补充。必须客观理性地看待用户在新媒体时代的新闻生产中所发挥的作用,夸大其作用或忽视其消极影响,都是非常危险的倾向。

纵观近些年来自媒体的新闻内容,假新闻频发、过度情绪化的表达等都给社会带来了不可估量的消极影响。用户在很多新闻事件舆论的快速发酵过程中都发挥了巨大的作用,但是在事情发生逆转和后果难以收拾的时候,无名的受众一哄而散,火速将注意力投入到下一个事件。大量假消息是对人们信任能力的极大耗损。信任力的建立需要很长时间,但是破坏却易如反掌。其结果就如"塔西佗陷阱"一样,人们什么都不信。

在这种新闻生态下,传统的新闻工作者应该帮助受众从纷繁复杂的信息中理出头绪,不是简单地在新闻报道中加入解释和分析,而是要核实信息、加工整理信息并且整合信息,使它们能够迅速被人们理解。因此,在新媒体时代传统主流媒体的角色定义和职责更加明确了。

3. 媒体需要做什么？

一是注重用户体验。近年来,越来越多的媒体把用户体验作为衡量其媒介融合是否成功的重要指标。移动互联时代的媒体,满足用户需要是其价值核心。用户体验度是衡量移动传播对用户需求与价值满足的程度。优化用户体验是被人们广为认可的一种提升融合成效的途径，甚至是媒体融合的目标之一。过去，传统媒体曾把"为读者服务"作为其职业理念，这一理念在移动互联时代集中表现为提升用户体验。每一个技术、内容、服务的创新点都应围绕着满足用户需求、提升用户体验而展开，只有这样融合发展才能最终赢得用户的青睐，才有可能获得真正意义上的成功。

媒体的发展过程始终都是人的感官不断通过媒体获得延伸的过程。生活中无处不在的各种感官体验，比如听、看、触觉、嗅觉和身体的感受，如今都可以通过媒体的表达得到极大的拓展，用户体验也成为人们选择使用媒体的重要依据。近年来媒体技术的创新，其实都是在提升用户体验方面的创新。因此，成功地给予用户满意的体验就是商机，为实现这一目标，媒体首先应该了解用户的需求和目标，理解用户，才能确定提供给用户什么样的内容和功能来满足他们的需求。

二是努力涵化受众。"涵化理论"起源于20世纪60年代末期，以美国学者格伯纳为代表。当时，电视媒介所发挥的社会影响力尤其是副作用越来越大，美国暴力和犯罪问题十分严重，美国政府成立了"暴力起因与防范委员会"，格伯纳主持的"培养分析"，试图解释看电视对人们的态度、理念和价值观的影响。"涵化理论"认为，大众传媒提供的"象征性现实"对人们认识和理解现实世界发挥着巨大的影响力。人们根据虚拟现实所描绘的"主观现实"往往和客观世界有着巨大的差异，由此可见媒体对人们的影响是一个长期的、潜移默化的过程，大众媒体所构筑的世界会制约人们的现实观。

因此，媒体首先要做的是"涵化"受众，任何一个社会作为一个整体运行，都需要社会成员对社会有一种"共识"。媒体在形成和凝聚社会共识方面发挥着巨大的作用，媒体通过对虚拟现实的建设使人们共享同质的社会真实。媒体具有特定的价值观和意识形态倾向，通过"报道事实""提供娱乐"等形式传达给受众，从而潜移默化地形成人们的现实观、社会观。尤其是在今天，媒体在人们的生活中发挥的作用越来越大，可以说人们须臾不可离开媒介，正是在这种情况下，才需要媒体切实承担起社会责任，肩负起涵化受众的责任。

4. 用户需要做什么？

新媒体时代的用户，其作用和地位都极大地凸显出来。传受之间的差距逐渐消弭，但是这种差异始终都存在。个体即便传播新闻、生产新闻，这种行为本身也是零碎的。大规模的新闻整合功能还是只能在传播机构中完成。

约一个世纪前，沃尔特·李普曼在论述新闻工作的神圣性时说："到达报社编辑部的当日新闻是事实、宣传、谣言、怀疑、线索、希望和恐惧的混合体，其杂乱无章令人难以置信。"反观今日，当自媒体的触角无处不在，这样的"杂乱无章"被直接推到受众面前，他们需要在杂乱无章的信息中甄别、选择、判断。对于没有受过媒介素养教育的大众来说，难度可想而知。

基于此，媒介素养教育的重要性和迫切性超越以往任何时代。在新媒体时代，公众作为信息生产者的作用已对传播格局产生了重要影响。因此，媒介素养对于公众来说，已经不仅仅是如何理解媒介，同时也体现为如何运用媒介发布消息、传播消息。专业新闻工作者掌握的职业知识包括伦理规范，在某种意义上应拓展为一种"全民知识"。公众要做一个负责任的信息生产者和发布者，成为自己信息发布的"把关人"。

媒介素养研究者宦成林认为，"新媒介素养"的核心是"参与素养"。越来越多的学者认为，要充分利用媒体促进人类的健康发展。能力和技术固然重要，但是随着传者与受者之间界线的模糊，思想意识、伦理道德、思维方式、文化修养等同样重要。"吸取一切有益因素去帮助人们过一种和谐的与人性相一致的充实生活"是联合国教科文组织对终身教育的定义，也应成为移动传播时代媒介素养教育的理念。

第十三章　媒体版图，融合发展哪家强？

"媒介融合"从最初由美国麻省理工学院教授 I. 浦尔提出[①]到 1999 年崔保国在《媒介变革的冲击》一文引入学界探讨，研究范畴从传统媒体的三网融合、"两微一端"融合到新媒体传统媒体同时面临的直播、VR、大数据、AI 等智能化技术等带来的内容、渠道、平台、经营、管理的融合。特别是党的十八届三中全会提出了推动媒体融合发展的重大任务，中央专门印发了《关于推动传统媒体和新兴媒体融合发展的指导意见》，媒介融合深度发展已经从前沿的学术探讨变成全国各级媒体生存、成长、发展壮大的主要命题。

从媒体生态发展的宏观视角观察，移动化、智能化已经成为媒体发展的主要趋势。2017 年全球互联网用户超过了 30 亿，中国互联网移动用户将近 10 亿，占到全球移动互联网用户的 34%[②]，移动互联网正在或者已经改变着地球上二分之一人类的信息接收处理方式、人际交往方式和与生活相关的方方面面。那么，剩下的"30 亿"人才是真正"移动化"的未来。传统媒体应对当前移动互联网新生态挑战的同时，更需要认真探讨的是，如何在"下一个 30 亿"找到各自存在与发展的机会。伴随着传统报刊倒闭、停刊消息的司空见惯，一个个曾经享誉全球或者影响一方的纸质媒体相继

---

① 崔保国：媒介变革的冲击[J]. 新闻与传播研究，1999(4).
② 普华永道：2016 移动互联网报告[R]. https://wenku.baidu.com/view/1b20bd087fd5360cba1adbff.html.

未能保全于传媒变革。放眼中国媒介生态，传统媒体在从本世纪初互联网迎来高速发展的前十年间，凭借自身影响力和权威性，以及读者尚未完全转变的传统媒体信息消费习惯，保持了其在媒介生态圈的地位，受到移动互联网络媒体的冲击较有限。但是，随着智能手机的普及、移动通信技术的成熟、上网成本的降低，我国近10亿移动网民信息的生产、分配、交换和消费方式产生了翻天覆地的变化，移动互联网时代正全速到来。在这一进程中，四大传统媒体不仅需要应对彼此之间的竞争，更需要迎接来自新媒体的挤压、适应用户信息消费的新习惯，在基于算法优势的推送传播方式和基于连接互动优势的社交传播的冲击下，网站在移动互联网传播生态的发展空间也受到了挑战。不同于报纸、广播、电视、网站媒体相互之间共生的媒介生态逻辑轨迹，被称为"数字麦克卢汉"的媒介环境学派代表学者保罗·莱文森在《手机——挡不住的呼唤》中提出后一种媒介发展都是对前一种媒介的补偿，但强调互动性、聚合力、生成性、连接力的新兴媒体将吞噬许多原有媒体形态的空间，可能会促进部分前一种媒体在生态中消失。这就意味着媒介融合的转型挑战从原有传统媒体扩展到了网站等相较于新媒体的前一种媒体范畴，并随着新媒介的生态进入，疆域将不断扩大。我国主流媒体在媒体生态中具有"两强两弱"的特点。两强是内容生产能力强，有较宽的家国视野和较高的人文情怀，有对政策进行深入解读和正确引导的优势，主流报道有影响力，主流价值恒定。两弱是技术弱，既对最新技术的应用滞后，同时也缺乏适用新技术生态发展的创新机制，缺乏掌握新技术、机制管理、平台整合的人才驱动。如能在新新媒介技术使用上，与移动化、智能化的媒介生态发展保持同步，并发挥固有的内容生产和价值引导优势，必能在传媒生态中赢得更多的话语声量和渗透力，媒介融合的深度发展是实现这一目标的必要途径。

就全球范围内媒体发展轨迹而言,"互联网+"已成为深化媒介融合发展趋势的核心驱动力,媒介的作业流程、消费方式、产品业态、运营模式和产业边界都不断受到物联网传播深度、扩散强度的影响,整个媒体生态已经深深嵌入物联网和互联网的多维度连接互动影响中,美国《连线》期刊主编凯文·凯利在科技三部曲中强调了科技元素对未来网络世界重塑的强大力量,提出"技术是第七种生命体"存在的观点[①],清华大学彭兰教授认为在人工智能、物联网、VR/AR等新技术的推动下,媒体将出现智能化趋向。智媒化的特征主要体现为万物皆媒、人机共生、自我进化[②]。演化经济学认为,经济发展史上的每一次重大变迁都是由于科学技术革命带来的包括信息传播技术在内的全新通用技术体系的变化所导致的,美国当代著名思想家杰米里·里夫金提出每次工业革命都有与之相匹配的"通信/能源矩阵",这一矩阵构成了经济发展的基础设施。在这样的背景下,媒介融合将进入"互联网+"和物联网技术生态互动下媒介智能传播时代。"纵观历史,大规模经济转型都出现在人类发现新能源并建立新兴通信媒介之时,能源和通信媒体的融合建立了重组时空动态性的矩阵,从而使更多的人走到一起,在复杂的、互相关联的社会组织中凝聚在一起。附属的科技平台不但成为基础设施,也决定了组织运营经济的方式。"[③]在此趋势中,智能化技术的使用对内容、渠道、平台、经营、管理的融合都将产生深刻的影响。这些技术都有一个共同的基础,即大数据。

---

① 凯文·凯利.科技想要什么[M].中信出版社,2011.
② 彭兰.智媒化:未来媒体浪潮——新媒体发展趋势报告(2016)[J].国际新闻界,2016(11).
③ 里夫金著,赛迪研究院专家组译.零边际成本社会[M].中信出版社,2014.

大数据在未来将会获得一个非常稳健、快速同时又有效能的发展。基于大数据的算法价值对我国媒体媒介融合发展深度进行评估有较高的适时性和历时性。

任何一种文化现象在刚开始崛起的时候,都有可能是起于失控的边缘,经过狂烈的演化才能成为一种普遍的文化现象。技术的发展轨迹也类似。在这个发展过程中,需要对它进行一个主流化和产业化的改造,这是它成为社会主流的一个必然阶段。我国新闻媒体的事业化体制定位和喉舌的功能定位决定了我国主流媒体在深度融合的过程中,舆论传播价值引导的主流化,内容采编制作流程的数据化,渠道平台传播、服务的智能化,经营管理层面的"互联网+"化是我们设计评估模型的主要考察点。

第一节 融合发展效果评估模型和评估维度

1. 主导性

主导性是评估媒介融合发展最重要的维度之一。舆论传播价值引导的主流化是我们在评估中考虑的重要指标,具体到政策的解读,价值的引导,对国家发展重点和社会热点的发声频度,对"一带一路"建设、十九大报道中的话语声量,传播聚合力以及价值引导等方面都是评估要点。在评估该维度时,一方面采用语义扫描和机器判断来识别内容的正面性和主题特征,进而实现自动聚类标注。另一方面则通过专家的赋值来进行价值导向判断,以兼顾评估的客观性与准确度。判断导向性时,主要从正能量与媒介素养两个次级指标进行分析。

(1) 正能量

广义的正能量评估涉及道德与政治正确、程序规范等多种维度,考虑到信度和效度的平衡,本研究聚焦传播学媒体社会责任和协调功能与我国现阶段媒体发展需求结合界定的狭义正能量维度。在正能量的评估维度中我们采用大数据的方法建立了"习式热词"、"一带一路"热词词库、公信力满意度词库和假新闻与反转新闻权重,邀请专家以此为据对微信与微博账号、网站、APP进行打分。在最后的权重计算过程中对指数进行调整。

一是"习式热词"。截至2014年10月16日,十八大以后,以习近平同志为核心的党中央已整整履职700天后,媒体取义的新热词。例如,满意度正相关包括新常态、"点穴式"外交、民主生活会、纪念日、深改小组、国安委、京津冀协同发展、媒体融合、主体责任、异地交流任职、断崖式降级、压倒性态势、四个意识、新型政商关系、文化自信、不忘初心、长征精神、百花园、优良家风等关键词。词库建立后,需建立测试数据库,抓取样本7400家媒体的最高微信、微博ID数据进行正负向标注,再进行人工核对,对关键词的正负向属性进行校正和补充,从而建立较完整和精准的关键词词库。

二是"一带一路"热词词库。采用大数据的方法对媒体的"一带一路"相关报道进行评估,需要建立"一带一路"热词关键词词库,如满意度正相关包括丝绸之路经济带、21世纪海上丝绸之路、文化融合、历史、未来、命运共同体、政策沟通、设施联通、贸易畅通、资金融通、民心相通等关键词。词库建立后,需建立测试数据库,抓取样本7400家媒体的最高微信、微博ID数据进行正负向标注,再进行人工核对,对关键词的正负向属性进行校正和补充,从而建立较完整和精确的关键词词库。

三是公信力满意度词库。采用大数据的方法对媒体报道的公共服务满意度进行评估,需要先建立公共服务满意度关键词词库,如满意度正向关键词包括素质教育、更新教育理念、教育公平、农村医保、全民医保、公租房、廉租房、自住型商品房、房价调控、防爆演习、防火演习、广场舞、电影院、剧院、健身设施等，满意度负向关键词包括教育不公、异地高考、农民工子弟、留守儿童、全国统一高考、高招名额、入托难、学区房、医患关系、看不起病、大病等死、乱开药、疫苗安全、买不起房、廉租房建筑质量、房价上涨、取消户籍制度、准生证、食品安全、地沟油、药品安全、嫖娼、贩毒、抢劫、恐怖袭击、失业率、毕业即失业、啃老、拖欠工资、过劳死、职业病、母婴室、堵车、航班延误等。词库建立后，需建立测试数据库，抓取样本7400家媒体的最高微信、微博ID数据进行正负向标注，再进行人工核对，对关键词的正负向属性进行校正和补充，建立较完整和精确的关键词词库。

四是假新闻、反转新闻、黄色新闻负相关权重。考虑到整个媒介生态、媒介融合深度按照商业和资本逻辑扩张的比重增大，可能引发公信力、新闻价值下降。在对"点击率""转发率""头条率"强调的过程中，观点的自由市场无限扩大，新闻真实性不断受到挑战，假新闻、黄色新闻、反转新闻比例不断扩大，影响了媒体公信力，破坏了原有社会秩序，故增加假新闻、黄色新闻、反转新闻的权重，以专家主观打分评估。

(2) 媒介素养

媒介素养的评估，主要是考虑媒体在周期内发布过体现营造网络清朗空间、坚守媒介素养的文章、视频数量和社会影响力高低。此外，还有不违反法律法规底线、社会主义制度底线、国家利益底线、公民合法权益底线、社会公共秩序底线、道德风尚底线和信息真实性底线等"七条底线"，以及反对宪法所确定的基本原则的；危害国家安全，泄露国家秘密，颠覆国家政权，破坏国家统一的;损害国家荣誉和利益的;煽动民族仇恨、民族歧视、破坏民族团结的;破坏国家宗教政策,宣扬邪教和封建迷信的;散布谣言,扰乱社会秩序,破坏社会稳定的;散布淫秽、色情、赌博、暴力、凶杀、恐怖或者教唆犯罪的;侮辱或者诽谤他人,侵害他人合法权益的;含有法律、行政法规禁止的其他内容的"九不准"等法律道德底线。

并且权衡该媒体是否有利于建设网络良好生态,发挥网络引导舆论、反映民意的作用,从而支撑起清朗的网络空间,营造出符合党和人民根本利益的网络环境,汇聚起干事创业、默默耕耘、无私奉献的正能量。

2. 吸引力

吸引力界定为传播范围,以用户规模、评价、技术融合深度、平台和内容融合深度维度进行评估。

(1) 用户规模和用户评价

用户规模和用户正面评价是评估媒介融合发展吸引力的重要指标。以微博为例,稳定的粉丝数是衡量吸引力的重要指标,转发量也是衡量其吸引力的指标;用户评论中的评价进行正负标注,正面评价也是吸引力的指标;用户长期稳定的关注、参与点击、评论、转发、正面评价产生的客观数据均对此指标进行衡量。就微信而言,稳定的阅读量和转发量,以及"10万+"的数量,头条阅读量都能体现吸引力,网站的用户访问量、APP用户规模、下载量和持续影响力都是评估吸引力的维度。

(2) 技术融合深度

该指标评估该媒体平台是否有高质量的视觉传达图片、清晰且有表现力的视频、符合互联网传播规律的文字呈现方式、有可听性的音频表达。单一内容能够遵照不同体裁的类型进行融合,获得产品融合的效果。是否应用新的媒体技术提升原有平台作品的视觉传达、音频表达，媒体平台视觉表达是否清晰，链接是否便捷，按钮设计是否符合阅读习惯和媒介风格，对同类信息的推送是否精准科学。微博是否融合多种表达形态，是否用新的技术对原有传播形态进行延伸，是否使用新的软件，是否用 AI 智能化，大数据、无人机、机器人等技术进行作品生成。体现在客观数据层面，短期体现在网站的流量、微博的文章阅读点赞、微信的阅读率点赞率、客户端的下载量日活量，长期体现在网站的用户评价、微信与微博的转发量、客户端的用户评价、稳定下载量、进驻人数。

（3）平台和内容融合深度

该指标侧重评价媒体平台是否是多个媒体平台端口的延伸，如在微信、微博、APP、网站之外是否链接了其他平台成为内容采集及传播的端口，平台之间的互动频度高低，内容是否融合了适应自身的多种元素，对单一体裁的报道是否用多种表达视角，通过对现有内容横纵维度的思考，体现主题内容使用的丰富性可读性如何，对受众而言获得信息的理解深度和知识广度。受众是否喜欢参与，参与程度高低，这一层面能够通过评论、互动、转载、点赞等行为来评估，即包括同类媒体的转载，也包括跨媒体之间的评论、转载、互动率。体现在客观数据层面，短期体现在网站的流量、微博的文章阅读点赞、微信的阅读率点赞率、客户端的下载量日活量，长期体现在网站的用户评价、微信与微博的转发量、客户端的用户评价、稳定下载量、月活跃人数。

3. 传播力

传播力通过用户规模、内容的渗透辐射力、技术融合深度、多平台终端融合深度四个维度进行评估。

（1）用户规模

该指标通过评估时间段用户的规模、稳定用户的规模、对用户价值观的影响、对区域内地域思维和文化的培养、用户的人群定位、用户的群体定位、对用户喜好的贴合度实现、用户互动深度、用户评价的正面性。客观性指标通过体现在客观数据层面、短期体现在网站的流量与微博的文章阅读与点赞、微信的阅读率与点赞率、客户端的下载量日活量,长期体现在网站的用户评价、微信与微博的转发量、客户端的用户评价、稳定下载量、进驻人数。

(2) 内容的渗透辐射力

该指标评估媒体传播内容是否能影响大多数地域人群,用户在接收内容后是否会二次生成新内容,同类媒体是否会传播部分内容,在区域内是否具备公信力和较高的社会影响。客观性指标通过体现在客观数据层面,短期体现在网站的流量、微博的文章阅读与点赞、微信的阅读率与点赞率、客户端的下载量日活量,长期体现在网站的用户评价、微信与微博的转发量、客户端的用户评价、稳定下载量、进驻人数。

(3) 技术融合深度

该指标从是否应用新技术对媒体内容的传播速度、精准度和美观度进行补偿,是否应用新技术评估传播过程的效果,是否应用新技术在该领域获得较大的用户规模来评估。客观性指标通过体现在客观数据层面,短期体现在网站的流量、微博的文章阅读与点赞、微信的阅读率与点赞率、客户端的下载量日活量,长期体现在网站的用户评价、微信与微博的转发量、客户端的用户评价、稳定下载量、进驻人数。

(4) 多平台终端融合深度

该指标从是否应用多个平台进行传播,多平台是否产生聚合性和生成性效应,在云、管、端生态中端口的位置,多平台互动的深度,多平台内容聚合的深度,对有效平台进行推广的效度维度进行评估。

4. 影响力

影响力通过品牌价值、内容价值、资本规模、融合发展模式贡献度四个维度进行评估。

(1) 品牌价值

该指标在媒体在用户规模的基础上，考察媒体是否形成了鲜明的媒介融合发展品牌价值，媒介融合发展的模式在一定的领域是否有推广借鉴价值，有形资产和无形资产的比例，人才对媒体的认可度，用户对产品的认可度和参与度，品牌价值在其他产业和行业的融合深度。

(2) 内容价值

该指标主要通过媒体在国家重大事件中的有力发声、在社会转型期的重要价值引导、在事实不清时的真相叩问、在民族表达时对文化的传承、内在的精神品位高低、行业内作品的业内评估、策划表达的创新性等指标进行评估。

(3) 资本规模

该指标主要对媒体有形资产、无形资产的规模，资本运营的效率，跨界资本运营的效益，跨界运营战略定位的合理性，项目建立的科学性，人才流动率、人才引进的价值、使用效率、内部人力资本管理科学性等维度进行评估。

(4) 发展模式贡献度

该指标主要从在技术融合方面的新尝试是否形成可效仿的模式，是否给媒介融合发展贡献了技术融合的路径和模式，在人才融合方面是否有新尝试并形成可推广的经验，在资本运营层面是否有可推广的模式和成功经验。

综上所述，媒介融合发展评估模型的主导性、吸引力、传播力、影响力通过表13—1进一步体现。

表 13—1 媒介发展融合指数设计模型

维度	一级指标	评估权重			数据来源
平台	微信	传播力指数、成熟指数、内容质量、栏目设置			大数据分析 专家打分 (1—10)
	微博	传播力指数、成熟指数、内容质量、交互设计、服务模块开设			
	APP	下载量、客户评价、环境层、运营层			
	网站	内容、功能、环境、交互、运营			
技术 智能化 60%	大数据	新闻业务	新闻生产业务	新闻选题	专家打分 (1—10)
				新闻采集	
				新闻写作	
			传播效果评估	新闻产品	
				传播效果	
		服务业务	物流、信息、文化产业、数字娱乐		专家打分 (1—10)
			民生类智慧服务、公益服务		
	智能化	中央厨房在内部生态流程中的应用	公有云、三圈环流度		专家打分 (1—10)
			私有云,自有内容生成效率		
		新兴传媒技术应用程度	机器人报道、无人机、VR		
			AI、人脸识别等		
资本	用户规模 市场运营	各大应用市场累计下载量加和平均值			专家打分 (1—10)
		注册用户数			
		成功交易金额			
		资本兼并、资本合作效力			
		跨界产品开发、业务整合能力			
		文化产业园区开发运营能力			
	用户评价	各大市场评分均值			用户打分 (1—10)
	产品形态	互动方便度及意愿			专家打分 (1—10)
		功能拓展及完善度			

续表

维度	一级指标	评估权重				数据来源
人才	新媒体	人才引进率	KPI考核	人才晋升模式	流失率	专家打分（1—10）
	传统业务	转岗率	KPI考核	合作运营	流失率	专家打分（1—10）
	经营管理	人员比例	绩效考核制度	内部晋升程序	内部外部人才引进绩效	专家打分（1—10）
	服务业务	人员比例	合作制度	绩效考核方式	外部投资	专家打分（1—10）
综合指标	内容（Content）（30%）	内容是否具有主导性，符合新闻价值和传播伦理，丰富性、权威性、更新频率 形式多样化、信息关联度、分类合理性				专家评分（0—10分）
	功能（Function）（10%）	栏目设置、导航易用性、搜索效率、功能维护、交互社区构建、移动端产品				专家评分（0—10分）
	环境（Environment）（15%）	IP、PV、Alexa排名、媒体曝光量、搜索引擎收录量、外部链接质量				数据标准化：$10 \times (X/\max)$
	交互（Interaction）（10%）	访问速度、页面设计、布局合理性、广告植入度、空间利用率、沟通友好性				专家评分（0—10分）
	运营（Operation）（20%）	注册用户数 X1（50%）				$\ln(X1+1)$
		交易额 X2（35%）				$\ln(X2+1)$
		商品评价 X3（15%）				换算为十分制得分
	CFEI=150×（30%内容得分＋10%×功能得分＋15%×环境得分＋10%×交互得分＋20%×运营得分）					
	综合得分=20%平台＋30%×技术＋20%资本＋20%人才＋10%×综合指标					

该研究模型设计为一个应然理想状态,可以通过平台、资本、技术、CFEI多维度对媒体的媒介融合发展水平进行评估,特别是微信、微博矩阵三圈环流的媒介融合效果、中央厨房中央处理中心的媒介融合整合力。公有云、私有云、大数据的处理会对媒介融合评估信度提升,但在访谈调研过程中,部分数据属于媒体的商业机密,获取难度较大。以下就比较典型的媒介融合发展模式为例一一说明。

技术融合层面的代表新华系列的无人机报道拓宽了报道的疆域,提升了媒介融合的空间深度。新华社机器人报道和传感器新闻加深了媒介融合的精度和深度,在媒介融合发展上有巨大的潜力,但也因为在这一领域新华系一枝独秀,关于技术人员引进、技术培训、重大技术在新闻产品中应用比例的数据获得还是有一定的难度。其应用人工智能和新媒体技术,对原有媒体的传播功能进行补偿,将新技术在传播中无限延伸的发展模式,给我国媒介融合向纵深发展提供了技术深入融合的借鉴。

在直播业务弯道超车中,沈阳晚报表现亮眼,在全员直播的战略中形成了传统报纸对新新媒介掌握的弯道超车。直播业务不仅盘活了发展的困局,帮报社的成员重拾自信,借助直播平台的业务范围也从沈阳辐射到全国,多次完成高点击率的新闻事件直播报道,以及全民关注的事件策划。将原有新闻报道的策划优势在直播平台上淋漓尽致地发挥,是沈阳晚报在媒介融合纵深发展中探索的模式。因在调研中的数据收集有限,科学评估有一定的难度。

大数据应用层面的代表浙江日报,如图13—1所示,依托互联网交易中心和智能大数据完成了用户数据库、内容数据库的建立,

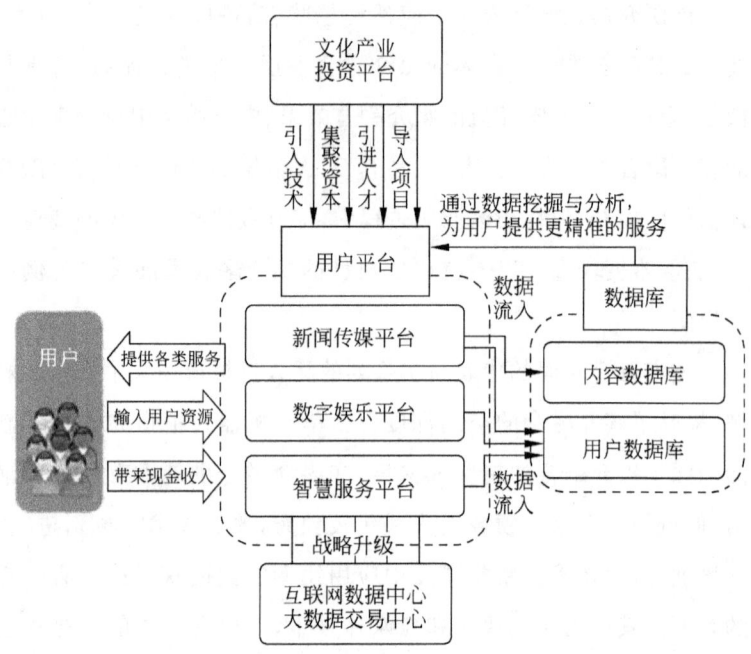

图 13—1 《浙江日报》媒介融合发展战略

服务于新闻业务、数字娱乐、智慧服务平台的全流程。

形成了建设核心圈、紧密圈和协同圈红色新媒体矩阵,打造了包括浙江日报、浙江在线、"浙江新闻"APP 在内的核心圈,钱江晚报、边锋网新闻专区、钱报网、大浙网新闻版块及各县市区域门户构成的紧密圈,各类法人微博、微信公众号及专业 APP 构成的协同圈,并形成三圈环流的媒体矩阵,促进矩阵内的深度融合。在人才引进中保留 500 人事业编制,其余 5500 人进行 KPI 考核,在媒介融合内容再造过程中完成 328 人的转岗,项目设立与人才引进结合,提升了内部效力。在资本融合层面,收购边锋游戏公司,投资 IP 影视剧,在资本融合层面走出了"智能大数据+互联网生态圈+资本融合"浙报深度融合模式,对其评估限于部分业务并非数

表 13—2 专家打分概况

提供信息					专家打分项目								
					主导性(五级打分:2—低,4—较低,6——般,8—较高,10—很高)			吸引力(五级打分:2—低,4—较低,6——般,8—较高,10—很高)			影响力(五级打分:2—低,4—较低,6——般,8—较高,10—很高)			
					正能量传播	媒介素养	用户规模用户评价	技术融合深度	平台内容融合深度	品牌价值	内容价值	资本规模	发展模式贡献	专业运营能力
媒体	抽样文章标题	抽样文章摘要内容	抽样文章阅读数	账号链接	内容是否健康向上,账号推文是否符合时代主旋律,是否符合社会主义核心价值观。是否给用户带来积极正面的影响	"习式热词"、新常态,习大大	账号是否有利于建设网络良好生态、发挥网络引导舆论、反映民意的作用。从而支撑起清朗的网络空间	用户规模和用户正直评价是评估媒介融合发展吸引力的重要指标。针对微博而言,稳定的粉丝数量是衡量标准	该数据评估该媒体平台是否有高质量视觉传达图片、清晰有表现力的视觉、符合互联网传播规律	该数据侧重评价媒体平台是否是多个媒体平台端口的延伸。如在微信微博ID。网络之外是否链接	媒体在用户规模基础上。是否形成了鲜明的媒介融合发展品牌价值,媒介融合发展的模式是否为行业认同的典型模式	主要从在国家重大事件中的有力发声。在社会转型期的重要价值引导。在事实不清时的真相叩问	该数据主要从有形资产、无形资产规模、资本运营的效率。跨界资本运营效率	主要从在技术融合方面的新尝试是否形成可效仿的模式,是否引领技术	版式是否新颖,是否合理,是否具有吸引力;界面是否美观,是否有辨识度,段落布局是否符合时代视觉规律表达
媒体A	文章A1	XXXXXX	10000000	URL	内容是否健康向上,账号推文是否符合时代主旋律,是否符合社会主义核心价值观,是否给用户带来积极正面的影响等	"一带一路"热词词库。采用大数据的方法对"一带一路"相关的媒体报道进行评估。需要建立"一带一路"热词关键词词库,如满意度正相关包括:丝绸之路经济带、21世纪海上丝绸之路、文化融合、历史、未来、命运共同体、政策沟通、设施联通、贸易畅通、资金融通、民心相通等关键词。词库建立后,需建立测试数据库,抓取样本1000家媒体的最高微信微博ID数据进行正负向标注。再进行人工核对,对关键词的正负向属性进行校正和补充,从而建立完整和高正确度的关键词词库	账号是否有利于建设网络良好生态、发挥网络引导舆论、反映民意的作用,从而支撑起清朗的网络空间,营造出符合党和人民根本利益的网络环境,汇聚起干事创业、默默耕耘、无私奉献的正能量				10		4	6	8
	文章A2				内容是否健康向上,账号推文是否符合时代主旋律,是否符合社会主义核心价值观,是否给用户带来积极正面的影响等	公信力满意度词库。满意度正向关键词包括:素质教育、更新教育观念、教育公平、农村医保、全民医保、公租房、廉租房、自住型商品房、房价调控、防爆演习、防火演习、广场舞、电影院、剧院、健身设施等。满意度负向关键词包括:教育不公、异地高考、农民工子弟、留守儿童、全国统一高考、高招名额、入托难、学区房、医患关系、看不起病、大病等死、乱开药、疫苗安全、买不起房、廉租房建筑质量、房价上涨、取消户籍制度、准生证、食品安全、地沟油、药品安全、嫖娼、贩毒、抢劫、恐怖袭击、失业率、毕业即失业、啃老、拖欠工资、过劳死、职业病、母婴室、堵车、航班延迟	账号是否有利于建设网络良好生态、发挥网络引导舆论、反映民意的作用。从而支撑起清朗的网络空间,营造出符合党和人民根本利益的网络环境,汇聚起干事创业、默默耕耘、无私奉献的正能量				10		4	6	8

值透明的上市公司,资本层面、人才引进流动层面的部分数据获得难度、评估精准的效度有较大挑战。

不同于浙报的资本融合,广州日报对其园区的文化进行产业布局,孵化了国内最大的直播平台和最早的网红群体,小众音乐歌友会展厅、汽车主题咖啡馆、古董鉴定拍卖、服装设计、车展等一些文化产业实体加盟,在传媒向文化产业跨界的纵深融合走出了特色。

针对县域媒体,浙江湖州市安吉县提供了成功的"安吉模式"。通过云平台的建设,一方面,实现了全县域内的数据资源共享,从而使得网络舆情可管可控,成为党和政府控制网络舆情传播的有力助手,也极大地方便了市民的生活和出行。另一方面,通过整合广电系统、互联网系统和呼叫系统应用资源,在全县范围内建设了大量免费 WiFi 网络,为安吉县的美丽乡村建设提供了信息支撑。安吉新闻集团还围绕"文创产业做精做优,打响品牌""网络产业依托服务,提质增效""信息产业开拓创新,破难奋进"等方面,扎实推进县域媒体融合工作。此外,安吉新闻集团还通过"跨区域复制模式""跨区域输出技术""跨区域搭建平台"等方式,一方面探索媒体融合的盈利模式,另一方面帮助其他县市推进媒体融合深度。

上述文化工业园区的资本运营,浙江日报对游戏公司兼并的资本运营,以及人民日报、浙江日报、南方报业、江苏卫视、湖南卫视三圈环流融合效度测评在模型设计都有体现。限于客观数据的获得难度,应然层面的科学设想需要让位于实然层面对效度的实施,故这些维度都以专家打分的主观数据进行评估(表 13—2)。

在现有获得、可量化、评估成熟的前提下,本研究通过对可获取的媒介融合数据的价值提炼和技术处理,结合统计分析法和相关数学模型构建媒介融合发展综合评估指数体系,以可获得的平台、技术、资本运营交互等维度反映主流媒体微博、微信、客户端和网站的主导性、吸引力、覆盖度、传播力、互动力和影响力。如表13—3所示,在指标体系构建上,充分考虑各平台的运营机制和传播规律,通过采集阅读数、点赞数、转发数、评论数、发布文章数、头条文章数据、APP下载量、评分、网站流量、各项指标增减趋势等数据,对评价指标体系不断进行测试和调整,最终形成相对科学、全面的综合评价模型。其中,双微评价体系WCI和BCI已经过业界和学界的多方认可,投入新媒体指数平台开放使用,经过多版本的迭代更新已相对成熟,APP和网站评价指数采用公开可采集的数据,结合了用户流量、访问量和评价多个维度,提升评估的效度。即在实然层面可操作的评估模型,以此为系数运算和指数运算的依据,对媒介融合发展指数进行评估。

依据前面所提到媒介环境学派代表人物保罗·莱文森的媒介补偿理论,后一种媒介是对前一种媒介功能的补偿,APP、微信的优势要优于微博和网站。加之专家学者对媒介生态移动化、智能化趋势的预判,本研究模型在媒介融合发展指数中将有移动互联端口优势的APP指标设定为35%。传播率较高的微信指标设定为30%,根据保罗·莱文森的媒介补偿发展功能,将四个媒介前期发展的微博设定为25%,而需要更多补偿功能的网站系数设定为10%,以下就不同的平台的评估维度具体说明。

第一,是微信评价体系说明。

大数据技术为微信公众号传播效果评价奠定了基础。清博大数据公司推出的微信传播力指数WCI(We-chat Communication Index)

第十三章 媒体版图,融合发展哪家强?

表13—3 媒介融合指数综合评估模型

平台	一级指标	二级指标	三级指标	权重 W_i	标准化方法 U_i
微信 (30%)	传播力指数 (70%)	整体传播力 O (30%)	日均阅读数 R/d	0.85	$O=0.85\times\ln(R/d+1)+$ $0.15\times\ln(10\times Z/d+1)$
			日均点赞数 Z/d	0.15	$\ln(R/n+1)$
		篇均传播力 A (30%)	篇均阅读数 R/n	0.85	$A=0.85\times\ln(R/n+1)+$ $0.15\times\ln(10\times Z/n+1)$
			篇均点赞数 Z/n	0.15	$\ln(10\times Z+1)$
		点赞指数 (20%)	头条(日均)阅读数 Rt/d	0.85	$H=0.85\times\ln(Rt/d+1)+$ $0.15\times\ln(10\times Zt/d+1)$
		头条传播力 H (30%)	头条(日均)点赞数 Zt/d	0.15	$\ln(10\times Z_{max}+1)$
		峰值传播力 P (10%)	最高阅读数 R_{max}	0.85	$P=0.85\times\ln(R_{max}+1)+0.15\times\ln(10\times Z_{max}+1)$
		整体传播力 O (30%)	日均阅读数 R/d	0.85	$O=0.85\times\ln(R/d+1)+$ $0.15\times\ln(10\times Z/d+1)$
			日均点赞数 Z/d	0.15	
		$WCI=(30\%\times O+30\%\times A+30\%\times H+10\%\times P)^2\times 10$			

续表

平台	一级指标	二级指标	三级指标	权重 Wi	标准化方法 Ui
微信 (30%)	成熟度指数 (30%)	内容质量 X1 (70%)	内容丰富性、权威性、专业化、稳定性、版权风险、不实信息风险、形式多样化		专家评分（0—10 分）
		栏目设置 X2 (30%)	导航清晰、分类明确、互动方便、服务模块		专家评分（0—10 分）
		（注：因为 WCI 的值在干级别，为统一量级，WMI 控制在 0—1500） $WMI = (70\% \times X1 + 30\% \times X2)^2 \times 15$			
		活跃度 (20%)	发博数 X1	30%	$\ln(X1+1)$
			原创微博数 X2	70%	$\ln(X2+1)$
	传播力指数 (70%)	传播度 (80%)	转发数 X3	20%	$\ln(X3+1)$
微博 (25%)			评论数 X4	20%	$\ln(X4+1)$
			原创微博转发数 X5	25%	$\ln(X5+1)$
			原创微博评论数 X6	25%	$\ln(X6+1)$
			点赞数 X7	10%	$\ln(X7+1)$
	$BCI = (20\% \times W_1 + 80\% \times W_2) \times 160$ $W_1 = 30\% \times \ln(X_1+1) + 70\% \times \ln(X_2+1)$ $W_2 = 20\% \times \ln(X_3+1) + 20\% \times \ln(X_4+1) + 25\% \times \ln(X_5+1) + 25\% \times \ln(X_6+1) + 10\% \times \ln(X_7+1)$				

续表

平台	一级指标	二级指标	三级指标	权重 Wi	标准化方法 Ui
微博 (25%)	成熟度指数 (30%)	内容质量 (70%)	信息权威,话语灵活,形式丰富,发布及时,舆情风险,质量稳定性		专家评分(0—10分)
		交互设计 (30%)	评论自由,互动便利,服务精准回应及时,服务模块开设		专家评分(0—10分)
	(注:因为BCI的值在干级别,为统一量级,BMI控制在0—1500) $BMI=(70\%\times X_1+30\%\times X_2)^2\times 15$ 微博指数$=70\%\times BCI+30\%\times BMI$				
APP (35%)	用户规模 (30%)	各大应用市场累计下载量加和 X_1			$\ln(X_1+1)$
	市场运营 (35%)	注册用户数 X_2		15%	$\ln(X_2+1)$
		成功交易金额 X_3		20%	$\ln(X_3+1)$
	用户评价 (20%)	将各大市场评分均换算为百分制,取平均数 X_4			$\ln(100\times X_4+1)$
	产品形态 (15%)	互动方便度及意愿 X_5		7.5%	用户评分(0—10分)
		功能拓展及完善度 X_6		7.5%	专家评分(0—10分)
	$ADI=15\times[30\%\times\ln(X_1+1)+15\%\times\ln(X_2+1)+20\%\times\ln(X_3+1)+20\%\times\ln(100\times X_4+1)+7.5\%\times(X_5+X_6)]^2$ (注:为保证ADI与双微指数数量级统一,APP得分控制在0—1500)				

续表

平台	一级指标	二级指标	三级指标	权重 Wi	标准化方法 Ui
网站(10%)		内容(Content)(15%)	内容丰富性,内容权威性,内容更新频率形式多样化,信息关联度,分类合理性		专家评分(0—10分)
		功能(Function)(10%)	栏目设置,导航易用性,搜索效率 功能维护,交互社区构建,移动端产品		专家评分(0—10分)
		环境(Environment)(15%)	IP,PV,Alexa排名,媒体曝光量 搜索引擎收录量,外部链接质量		数据标准化: $10\times(X/\max)$
		交互(Interaction)(10%)	访问速度,页面设计,布局合理性 广告植入度,空间利用率,沟通友好性		专家评分(0—10分)
		运营(Operation)(50%)	注册用户数 X1 (50%)	$\ln(X1+1)$	$50\%\times\ln(X1+1)+35\%\times$ $\ln(X2+1)+15\%\times X3$
			交易额 X2 (35%)	$\ln(X2+1)$	
			商品评价 X3(15%)	换算为十分制得分	
		综合得分 = 30%×微信指数 + 25%×微博指数 + 35%×APP指数 + 10%×网站指数 CFEI = 150×(15%×内容得分 + 10%×功能得分 + 15%×环境得分 + 10%×交互得分 + 50%×运营得分)			

模型旨在多维度、全面客观地反映微信公众号在一定周期内的传播能力和传播效果,形象直观地呈现微信公众号对舆论场的引导力和影响力,为把握微信公众号的整体发展态势、舆论场热度、热门话题导向等提供技术和智力支持(表13—4)。基于量化评估结果,对综合领域和细分领域的微信公众号传播能力进行纵横对比,发现优势行业领域和相关账号,为媒体融合发展提供依据和参考。

表13—4 微信 WCI(We-chat Communication Index)指数综合评估模型

一级指标及权重	二级指标	二级权重	标准化得分
整体传播力 O (30%)	日均阅读数 R/d	0.85	$O=0.85\times\ln(R/d+1)+0.15\times\ln(10\times Z/d+1)$
	日均点赞数 Z/d	0.15	
篇均传播力 A (30%)	篇均阅读数 R/n	0.85	$A=0.85\times\ln(R/n+1)+0.15\times\ln(10\times Z/n+1)$
	篇均点赞数 Z/n	0.15	
头条传播力 H (30%)	头条(日均)阅读数 Rt/d	0.85	$H=0.85\times\ln(Rt/d+1)+0.15\times\ln(10\times Zt/d+1)$
	头条(日均)点赞数 Zt/d	0.15	
峰值传播力 P (10%)	最高阅读数 R_{max}	0.85	$P=0.85\times\ln(R_{max}+1)+0.15\times\ln(10\times Z_{max}+1)$
	最高点赞数 Z_{max}	0.15	
$WCI=(30\%\times O+30\%\times A+30\%\times H+10\%\times P)^2\times 10$			

注释:

R 为评估时间段内所有文章(n)的阅读总数。

Z 为评估时间段内所有文章(n)的点赞总数。

d 为评估时间段所含天数(一般周取7天,月度取30天,年度取365天,其他自定义时间段以真实天数计算)。

n 为评估时间段内账号所发文章数。

Rt 和 Zt 为评估时间段内账号所发头条的总阅读数和点赞数。

R_{max} 和 Z_{max} 为评估时间段内账号所发文章的最高阅读数和最高点赞数。

以下就微信传播指数 WCI 的指标维度、权重设置、算法的修正路线进行解释。

一是评估体系构建原则。从指标选取上来看，主要遵循关联性、重要性、全面性、客观性、可操作性五大原则，采用可量化获取数据指标进行评估。在权重设置上，就"整体传播力（Overall score）""篇均传播力（Average score）""头条传播力（Headline score）"和"峰值传播力（Peak score）"四部分，对传播力维度进行加权汇总计算WCI。多维度体现公号吸引力、传播力。

在标准化算法上，主要遵循以下四大原则。一是各指标量级统一，如阅读和点赞数存在量级差，对单项指标进行标准化处理以缩小量级差，保障数值得分分布合理；二是去除组间影响，尽量避免对账号的分组处理；三是去除样本影响，尽量避免基于全样本数据进行估算，避免采用如标准差、均值、极值等全局数据；四是避免数据断层，避免采用分段函数等算法。总体上评估模型力求做到"科学、合理、客观、公正"，并通过动态迭代和优化不断提升模型的权威性和专业性。

二是评估体系的构建。根据以上评估原则，从指标选取、权重设置、算法确定、数据测试四大方面进行模型构建。首先，基于客观可获取数据初步拟定阅读指数和点赞指数两大维度，分别设置了包括总阅读/点赞数、平均阅读/点赞数、最大阅读/点赞数、头条阅读/点赞数、点赞率等指标，并根据专家评估和李克特量表对各项指标进行筛选，初步构建评价指标体系。其次，结合主观赋权法和客观赋权法计算各项指标的权重，总体上保障阅读指数重要性大于点赞指数，平均指数重要性大于汇总指数。再次，基于量级统一、组间统一等原则确定各指标项的标准化算法和加总算法。最后，根据数据测试和调试结果不断修正迭代，得到WCI模型（13.0版）。

第二,是微博评价指标说明。

X1 为评估时间段内所有文章(n)的总数(表 13—5)。

X2 为评估时间段内所有文章原创文章(n)数。

X3 为转发数、X4 为评论数,其评估时间段的转发数所含天数(一般周取 7 天,月度取 30 天,季度取 120 天年,度取 365 天,其他自定义时间段以真实天数计算)。

X5 为原创微博转发数、X6 为原创微博评论数,其评估时间段的转发数所含天数(一般周取 7 天,月度取 30 天,季度取 120 天年度取 365 天,其他自定义时间段以真实天数计算)。

表 13—5　微博 BCI 指数综合评估模型

微博 (25%)	传播力指数 (70%)	活跃度 (20%)	发博数 X1	30%	$\ln(X1+1)$
			原创微博数 X2	70%	$\ln(X2+1)$
		传播度 (80%)	转发数 X3	20%	$\ln(X3+1)$
			评论数 X4	20%	$\ln(X4+1)$
			原创微博转发数 X5	25%	$\ln(X5+1)$
			原创微博评论数 X6	25%	$\ln(X6+1)$
			点赞数 X7	10%	$\ln(X7+1)$
			$BCI=(20\%\times W_1+80\%\times W_2)\times 160$ $W_1=30\%\times \ln(X_1+1)+70\%\times \ln(X_2+1)$ $W_2=20\%\times \ln(X_3+1)+20\%\times \ln(X_4+1)+25\%\times \ln(X_5+1)+25\%\times \ln(X_6+1)+10\%\times \ln(X_7+1)$		
	成熟度指数 (30%)	内容质量 (70%)	信息权威、话语灵活、形式丰富、发布及时、舆情风险、质量稳定性	专家评分 (0—10 分)	
		交互设计 (30%)	评论自由、互动便利、服务精准回应及时、服务模块开设	专家评分 (0—10 分)	
			(注:因为 BCI 的值在千级别,为统一量级,BMI 控制在 0—1500) $BMI=(70\%\times X1+30\%\times X2)^2\times 15$		
			微博指数=$70\%\times BCI+30\%\times BMI$		

指标和权重设置侧重评估维度拓展,包括原创阅读数、转发数、评论数以及全文阅读数、转发数、评论数,侧重客观赋权;主观部分的打分比重只占到30%,侧重媒介融合深度,强调转发率和点赞率,对媒介融合的微博矩阵进行评估,是对原创转发内容的侧重能够对重复内容进行客观传播率的界定。

第三,是APP评价指标说明。

X1为安卓和苹果下载量以及各大APP运营网站下载量的加权值(表13—6)。

X2为各媒体客户端订阅数量与APP下载端口数量的平均值。

X3成功交易金额,APP端口统计数据。

X4易观、酷评、安卓易光、青柯、友盟、ANNI等平台数据进行平均值加权。

表13—6 客户端媒介指数综合评估模型

APP	用户规模(30%)	各大应用市场累计下载量加和 X1		$\ln(X1+1)$
	市场运营(35%)	注册用户数 X2	15%	$\ln(X2+1)$
		成功交易金额 X3	20%	$\ln(X3+1)$
	用户评价(20%)	将各大市场评分均换算为百分制,取平均数 X4		$\ln(100 \times X4+1)$
	产品形态(15%)	互动方便度及意愿 X5	7.5%	用户评分(0—10分)
		功能拓展及完善度 X6	7.5%	专家评分(0—10分)
	(注:为保证ADI与双微指数量级统一,APP得分控制在0—1500)$ADI = 15 \times [30\% \times \ln(X1+1) + 15\% \times \ln(X2+1) + 20\% \times \ln(X3+1) + 20\% \times \ln(100 \times X4+1) + 7.5\% \times (X5+X6)]^2$				

考虑到嵌套在广播视频客户端的移动传播媒介融合深度,客户端中的统计将一些媒体进驻的客户端也统计在其中,对非独立的客户端进行了加权值的递减。

第四,是网站评估指标说明。

CFEI 模型,即内容(Content)、功能(Function)、环境(Environment)、交互(Interaction),通过这四个层面全方位一体化地审视行业报纸媒体官方网站的运营(表 13—7)。该模型各层面要素及其层次间关系如图 13—2 所示。

表 13—7 网站媒介指数综合评估模型

网站 (10%)	内容(Content) (15%)	内容丰富性、内容权威性、内容更新频率、形式多样化、信息关联度、分类合理性	专家评分 (0—10 分)
	功能(Function) (10%)	栏目设置、导航易用性、搜索效率、功能维护、交互社区构建、移动端产品	专家评分 (0—10 分)
	环境(Environment) (15%)	IP、PV、Alexa 排名、媒体曝光量、搜索引擎收录量、外部链接质量	数据标准化: $10 \times (X/max)$
	交互(Interaction) (10%)	访问速度、页面设计、布局合理性、广告植入度、空间利用率、沟通友好性	专家评分 (0—10 分)
	运营(Operation) (50%)	注册用户数 X1 (50%)	$\ln(X1+1)$
		交易额 X2 (35%)	$\ln(X2+1)$
		商品评价 X3(15%)	换算为十分制得分

运营得分 = $50\% \times \ln(X1+1) + 35\% \times \ln(X2+1) + 15\% \times X3$

CFEI=150×(15%内容得分+10%×功能得分+15%×环境得分+10%×交互得分+50%×运营得分)

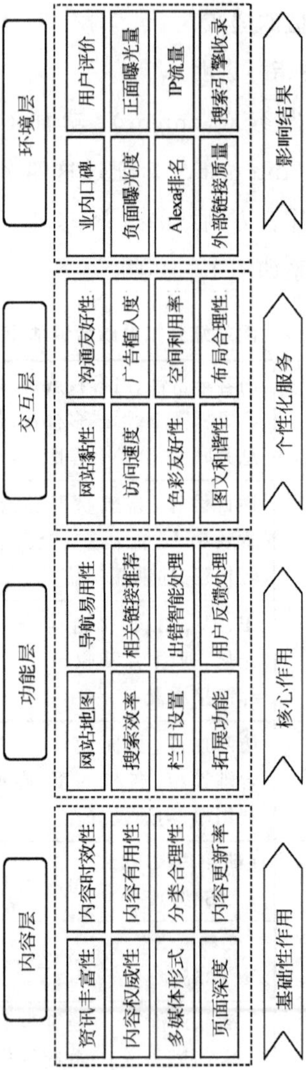

内容层		功能层		交互层		环境层	
资讯丰富性	内容时效性	网站地图	导航易用性	网站兼容性	沟通友好性	业内口碑	用户评价
内容权威性	内容有用性	搜索效率	相关链接推荐	访问速度	广告植入度	负面曝光度	正面曝光量
多媒体形式	分类合理性	栏目设置	出错智能处理	色彩友好性	空间利用率	Alexa排名	IP流量
页面深度	内容更新率	拓展功能	用户反馈处理	图文和谐性	布局合理性	外部链接质量	搜索引擎收录
基础性作用		核心作用		个性化服务		影响结果[20]	

图 13-2 CFEI 模型

CFEI—C(内容层)是对信息完整性和权威性的把握,既可从宏观角度衡量媒体网站内容的硬件,又可从微观角度自动分析每一个页面的流量地位,自动统计分析页面中每一链接的访问次数和销售数据,自动给出页面调整建议。

CFEI—F(功能层)评价基于数据的操作通道,可判断行业媒体网站的技术构建状况,考察其全面性、可用性和智能性,帮助其功能创新与拓展。

CFEI—I(交互层)是用户对网站服务质量的主观感受和使用体验,可增加网站黏性,快速汇聚专业性网站用户,形成网站核心用户圈,提高网站互动率和服务效率,从而实现网站在泛网的广泛传播和深入影响。

CFEI—E(环境层)是对网站的外部评价,可快速获取舆论对各网站的相关评价和口碑,范围可涉及行业用户、行业媒体等,自动形成竞争性对手的发展报告,通过流量数据和全网搜索数据简介评估。

内容与功能是判断网站优劣的硬性指标,起内核决定性作用;环境与交互是判断优劣的软性要素,具外部弹性影响力。内容层是其他要素实现的核心基础,它直接决定网站的定位、内容宽度和深度,是功能层、环境层和交互层延伸的基础;功能层是其他要素实现的技术辅助,它是内容层、环境层和交互层的技术和框架载体;交互层是其他要素实现的表现形式,它追求网站可用性和用户舒适度,是内容层、功能层和环境层的外显方式;环境层是其他要素实现的目标导向,是内容层、功能层和交互层共同构成环境层的评判标准。

第二节　融合发展能力评估的实践

本部分以人民日报融合发展指数评估为例进行说明。考虑到复杂数据的呈现性,以客观数据的呈现和计算为主,专家打分的部分涉及的主观性权重和指标如表 13—8 所示。

表 13—8　人民日报微信指标系数

	公众号市场价值	文章数	发布次数	阅读数	点赞数	平均阅读数
微信	150001500	1377	601	137701377	14521715	100001
	平均点赞数	最大阅读数	最大点赞数	头条阅读数	头条点赞数	WCI
	10546	100001	100001	60100601	9827199	1677

人民日报拥有聚合力比较强的微信矩阵,在众多微信号中选择人民日报报业集团旗下公众号市场价值和传播价值最高的公众号人民日报 rmrbwx,由发文数、发布次数、阅读数、平均阅读数、平均点赞数、最大阅读数、最大点赞数、头条阅读数和头条点赞数构成,8—10 月的文章数为 1377 条,发布次数为 601 次,阅读数为 137701377,点赞数为 14521715,平均阅读数为 100001,平均点赞数为 10546,最大阅读数、最大点赞数均为 100001。峰值比较高的文章比较多,头条阅读数有 60100601 之高,根据 $WCI=(30\% \times O+30\% \times A+30\% \times H+10\% \times P)^2 \times 10$ 的加权总公式运算,得出 WCI 的峰值为 1677。在将其放到清博指数报纸类微信榜单和新榜报纸类微信榜单中进行加权平均求值,在报纸中以最高值获得 100 的系数值,即在同类报纸的微信值中是第一。

表 13—9 人民日报微博指标系数

微博	粉丝数	关注数	发博量	微博数	转发数	评论数	粉丝数
	54940625	2404	80213	3066	24274148	5274782	54940625
	原创微博数	原创博文	原创转发数	原创评论数	点赞数	BCI	微博系数
	2588	2588	23219009	5034306	29608779	2341	100

在微博中,选出人民日报微博矩阵中粉丝数发文数最高的微博,UID号为2803301701的微博账号,对其数据进行全领数据挖掘,用关注数、发博量、微博数、转发数、评论数、粉丝数的指标进行加权计算(表13—9)。人民日报该账号拥有粉丝数为54940625,关注数为2404,发文量为80213条,微博数为3066条,转发数为24274148条,评论数为5274782条,原创博文为2588条,原创转发数为23219009条,原创评论数为5034306条,点赞数为29608779条。在将其放到清博指数报纸类微博榜单和新榜微报纸类微博榜单中进行加权平均求值,在报纸类媒体微博中以最高值获得100的系数值,即在同类报纸的微博值是第一。

在客户端系数中,在易观、酷传、酷评、青柯、友盟、ANNI上分别进行搜索,选择下载总量、搜索热度和用户评价在人民日报系列APP最高的"人民日报-有品质的新闻"进行数据分析(表13—10)。考虑到人民日报的下载为免费,将收入部分略去,对上述平台的市场应用下载量进行平均值计算,下载总量平均值为187802145,用户信用评价的均值为3.5,月活跃人数为2953400,在各大榜单中的搜索量和关键词覆盖领域在报纸类APP的平均值中最高,系数为100。

表 13—10 人民日报客户端指标系数

客户端	月活跃人数(万)	下载总量平均值	用户评价信用值	月活跃人数(万)	系数
	295.34	187802145	3.5	2953400	100

在网站系数中,以 Alexa 网站上的 UV(独立访客量)和 PV(点击率访问页面流量点击量)、全球本国排名、访客排名、流量获得网站的环境数,通过专家打分完成对内容功能交互的运用(表13—11)。其中,平均独立访客量为 9536000,点击访问率为 4558200,国家排名为 34,访客排名为 233,全球域名排名为 214 位,环境数为 55118000,确定在 7400 家媒体的报纸类媒体指数进行排名,人民日报的网站综合指数处第一位,给予 100 分的系数加权。

表 13—11 《人民日报》网站指标系数

人民网	平均 UV	平均 PV	环境数	内容	功能	交互
	9536000	45582000	55118000	9.9	9.9	10
	国家排名	访客排名	全球域排名			系数
	34	233	214			9.9

在此基础上,结合专家打分的内容对指数进行加权计算,比例为综合得分=30%×微信指数+25%×微博指数+35%×APP指数+10%×网站指数,计算出总的媒介融合系数为 99.97 左右。与 7400 家媒体中的报纸媒体比较,《人民日报》的系数最高,报纸类融合发展指数的排行位列榜首。

第三节 融合发展能力排行榜

评估对象:本次评估对象主要为全国范围内中央传媒集团与地方传媒集团下属的近 7400 家电视、报纸、期刊、网站、广播以及子公司网站及其所开设的 5000 余个"两微一端"网站。

样本选择:报纸、期刊、电视、广播电台、网站五大领域。评估名单选择参照新浪微博媒体影响力排行榜、两会报道媒体融合榜单、清博指数媒体榜单、新榜媒体微信传播力榜单、酷传客户端热度下载量排行榜、移动广播收听率排行榜、百度搜索风云榜、新浪微博媒体影响力排行榜、Alexa网站排行榜,综合选取影响力较大五大行业的各100媒体进行评估。

评估媒体平台:选取了新浪微博、腾讯微信、聚合类客户端和媒体自有APP、网站作为主要评估平台。

评估时间段:2017年8—10月。

评估系数:媒介融合发展指数综合模型。

指数＝30%×微信指数＋25%×微博指数＋35%×APP指数＋10%×网站指数。

评估过程设计:选择在上述榜单平均阈值排名前100的报纸、期刊、广播电台、网站类媒体作为样本,请专家进行打分,选择综合值比较高的50个媒体作为样本进行评估。

计算方法:评估指标分客观指标和主观指标两大类,客观指标直接通过数据统计得出。主观指标通过专家及课题组成员对相关媒体进行跟踪观察、文本分析和参与互动后综合打分体现,还原为可统计量最终得出将所有主客观指标量化,转化为标准分,指标之和相加满分为100分(表13—12、13、14、15、16)。

表13—12 报纸媒介融合发展指数榜单

排名	媒体	WCI	BCI	APP	网站	融合指数
1	人民日报	1677	2341	190755545	55118000	99.9675421
2	环球时报	1442	2199	6605171	44738000	58.6071424
3	21世纪经济报道	1171	1380	813737182	223600	50.6517785
4	中国青年报	1311	1926	683198	6636000	45.3372775
5	参考消息	1450	1703	3766804	1097400	45.0075943
6	都市快报	1360	1953	554215	569800	44.4282623

续表

排名	媒体	WCI	BCI	APP	网站	融合指数
7	钱江晚报	1280	1983	16394	1710800	44.3920139
8	广州日报	1300	1943	205434	1374040	44.2907021
9	新闻晨报	1182	2031	1489	191200	44.2656968
10	楚天都市报	1251	1934	136775	1051440	43.2473338
11	每日经济新闻	1154	1968	5243269	7880	42.6269102
12	半岛晨报	1266	1803	22547	18120	41.9168192
13	扬子晚报	1153	1952	1239123	13120	41.7073362
14	南方都市报	1278	1729	130171	1547360	41.6315531
15	新京报	1057	2024	32204	327200	40.5956006
16	光明日报	999	1591	26723291	594400	39.8619106
17	华商报	1121	1805	269665	779600	39.5229669
18	杭州日报	1217	1645	2055	569800	39.4373043
19	齐鲁晚报	1181	1702	802	456400	39.3924404
20	十堰晚报	1221	1558	4452	60480	38.4994382

表13—13 期刊类媒介融合发展指数榜单

排名	媒体	WCI	BCI	APP	网站	融合指数
1	三联生活周刊	1287	1968	813362867	129640	73.71559726
2	创业邦	1176	673	1553235136	0	70.02653662
3	中国新闻周刊	1222	1587	124770	702200	57.37143639
4	国家人文历史	1189	1853	362063	379400	55.30881777
5	1626潮流精选	1198	2025	243120	9200	52.35232684
6	青年文摘	1238	1949	8596	6200	52.28363876
7	半月谈	1286	1522	104217	235600	51.36827688
8	意林	1258	1786	3791836	12520	50.88681136
9	销售与管理	1129	1679	9543	35880	46.88253691
10	读者	1320	1268	3066681	4280	45.79080383
11	壹读	1141	1574	0	6200	45.44161202
12	Vista看天下	1230	1341	1436854	2960	44.58460724

续表

排名	媒体	WCI	BCI	APP	网站	融合指数
13	新周刊	1066	1531	4536	4960	43.18105411
14	新财富杂志	1058	1316	589663	179200	42.85011977
15	第一财经周刊	898	1555	14686	138800	41.57463029
16	环球人物	1108	1247	3809	0	40.5822345
17	南方人物周刊	941	1504	6635	20680	40.25059812
18	人物	1193	832	12537	16040	39.66683485
19	求是	894	1328	221912	22000	37.03731145
20	中国企业家杂志	1083	0	40216	0	24.60470777

表 13—14 电视类媒介融合发展榜单

排名	媒体	WCI	BCI	APP	网站	融合指数
1	央视新闻	1627	2237	65602007	1361400	78.76652396
2	湖南卫视	970	1171	109433346	1148320	68.3141964
3	央视财经	1510	1930	3520734	1270600	53.13099868
4	新闻夜航	1339	1889	403551	428000	46.81431264
5	央视一套	1044	1242	178	1361400	44.59982707
6	新北方	1228	1760	0	640	42.31747152
7	央视综艺	1166	1563	324473	1361400	41.85036832
8	都市快报	1191	1739	707656	25120	41.67583019
9	STV新闻坊	1146	1744	6844	268800	41.17847711
10	直播海南	1142	1713	0	7816	40.22951501
11	湖北经视	1158	1603	72300	161960	39.62255567
12	新闻正前方	1160	1625	0	640	39.55837968
13	河南卫视	1136	1562	0	29280	38.47565901
14	最江阴	1125	1574	24695	57560	38.45288477
15	城市零距离	1046	1509	0	1320	36.14488504
16	第一财经谈股论金	993	1290	7293258	463800	36.01157678
17	江苏卫视	776	1036	11095	4888200	35.89584205
18	天天看余杭	1063	1386	0	640	35.0961484
19	河北卫视	1068	1376	0	640	35.06829257
20	小强热线-浙江教科	992	1382	0	617800	35.00755867

表 13—15 广播电台媒介融合发展指数榜单

排名	媒体	WCI	BCI	APP	网站	融合指数
1	北京交通广播	993	1192	659785	428000	77.68557255
2	FM107 太原交通广播	1007	1150	311991	55800	53.50806876
3	中国之声	1149	1919	58192	0	52.24413976
4	杭州交通 918	1426	1551	0	0	50.16889434
5	FM93 交通之声	1427	1473	0	0	49.18447981
6	FM88 山西交通广播	969	1421	0	629720	48.13248403
7	湖南交通频道	962	1253	0	680600	46.53489421
8	FM1007 福建交通广播	987	1083	0	617800	43.92738357
9	河南交通广播	1043	1609	5626	16840	43.41809169
10	河北交通广播	1262	1224	0	0	42.46604312
11	河北音乐广播	1099	1409	0	0	41.45159358
12	江苏交通广播	1154	1234	0	0	40.33444485
13	西湖之声	1060	1297	1190	13160	39.42590922
14	987 私家车广播	1053	1124	0	16400	37.02068971
15	安徽交通广播	1035	1142	0	25120	37.00399953
16	陕西交通广播	1064	998	9911	10520	36.04359317
17	甘肃交通广播	1028	1060	228	33960	35.90767551
18	私家车第一广播	1099	895	0	0	34.7589531
19	四川交通广播	1084	867	426	4280	34.16744701
20	浙江之声	1016	864	8037	35160	33.53699176

表 13—16 网站类媒介融合发展指数榜单

排名	媒体	WCI	BCI	APP	网站	融合指数
1	央视网	1047	1806	814389508	1361400	76.1811247
2	人民网	1490	2219	966440	55118000	61.0236079
3	新华网	1316	1984	9675	84946000	58.3928158
4	环球网	1189	1954	1978	44738000	50.7562263
5	澎湃新闻	1304	2075	11077	1928600	49.371026
6	中国新闻网	1245	2146	2613436	2418600	49.1482537
7	中国经济网	1383	1923	519835	440000	49.1427192
8	凤凰财经	1266	1750	34000	1263500	44.9475981

续表

排名	媒体	WCI	BCI	APP	网站	融合指数
9	光明网	1111	1776	52542910	594400	44.294043
10	凤凰网	1240	1628	29904	9360400	44.0297955
11	中金在线	1176	1697	3926643	785240	42.6625716
12	大江网	1192	1499	4169	17960	40.5443512
13	19楼	1150	1361	6243527	1820800	38.6504368
14	雪球	1030	1402	36560655	2283400	38.0417496
15	浙江在线	951	1401	525358	1710800	34.8245983
16	东莞阳光网	1077	990	158588	211000	32.6314177
17	普宁论坛	1051	894	537497	4920	31.0521509
18	中国日报双语新闻	1256	0	733	10216000	27.5613431
19	凤凰网军事频道	1278	0	1990749	4680200	26.370869
20	华尔街见闻	1104	26	39784254	1982400	24.4620498

第四节 榜单解读

1. 报纸融合发展榜单分析

（1）沿海向内地递减,京粤浙遥遥领先

从地域分布来看,报纸媒体融合发展上榜的媒体辐射了10个省、自治区、直辖市(不包括港澳台地区),主要集中在中东部地区(图13—3)。我国地区媒体的发达程度和经济水平呈正相关性,经济发达、人口集中的大城市也是大众传媒的活跃之地,媒介融合发展水平也与此保持了一致。京粤浙三地在本次报纸媒介融合发展程度较高,占报纸移动传播20强中的60%,其中北京有5家、广东有4家、浙江有3家。北京作为首都有天然的地缘优势,是大量央媒总部所在地,人民系、新华系等央媒报纸一直独占鳌头。广东作为改革开放的前沿阵地,传媒国际化程度较高,新媒体意识较强,南方系报纸在媒介融合发展媒体方面也走在全国前列。在云

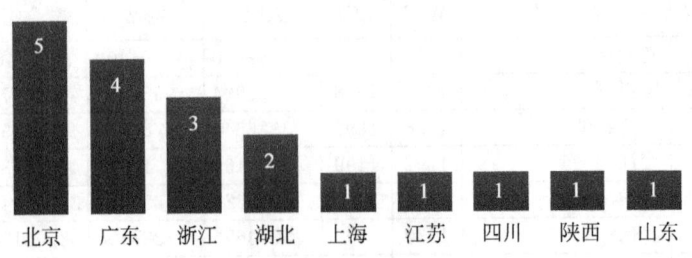

图 13—3　报纸媒介融合发展 20 强地域分布

技术应用和资本融合方面比较突出的浙江报纸媒介融合发展水平远远领先其他省份,湖北上榜 2 家,上海、江苏、四川、陕西、山东各 1 家。反映出中部地区报纸媒介融合转型意识的不断强化,以及对媒介深度融合工作的重视。

从城市分布来看,上榜 20 家报纸媒体来自 2 个直辖市,占比近 1/3;省会城市上榜 9 家,超过报纸移动传播百强总量的一半(图 13—4)。非省会副省级城市拥有 1 家——大连的半岛晨报;地级市有 1 家报纸上榜,是湖北的十堰晚报。

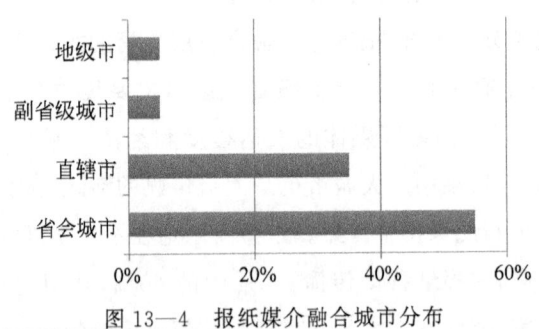

图 13—4　报纸媒介融合城市分布

我国报纸的媒介融合发展依然存在地区上的高度不平衡,总体呈现出由沿海向内地递减,重点城市遥遥领先的态势。但在过去一段时间,中部地区在媒介融合上的努力仍然值得肯定。中国报业媒介融合未来发展的方向就是让"由沿海向内地递减"的态势变为以沿海带动内地、影响内地,两地共同发展、相得益彰,使中国报纸媒介融合深度不断递进。

(2)都市报仍占优势,党报发展迅速

此次 20 强榜单中有 11 家都市类报纸上榜,是报纸媒体融合发展的主力军(图 13—5)。都市生活类报纸以市场为主导、贴近市民生活,是市场化改制的产物,在报业生态中扮演着不可忽视的重要角色,是报业集团内部的经济巨人,如南方都市报、楚天都市报、扬子晚报等一度入围世界报业发行百强。该类报纸与市场紧密对接,市场适应能力较强,在媒介融合发展中继续保持突出的表现。

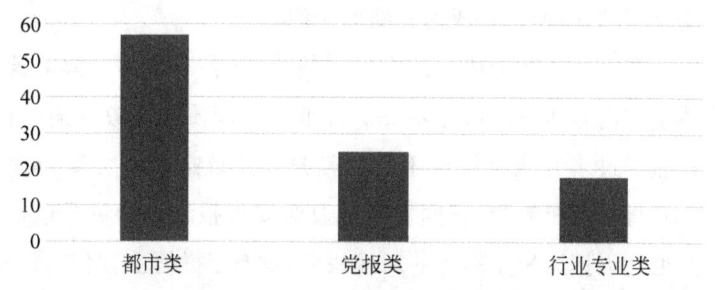

图 13—5　报纸媒介融合发展类型

党政机关报作为党和政府的喉舌,是社会主义新闻事业的重要组成部分,在宣传引导舆论、政策发布解读方面发挥着重要作用。从此次榜单来看,党委机关报有 7 家上榜,占比 35%,人民日报以绝对优势夺冠,广州日报继续入围前 10 强,中国青年报、参考消息、光明日报等中央机关报也进入榜单,杭州日报等副省级市级党报也进入 20 强。党报在媒介融合发展中还有巨大的潜力和前景,推进党报党刊媒介融合纵深发展,是促进社会主义新闻事业繁荣的必然要求。

此外,入围榜单的行业专业类报纸有两家,每日经济新闻和21世纪经济报道,其中21世界经济报道位列第三,客户端下载量达到813737182,仅次于人民日报,微信端头条阅读率超过1.3亿,在微信、APP端融合发展方面表现亮眼。

(3)微博内容同质化严重,缺乏深度

微博加深了报刊媒体与读者之间的交流互动,有利于媒体及时获得新闻线索和反馈信息,增强用户黏度,对报刊媒体的移动化转型有着举足轻重的作用。从目前情况来看,微博属于媒体运营较为成熟的平台,入围20强榜单的报纸均开通有新浪或腾讯微博。以人民日报为例,其观点新颖、评论有力,兼具新媒体"萌化"传播特质,在微博中一枝独秀。都市生活类报纸也纷纷通过微博与受众互动,微博平台成为其新闻来源之一。

但在微博开通形势一片大好的情况下,各家媒体微博运营的成熟度与内容质量却参差不齐。报纸微博同质化现象普遍,给受众传递了过多冗余且深度不足的信息。建议报纸官方微博建立"半小时快评"机制,在新闻发生后及时安排报纸评论员或邀请微博意见达人撰写短小精悍的新闻快评,发布于微博上,避开第一轮抢发同质、简单新闻信息的高峰,而采用"错峰时间"策略,发布更具深度内涵、有清晰定位标识的评论性信息。需要注意的是,"快评"机制同样需要把握新闻的时效性,是"快"与"深"的结合。

(4)客户端发展参差不齐,适应媒介生态的融合深度有待加强

本次入围20强榜单的报纸均开通有客户端,发展水平参差不齐,部分媒体的下载量在千人以内,传播内容和传播方式也是对网站内容简单的移植,对其生成性和聚合性功能的开发深度有限。

发展较好的人民日报客户端实现了"闻(热点)、评、问、报(版

面)、听(播报)、图(镜头)视(影像)、帮(公益)、社(社会)、财(财经)、文(文化)、教(教育)、健(健康)、军(军事)、科(科教)、车(汽车)、房(房产)"的频道触屏互动设计,以及基于不同地区的导航,加入了直播业务。根据艾瑞2017Q1手机新闻客户端市场研究报告①,客户端的客户满意度达到64.8%,在移动互联网和智能化趋势中,客户端传播功能的整合性、生成性和端口进入的优势,成为各大媒体竞争的战略高地。

相对于2017年第一季度领跑新闻客户端的腾讯新闻、今日头条、网易新闻、搜狐新闻、凤凰新闻等基于大数据模型对自媒体的引入,对海量用户原创优质内容、视频、直播的引入流和推送流删选促进其聚合其他媒介平台形成媒介融合生态,人民日报客户端缺乏短视频、互动端口、生成性内容,也缺乏引导党政知识类自媒体入驻的系统设计,缺乏基于GPS定位的内容推送和基于阅读习惯的浏览记忆推送。问政业务是最能体现中央级大报社会监督和社会协调功能的部分,对比其他都市类报纸服务类APP,以人民日报为代表的党报客户端缺乏基于端口和关键词的搜索,虽然连接了一些不同地区的微博,但操作程序比较复杂,缺乏直接链接的功能。设计逻辑需要基于问题需求服务和社会问题沟通协调导向,这样能够有效地借助APP的端口促进中央级党报与普通民众民生问题的连接,在交互生成内容中借助大数据的技术进行推送,APP的端口服务功能提升,将APP的媒介生态功能发挥到极致,提升传播力、吸引力、影响力。

国家倡导"一带一路"建设,《人民日报》等相关中央传媒的客户端如果能在时政内容中加入繁体字、英语版本,吸引更多的海外

---

① 艾瑞咨询:2017Q1手机新闻客户端市场研究报告[R]. http://www.iimedia.cn/51237.html.

华人和国际友人入驻,在提升国际影响力的同时也将促进采写制作传播内容的价值提升。

2. 期刊移动传播百强分析

(1) 地域集中度极高

从图13—6可以看出,期刊地域集中化程度比报纸高,只涉及6个省及直辖市,85%位于北上广这些政治、经济、文化中心城市,其中北京10家,占比55%,四川、甘肃、吉林均只1家上榜,分别是意林、读者、壹读。

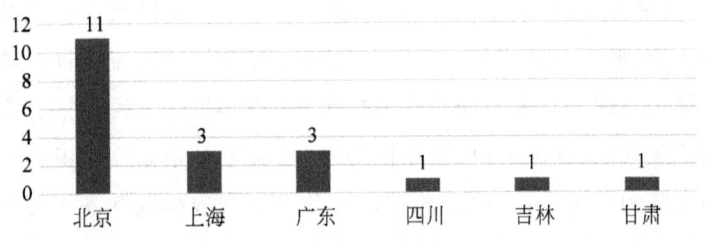

图13—6 期刊媒介融合发展指数榜单地域分布

与报纸不同的是,期刊媒体的融合发展程度同地区经济发展水平不总是呈正相关关系。以东部沿海省份江苏、浙江为例,尽管以上两个省份在《"十三五"中期中国省域经济综合竞争力发展报告》中排名靠前,但是其省内期刊媒介融合深度有限。与此同时,四川、吉林、甘肃期刊的媒介融合发展水平却有不俗的表现。

(2) 人文类期刊占比领先,新闻财经类紧随其后

如图13—7所示,在榜单中,人文类期刊有8家,占比40%,《三联生活周刊》荣居榜首,客户端下载量高达813362867,《国家人文地理》《青年文摘》《意林》《读者》这些均在10强之列,这类期刊办刊时间长,在全国范围内有较高的发行量和影响力,有一定的人文情怀,文学性较强,精神品位较高,能够满足更广泛受众的精

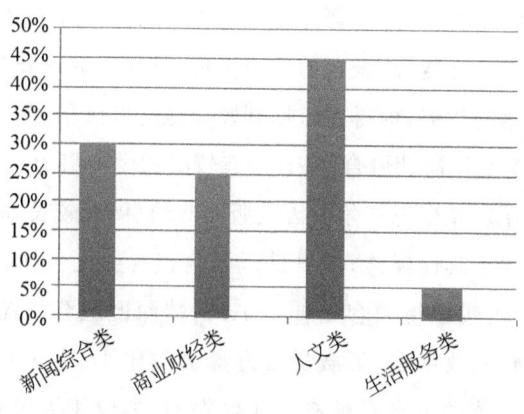

图 13—7　期刊媒介融合发展移动传播 20 强

神需求。

榜单的另一大类是新闻综合类期刊,共 6 家,占比 30%,《中国新闻周刊》在 3 强之列,半月谈、Vista 看天下、新周刊、求是均进入 20 强。

商业财经类 5 家也占较大比重,《创业邦》排名第 2,《销售与管理》前 10,新财富、第一财经周刊、中国企业家期刊均进入榜单。

人文类、新闻综合类、商业财经类期刊具备较雄厚的经济实力和较高的市场化程度,在与报纸、电视、广播的竞争中时效性和版面的不足,让期刊的精神内涵、专业定位、视觉表达定位都有较大提升,符合当前受众专业化、定制化、个性化的信息消费需求。加之此类期刊对移动媒介平台传播补偿能力的敏感,促使其迅速完成纸质内容到移动端的转型,适应移动化能力、依托媒介融合的所属平台内容生产和端口互动传播能力较强。从整个期刊媒介融合发展来看,强调视觉美学和感官冲击的时尚生活类也占有较高的比重,法国的,*ELLE*、*VOUGE* 和意大利的《红秀》因为注重移动端的视觉元素和潮流生活融合表达,细致地服务于不同精神内涵人群的生活品质提升,在数据上比较亮眼。但因其非被研究所界定的主流期刊维度,故未在榜单中体现,其移动端对新技术融合视觉美学表达的优势,值得主流期刊媒介融合发展借鉴。

(3) 专业类期刊融合 APP 端有较高的发展潜力

期刊在媒介生态竞争中因其版面有限、周期较长,时效性和辐射范围要弱于其他媒体,较早进行了内容专业化、定制化、细致精美化定位,也较早将内容延伸至 APP 端深度融合。APP 的下载量和月活跃人数稳定,下载量百万量级占比 1/3。三联生活周刊仅在安卓系统的下载量就有 8.4 亿左右,相较于人民日报的 1.8 亿,有较大的端口优势。三联生活周刊作为电子阅读类应用,将辅助阅读功能做到极致,有夜晚模式、离线下载的服务功能,以大图片为导航,使得页面更加生动,字体较大,符合移动阅读习惯,更是突出了作为一款杂志应有的核心功能,信息显示清晰,页面布局美观,具有自己独特的风格,文章每日更新,内容融合视频、微博、微信端,信息清晰舒适。

国家人文历史也超过 1.5 亿,在量级上与人民日报接近。该杂志新媒体矩阵包括微信、微博、今日头条、UC 大鱼号、腾讯弹窗、天天快报、一点资讯、百度百家号等,并拥有一款 APP 百代旅行,定位人文历史+文旅产业垂直融合发展,APP 业务范围涵盖国内 50 余个旅游点。国家人文历史撬动文旅产业的同时,也在从传统媒体向 IP 内容生产商转型。

在媒介融合移动化、智能化的趋势中,大众传播变得"窄播化",强调"专业化、定制化、个性化"的期刊聚焦专业领域,在这一趋势中有得天独厚的优势,如能深度融合客户端的信息聚合功能和更好服务受众的定制化、个性化需求,在媒介融合纵深发展中潜力较大。微信客户端、网站和旗下作家的个人号形成了互动性,个性化、定制化更强的期刊新媒体矩阵,融合深度高,传播力强。

3. 电视媒介融合发展榜单分析

限于本次研究加入了主导性评估权重,故部分传播力比较强但主流价值不高,或者在评估期间涉及假新闻、黄色新闻和反转新闻的电视频道未能入选。

(1) 央视频道领跑,但其内部媒介融合发展参差不齐

中央电视台作为国家级电视台,其内容资源、人才资源和技术资源都是其他省级卫视无法比拟的(图13—8)。考虑到同等量级,此次评估的中央电视台19个频道,有4个入榜单。APP"央视新闻"遥遥领先,央视财经位列第三,央视一套、央视综艺都在10强之列,形成电视媒介融合发展的第一序列。

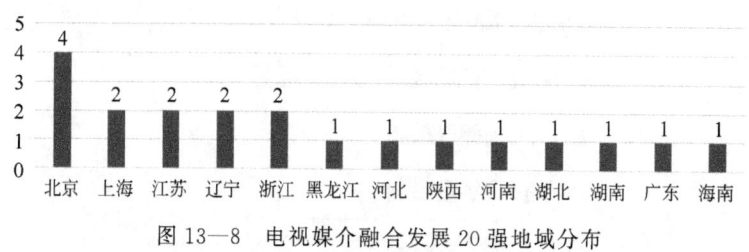

图13—8 电视媒介融合发展20强地域分布

但央视内部发展也不太平衡,19个频道有4个上榜,有几家针对特定受众的专业性频道,媒介融合则相对较弱,甚至存在有些频道没有APP端的情况。事实上,在央视普遍入驻多个移动平台,且受到较高关注时,缺席某一移动平台会严重削弱自身的媒介融合发展速度并进而影响其在媒介生态中的发展维度。

对于央视而言,这种态势并非难以扭转。以强势频道带动其他频道,目前落后的平台积极利用强势频道已有的受众基础和央视强大的人才宝库、技术支持,将传播扩展到每一个高价值的移动平台,依据不同平台的特点提供不同形式的高质量节目和信息,将

促进央视媒介融合向纵深发展。

（2）省级卫视形成第二梯队，在APP业务中表现亮眼

如图13—9所示，本次榜单中有4个央视频道、4个省级卫视即湖南卫视、河南卫视、江苏卫视、河北卫视。其中，湖南卫视APP系数在整个电视榜单中居于首位，月活跃人数有8000多万，是央视新闻月活跃数的三倍之多。江苏卫视客户端、河北卫视天天圈在APP的排名都比较靠前。卫视虽然为省级电视台属性，但覆盖全国的辐射力优势、强调综艺娱乐情感文化的软性传播优势，让其在移动客户端的活跃度上均有亮眼表现。

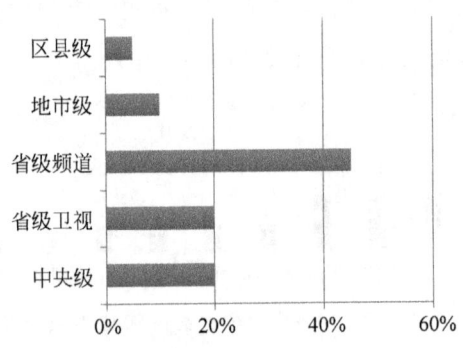

图13—9　电视媒介融合发展类别分布

拥有娱乐视频资源优势的湖南卫视在网站指数拔得头筹，PV和UV都在最高的峰值，娱乐视频类栏目的传播力强劲。

（3）省级频道新闻服务类栏目微信传播力强，APP互动服务功能强

该榜单有6个省级频道栏目，辽宁的"新北方""新闻正前方"都有区域类媒体中较高的日活跃人数、月活跃人数，微信头条阅读数分别有8000多万。黑龙江电视台"新闻夜航"栏目微信头条阅读量能够达到1.8亿，阅读数有6000多万，强调接近性的都市新

闻与"两微一端"的融合,将触觉延伸到城市人群的生活细微处,提升了覆盖面、传播力、影响力。

浙江科教频道的"小强热线"、杭州市余杭区的"天天看余杭"、广州中山市电视台的"城市零距离"、陕西电视台"都市快报"均在微信和客户端设置了基于 GPS 的寻人、寻物、民生服务、便民服务、交通服务等多项功能。这一类电视栏目,将市民生活服务与资讯传播相结合,提升了用户黏性,获得了较高的用户评价,融合发展路径有一定的特色。

4. 广播媒介融合发展指数分析

(1) 浙江系广播电台优势明显

从省域分布上来看,广播频道移动传播百强涵盖 12 个省、自治区、直辖市(不包括港澳台地区),集中于东中部地区(图 13—10)。其中,浙江有 5 家,福建、山西、河北、北京各有 2 家,安徽、江苏、陕西、湖南、河南、甘肃、四川各有 1 家。东西部广播媒介融合差距较大,浙江省内广播媒介融合发展程度最高。

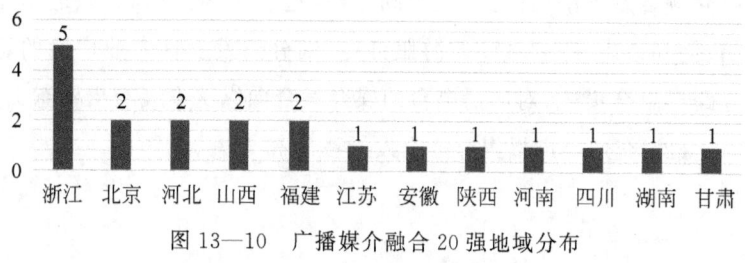

图 13—10 广播媒介融合 20 强地域分布

从城市分布上来看,20 强广播频道除北京外均为省会城市,其中杭州数量最多,有 4 家,与浙江广播频率较早布局媒介融合业务有关(图 13—11)。以定位娱乐的"西湖之声"为例,1998 年年初率先进入国际互联网,全球 24 小时实时播出;2003 年成为浙江省内媒体第一家独立拥有短信经营资格的电台;2005 年"西湖之声"

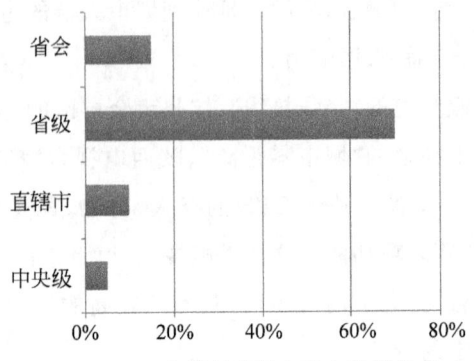

图 13—11 广播频道媒介融合类别分布

形象宣传刊物《声·色》正式创刊;2005年"西湖之声"成功进军旅游业,以品牌形象入股钱塘江第一游轮,"西湖之声——新宇玉皇号"正式启航。2006年,由"西湖之声"和余杭人民广播电台合作打造的 FM102.1 省内第一个女性电台"丽人广播"、"西湖之声"纯网络广播电台——"SHOW TIME"开播,成为浙江省第一家网络直播电台,对产业和技术平台融合的深度不断加深,"西湖之声"的媒介融合发展潜力巨大。"西湖之声"进入国际网络频率、进军短信、创刊杂志,跨领域到旅游服务业,细分开发女性专业广播的媒介跨界融合模式,对广播电台的媒介融合向纵深发展有借鉴意义。

(2) 交通类广播媒介融合发展程度高

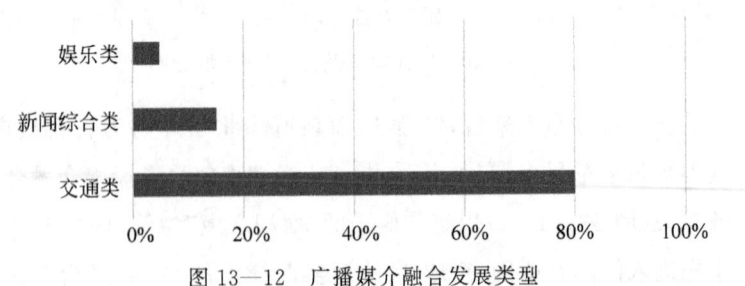

图 13—12 广播媒介融合发展类型

作为城市有车一族的暖心陪伴,交通类广播的内容具有普适性,受众需求大,媒介融合发展程度比其他类型的电台亮眼(图13—12)。这类广播入围榜单共占比80%。交通类广播媒介融合发展程度较高,如微信公众号指数较高的杭州交通918,在公众号中就提供基于大数据突出用户体验和本地化服务的开吧软件下载端口服务。同时,对限行、实时路况、违章和汽车维权法律知识进行实时查询,基于GPS和用户体验的本地化应用,为受众出行提供多维度的服务。另外,新闻、音乐类的广播相较于其他具有内容连续性特征的广播,更易于在碎片化时间向用户传播信息。微博、微信的音频功能在一定程度上可以满足广播这种碎片化的播报,推送及时的、短小精炼的语音信息,可以增加广播电台与受众的接触机会与时间,一方面便捷受众的收听,另一方面扩大自身知名度和影响力。

(3) 独立广播APP成鸡肋

在20强广播频道中,7家有独立的APP,但存在多家频道共用同一总台APP的情况。对于广播电台而言,研发单一频道的APP的确在人力、物力和技术上都难以承受。而当下,一家广播电台所开发的囊括该台所有频道的APP模式也只是简单的频道相加,让受众在一个APP平台上能够听到属地所有的广播频道,事实上这种APP并不具吸引力。因为受众可以下载一个可供广播电台自由入驻的聚合类广播客户端,如蜻蜓FM,就可以收到全国各地的广播电台,甚至国外电台,完全不需要一个功能单一、仅收纳了几家电台的APP。

除了北京交通广播、太原交通广播APP总下载量超300万外,其他广播APP下载量普遍较低,8家安卓版广播APP下载量在千人量级。

广播电台适合于媒介融合的功能补充整合,但大多数电台APP所能整合的资源毕竟有限,所以需要跳脱出现今单纯广播业务的模式,增加更多基于个性化的功能和服务,才有可能异军突围。

5. 网站媒介融合发展榜单分析

伴随着"互联网+"和物联网技术体系驱动下的媒介跨界融合与媒介智能传播时代的来临,媒体的数字化、网络化和融合化向生态纵深发展,网站这一本世纪初的新媒体,也面临着较大的媒介融合深度发展的压力。

(1)地域集中程度高,北上广浙占比较大

从图13—13可以看出,网站类媒体地域集中化程度较高,只涉及6个省及直辖市,其中北京有12家,占比为60%;上海、福建、广东、浙江均有2家,江西有1家。

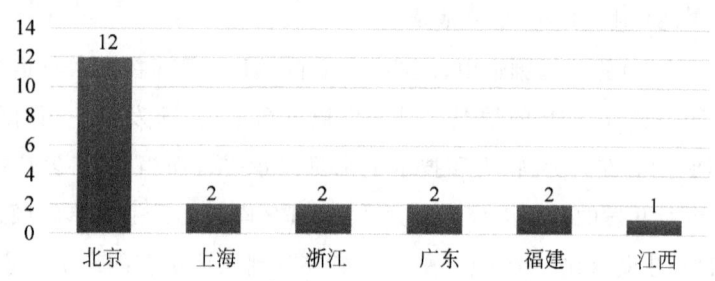

图13—13 网站媒介融合发展20强地域分布

从城市分布来看,上榜20家网站来自两个直辖市,占到70%;省会城市上榜4家,超过报纸移动传播百强总量的一半。地级市有2家上榜,分别是广东的普宁、东莞。

我国主流媒体网站媒介融合发展依然存在地区上的高度不平衡,总体呈现出由北上广浙向内地递减、中央级媒体遥遥领先的态势。

(2) 中央级网站占领 10 强的 70%,优势显著

央视网、人民网、新华网、环球网、中国新闻网、光明网中央级媒体形成第一梯队,占据网站类 10 强的 70%。央视网、人民网、新华网、环球网均在前五之列,在五名中占比 80%。中央级综合性新闻网站的媒介融合发展水平较佳,是我国媒介融合深度发展的排头兵和主力军。

在微信各项评估指标中,人民网、中国经济网、新华网表现突出。人民网的微信阅读数超过 9500 万,头条阅读数超过 4500 万,点赞数超过 75 万,在微信阈值中最高。中国经济网评估期间内文章数最高,高达 1708 篇,阅读数逼近 6400 万,中国新闻网评估期间内发布 456 次,在发布频率的评估中拔得头筹。新华网的网站独立访问量超过 1400 万,访问量超过 70000 万,在网站的系数中位列第一。排名首位的央视网将原有的受众基础在视频中有效转化,APP 的下载量有 8 亿多。新华网率先尝试了无人机报道、机器人新闻写作,在产品融合深度上不断向纵深发展。

(3) 财经类网站媒介融合发展潜力较大

榜单中财经类网站有 5 家,占比为 25%,除了侧重财经大类的中国经济网、凤凰财经,聚焦细分领域的雪球网、华尔街见闻、中金在线也纷纷上榜,体现出了较好的融合发展势头。聚焦股票、财报分析的雪球网在 APP 下载量超过 3600 万(图 13—14)。而 3 月中的持续增长率最高,单天最高下载量超过 3 万,月活跃人数稳定在 700 万量级,在榜单中仅次于接近 900 万有视频和层级优势的央视网,融合发展潜力巨大。华尔街见闻聚焦高端金融教育圈的资讯服务,通过同名 APP、网站、微信公众号和微博为投资者提供服务,7×24 小时全年不间断,推送影响全球金融市场的重要资讯,尝试用实时新闻模式实现多移动终端的媒介深度融合。福建

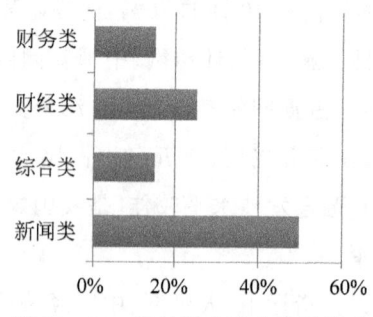

图 13—14　网站媒介融合发展类型

的中金论坛依托金融信息数据库、用户信息数据库和千万访问量,借助社区论坛,引导财经类博主、微博参与社区进行垂直化互动服务,在社交化垂直化过程中加深自身的融合深度。

财经网站聚焦专业领域,在数据库的建立方面有较大的优势。这一优势与大数据技术应用的结合,促进网站对受众进行较为专业化的服务。在媒介融合转型中,美国的 Bloomberg News、Business Insider 在数据新闻、分析、客户推送方面进行了有效尝试,在算法推送、信息服务和趋势分析预测方面,财经媒体借助大数据技术,发展潜力巨大。此外,在智能化机器人应用领域,美国西北大学研发的 Narrative 机器人报道系统就最早在财经类媒体应用。依托原有专业化定位和数据分析优势,财经类网站如能将现有受众进行垂直细分、有效倒流,保持对新技术应用的敏感,在媒介融合智能化发展中潜力巨大。

(4) 网站的融合发展需适应智能化、移动化以完成生态升级

网站的融合发展数据较其他媒体亮眼,但生态升级的挑战也迫在眉睫。网站最大的优势是交互性和生成性,但这一传播优势在移动化的过程中受到智能化客户端的挑战,今日头条的迅速崛起就是生态发展规律的印证。

作为榜单之首的央视网已拥有一整套自有APP,并构成"3+1模式"。所谓"3+1模式",即电视台、电视频道与电视节目三级均有独立的APP,且在此基础上还有主持人入驻的APP。在央视,第一级电视台APP如综合类的视频APP"央视影音"已经相当于一个聚合类的门户视频客户端,提供从央视到卫视再到地方台的电视直播,还涵盖了大量电视剧、娱乐节目等。第二级电视频道APP如"央视体育""央视新闻"等。到了第三级,央视不少节目还拥有自己独立的APP,如"新闻联播""焦点访谈""智慧树""探索·发现""百家讲坛"等,作为央视电视节目的延展性平台,有助于增强用户黏度。此外,央视还有针对栏目和主持人量身定制的电视互动类社交APP"央视悦动"。央视有丰富的节目资源库、人才库和新闻资源库,结合三级传播应然层面应该获得较高的传播力和影响力,但这样布局还没有实现生态化。央视网站的内容庞杂,频道挤压严重,APP矩阵相互之间流动的按钮设置未在显著、便捷的位置。尽管三圈环流的基础形成了,但还未实现实际的内容和数据流动,传播力受到了极大的限制。直播进行了尝试,但因为用户数据库更新较慢,缺乏基于用户文化、地域、阅读、浏览习惯的数据算法模型,在自身的推送和观众的自主选择、媒体矩阵内的双向流动中效率较低,制约了视频节目多形态、多平台的传播,以及受众的互动深度。生态建立是媒介融合的重中之重。在应然状态央视应该成为辐射全球华人视频的生态航母,当然基于建立生态产生的人才机制、创新机制变革于央视也是不小的挑战。这一维度,浙江日报集团的三圈环流媒体矩阵、基于大数据中心和互联网中心的流程、依托大数据平台完成了内部的采编流程,以及不同部门不同工种产品服务的过程考核,为融合发展向生态化延伸、人才管理再造可以提供一些借鉴。

(5) 坚守内容价值优势媒介融合发展路径

在对新技术的使用中,要在提高点击率和服务于有内涵的高品质内容呈现之间平衡。美国密苏里新闻学院雷诺次中心和牛津互联网研究院的科学家都强调,在新媒体时代对新闻专业主义的坚守,对社会责任和公信力的坚持,强调主流媒体在融合深度发展中对这一价值的坚持尤为重要。

以客户端为例,客户端是互联网生态"云、管、端"的入口之一,有强大的聚合力和生成力。根据艾瑞 2017Q1 手机新闻客户端市场研究报告①,客户端的客户满意度达到 64.8%。在移动互联网和智能化趋势中,客户端传播功能的整合性、生成性和端口进入的优势成为各大媒体竞争的战略高地,对网站媒介融合深度发展有着举足轻重的作用。艾瑞对 2017 年第一季度新闻类客户端排名前列的腾讯新闻、今日头条等在算法模型上强调点击率,内容品位不高,提出主流媒体要规避这一点,需要以更前瞻的眼光对其定位,在算法模型设计上不仅仅要强调点击率,更要关注转发、停留时长、正面评价、潜在成长性等指标,形成稳定用户持续发力的几何式成长。

需要说明的是,由于时间仓促和水平所限,本榜单也存在一些不足与需要改进之处。首先,指标体系偏重移动媒体,对 VR、无人机、AI 等新技术传播的客观数据采集有待科学完善,如对于广播电视的媒介融合发展而言,聚合类客户端与自有 APP 所占的比重理应更大,但由于聚合类客户端媒体之间区分度较小、数据获取难度大;广播电视媒体自有 APP 的开发和运营尚不成熟等原因,故此次指标体系中聚合类客户端、自有 APP 的权重低于微博、微信的权重。关于这一点,我们在以后的评估中会根据现实情况做出调整。

---

① 艾瑞咨询:2017Q1 手机新闻客户端市场研究报告[R]. 201705-08, http://www.iimedia.cn/51237.html.

其次，榜单的评估立足于单一报刊、广播、电视频道、网站，未对报业集团、传媒集团和广播电视台进行整体评价，对于一些媒介融合发展水平比较高的传媒集团，如浙江日报、浙江广电、南方报业传媒集团等，考虑到微信、微博矩阵的数据采集，以及 APP 自有传播和旗下公司开发客户端的界定，跨界融合、人才融合、资本融合数据获取的效度，未在此次评估中得以体现。这也是本研究一大遗憾之处，我们将在以后的研究中不断完善评价方式，加入对整个传媒集团和旗下子公司的媒介融合发展评估。

最后，在媒体选择上，研究只选取影响力较大的和媒介融合发展比较有代表性的媒体进行评估，无法囊括全部媒体、电视节目、广播频道和网站。在移动传播平台的选择上也只包含了新浪微博、腾讯微信、聚合类客户端、媒体自有 APP，对其他同种类的移动传播平台如短视频平台没有涉及。多有不足，但望海涵。同时期待相关专家学者、业内专业人士、网民朋友对本次榜单提出宝贵意见和建议，以便我们在今后呈现更科学、更完善的研究。

参 考 文 献

1. 阿尔温·托夫勒著,栗旺译:预测与前提[M].国际文化出版公司,1984.
2. 艾媒报告:2019Q1 中国手机新闻客户端市场监测报告[R]. https://www.iimedia.cn/c400/64308.html.
3. 艾瑞咨询:2017Q1 手机新闻客户端市场研究报告[R]. 2017-05-08, http://www.iimedia.cn/51237.html.
4. 蔡骐:多维视野中的受众研究[J].湖南师范大学社会科学学报,2003(3).
5. 蔡雯,王学文:角度·视野·轨迹:试析有关"媒介融合"的研究[J].国际新闻界,2009(11).
6. 操瑞青:传播效果研究的新思考:基于大数据时代的探索[J].2014 (5).
7. 陈昌凤、仇筠茜:移动化:媒介融合的新战略[J].新闻与写作,2012(3).
8. 陈伟球:新媒体时代话语权社会分配的调整[J].国际新闻界,2014 (5).
9. 崔保国:媒介变革的冲击[J].新闻与传播研究,1999(4).
10. 崔士鑫:我国媒体融合发展走在世界前列[N].人民日报,2017-02-19.
11. 党东耀:媒介再造[J].新闻大学,2015(4).
12. 菲利普·迈耶:正在消失的报纸[M].新华出版社,2007.
13. 贵州省新闻出版广电局:关于进一步推动传统媒体与新兴媒体融合发展指导意见[J]. http://www.gzpp.gov.cn/xwzx/tzgg/201703/t20170331_1718368.html.
14. 河北:对各级新闻媒体的财政支持全覆盖[J].中国地市报人,2017-01-02.
15. 胡翼青:试论 21 世纪受众在传播中的地位[J].新闻与传播研究,2000(4).
16. 胡翼青:自媒体力量的想象:基于新闻专业主义的质疑[J].新闻记者,2013(3).
17. 建投华文投资有限责任公司,中央财经大学新闻传播系:中国传媒投资发展报告[R].社会科学文献出版社,2018.
18. 凯文·凯利:科技想要什么[M].中信出版社,2011.
19. 克里斯·安德森著,乔江涛、石晓燕译:长尾理论[M].中信出版社,2012.
20. 李良荣,袁鸣徽:中国新闻传媒业的新生态、新业态[J].新闻大学,2017(3).
21. 李雪昆:国移动互联网发展报告(2017)[J].中国新闻出版广电报,2017-7-15.
22. 里夫金著,赛迪研究院专家组译:零边际成本社会[M].中信出版社,2014.
23. 梁颐:论未来媒介对人类三个方面的延伸——以媒介环境学派的"媒介延伸理论"为视角[J].理论前沿,2014(1).
24. 林文刚:媒介环境学在北美之学术起源简史[J].中国传媒报告(香港),2003(2).
25. 刘晗,龚芳敏:保罗·莱文森媒介技术演进思想评析[J].贵州大学学报(社会科学版),2016(2).
26. 刘文辉:从"被时代"到"我时代":新媒体语境下受众身份的重构与异化[J].上海交通大学学报(哲学社会科学版),2013(5).
27. 卢亚,胡翼青:自媒体时代传统媒体如何进行舆论监督——以"八毛门"事件为例[J].新闻界,2012(18).
28. 马歇尔·麦克卢汉著,何道宽译:理解媒介——论人的延伸[M].商务印书馆,2000.
29. 欧阳李宁:广州日报收到3.5亿元财政补贴,系支持党报媒体发展资金[J].澎湃新闻,2016-12-15.
30. 彭兰:场景:移动时代媒体的新要素[J].新闻记者,2015(3).
31. 彭兰:从老三网融合到新三网融合:新技术推动下三网融合的重定向[J].国际新闻界,2014(12).
32. 彭兰:智媒化:未来媒体浪潮——新媒体发展趋势报告(2016)[J].国际新闻界,2016(11).
33. 普华永道:2016移动互联网报告[R].https://wenku.baidu.com/view/1b20bd087fd5360cba1adbff.html.
34. 人民日报社:融合平台——中国媒体融合发展年度报告(2016—2017)[M].人民日报出版社,2017.
35. 人民日报社:融合坐标——中国媒体融合发展年度报告(2015)[M].人民日报出版社,2016.
36. 《上海年鉴》编纂委员会:上海年鉴[M].《上海年鉴》编辑部,2014.
37. 史安斌,王沛楠:传播权力的转移与互联网公共领域的"再封建化"——脸谱网进军新闻业的思考[J].新闻记者,2017(1).

38. 腾讯:腾讯2019年第二季度财报[R].https://tech.qq.com/a/20190814/008033.htm.
39. 王传宝,滕瀚:新媒体时代的"新闻可视化"初探[J].新闻研究导刊,2014(3).
40. 王菲:媒介大融合——数字新媒体时代下的媒介融合论[M].南方日报出版社,2007.
41. 习近平新闻思想讲义编写组:习近平新闻思想讲义[M].人民出版社,学习出版社,2018.
42. 新华通讯社课题组:习近平新闻舆论思想要论[M].新华出版社,2017.
43. 叶蓁蓁,唐胜宏,李黎丹:互联网条件下媒体内容变现新特征[J].新闻战线,2018(3).
44. 叶蓁蓁:人民日报中央厨房有什么不一样[J].新闻战线,2017(3).
45. 喻国明,焦建,张鑫,弋利佳,梁霄:从传媒"渠道失灵"的破局到"平台型媒体"的建构——兼论传统媒体转型的路径与关键[J].北方传媒研究,2017(4).
46. 约瑟夫·熊彼特著,何畏等译:经济发展理论[M].商务印书馆,1990.
47. 赵新乐:财政支持媒体,补转型不补守旧[J].中国新闻出版广电报,2016-12-20.
48. 中共中央宣传部:习近平新时代中国特色社会主义思想三十讲[M].学习出版社,2018.
49. 中国产业信息网:2017中国移动网络经济营收规模占比,营收规模及增长走势预测[J].http://www.chyxx.com/industry/201706/535014.html.
50. 朱春阳,张亮宇,杨海:当前我国传统媒体融合发展的问题、目标与路径[J].新闻爱好者,2014(10).
51. 邹军:移动传播研究:概念澄清与核心议题[J].新闻大学,2014(6).